Brigitte Bjarnason

AUF DEN SPUREN VON HEXERN UND GEISTERN IN ISLAND

acabus
Verlag

Brigitte Bjarnason

Auf den Spuren von HEXERN & GEISTERN in Island

Sagen, Mythen und Legenden
Mit Reisetipps

acabus Verlag

Bjarnason, Brigitte: Auf den Spuren von Hexern und Geistern in Island. Sagen, Mythen und Legenden. Mit Reisetipps. Hamburg, acabus Verlag 2022

1. Auflage 2022
ISBN: 978-3-86282-824-1

Dieses Buch ist auch als eBook erhältlich und kann über den Handel oder den Verlag bezogen werden.
ePub-eBook: ISBN 978-3-86282-826-5

Lektorat: Bernhard Stäber
Umschlaggestaltung: © Annelie Lamers, acabus Verlag
Umschlagmotiv: © Brigitte Bjarnason

Bibliografische Information der Deutschen Nationalbibliothek:
Die Deutsche Nationalbibliothek verzeichnet diese Publikation in der Deutschen Nationalbibliografie; detaillierte bibliografische Daten sind im Internet über https://www.dnb.de abrufbar.

Der acabus Verlag ist ein Imprint der Bedey & Thoms Media GmbH, Hermannstal 119k, 22119 Hamburg

---

http://www.acabus-verlag.de
Gedruckt in Europa

Inhalt

Des Hexers Landhaus, Westfjorde

ISLAND ist ein Land, in dem es sich lohnt, auf Entdeckungsreise zu gehen. Obwohl ich schon 30 Jahre auf der Insel beheimatet bin, gelingt es mir immer wieder, neue Themen aufzuspüren, die mich zum Schreiben anregen. So ist das vorliegende Buch mein drittes Buch, das dem Reisenden sowie dem Islandliebhaber die Insel durch Sagen und geschichtliche Informationen näherbringen möchte und als Ergänzung zu handelsüblichen Reiseführern dienen soll.

Das Buch »Auf den Spuren von Elfen und Trollen auf Island« erzählt von dem huldufólk, den verborgenen Leuten, und anderen übernatürlichen Wesen, deren Geschichten und Wohnorte den Lesern vorgestellt werden. In dem Buch »Schwefel, Tran und Trockenfisch« berichte ich zusammen mit der Reiseleiterin Kirsten Rühl von den deutschen Hansekaufleuten, die im 15. und 16. Jahrhundert an verschiedenen Orten der Insel regen Handel betrieben. In dem vorliegenden Buch »Auf den Spuren von Hexern und Geistern in Island« finden die Leser neben Informationen über sehenswerte Gegenden und dem isländischen Geisterglauben Sagen von Wiedergängern, Hexern und unheimlichen Geschöpfen, die die verborgene Mystik des Landes widerspiegeln.

Vorwort

Die Böen des Nordwindes reißen heulend an den Dächern der Häuser, das Gebälk stöhnt, der Regen schlägt gegen die Fensterscheiben, das Licht beginnt zu flackern und draußen herrscht tiefschwarze Dunkelheit. Da bekommt selbst der moderne Isländer eine Gänsehaut. Unheimliche Sagen von Gespenstern und anderen übernatürlichen Wesen kommen einem da in Erinnerung; Geschichten, die sich die Vorfahren der heutigen Inselbewohner in den Wohn- und Schlafstuben der Torfhäuser im Schein von Tranlampen und Talgkerzen erzählten.

Wenn es stimmt, dass sich die Kultur und das Seelenleben eines Volkes durch heimische Sagen ausdrückt, müssen die Isländer ein äußerst dubioser Volksstamm sein. Nicht nur die mündlichen Überlieferungen von Elfen und Trollen, die in verschiedenen Erscheinungsformen in Hügeln und Felsen wohnen sollen, sondern auch die Erzählungen von Geistern unterschiedlicher Natur werfen bis in die heutige Zeit hinein gelegentlich die Frage auf, ob diese übernatürlichen Wesen existieren.

Im 17. und 18. Jahrhundert bestimmten die Furcht vor den Mächtigen der Kirche und den dänischen Machthabern sowie Naturkatastrophen, Krankheiten und Hungersnot das Leben der einfachen Bevölkerung. In den zu dieser Zeit entstandenen Sagen und Geschichten konnten die Menschen ihren Gefühlen und Ängsten Ausdruck verleihen. Der Glaube an Geister und an die Magie der Zauberer war tief in den Seelen der Inselbewohner verwurzelt. Das Unerklärliche hatte seit jeher die Menschen fasziniert. Oftmals war mit dem Experimentieren von mystischen Ritualen der Wunsch nach Macht und der Flucht aus den harten Lebensbedingungen verbunden. Trotz Drohungen, Verboten und Bestrafung misslang der Versuch, die Bevölkerung von der Nichtexistenz von Geistern und übernatürlichen Kräften zu überzeugen. Die Geschichten und Augenzeugenberichte lebten weiter. Sie wurden und werden noch immer sorgsam gesammelt und füllen die Regale der isländischen Bibliotheken.

Das Buch »Auf den Spuren von Hexern und Geistern in Island« nimmt den Leser mit auf die Reise durch die Landesteile, die mit dem Hexen- und Geisterglauben in Verbindung stehen. Die wiedererzählten, teils gekürzten Überlieferungen stammen aus verschiedenen isländischen Sammlungen von Volkssagen. Diese Auswahl aus bekannten und weniger bekannten Geschichten gibt einen Einblick in das Leben und den Volksglauben der Isländer in früheren Zeiten, als die langen dunklen Winter eine ausgezeichnete Grundlage für die Entstehung dieser Überlieferungen boten. Ob alle Geschichten der Wahrheit entsprechen, ist fraglich. Vielleicht steckte hinter den Erscheinungen von Geistern und anderen übernatürlichen Wesen eine plausible Erklärung – oder auch nicht. Diejenigen jedoch, die selbst ein mystisches Erlebnis dieser Art hatten, zweifeln nicht an dem Wahrheitsgehalt der oft erstaunlich genau und überzeugend wiedergegebenen Augenzeugenberichte.

Wer neben der Gespensterwelt den Elfen- und Trollglauben der Isländer kennenlernen möchte, empfehle ich mein Buch »Auf den Spuren von Elfen und Trollen in Island«, erschienen im acabus Verlag.

Brigitte Bjarnason

Isländische Gespenster

Der Gespensterglaube ist auf der ganzen Welt verbreitet. Verstorbene Menschen und Tiere sind den Menschen seit jeher im schlafenden sowie im wachen Zustand erschienen. Diese Erscheinungen galten als Beweis, dass der Tod nicht das absolute Ende bedeutet, sondern ein Dasein nach dem Tod möglich ist.

Die ersten Landnehmer auf Island, die Wikinger, nannten ihre Grabhügel draugahús. Im Heidentum (Ásatrú) der Wikinger wurde nicht von der Seele des Menschen gesprochen. Das Wort draugur bedeutete Baum oder Ast. Dem Ásatrú-Glauben nach wurden die ersten Menschen – Askur und Embla – von ihren Göttern aus einem Baum geschaffen. Die Toten wurden zusammen mit ihren persönlichen Sachen wie Waffen, Schmuck sowie ihren Pferden begraben, die den Verstorbenen im Jenseits von Nutzen sein sollten. Den Toten wurden besondere Kräfte zugeschrieben. Es war eine Heldentat, wenn jemand wertvolle Gegenstände aus einem Grabhügel stahl, da damit gerechnet werden musste, dass der Geist des Toten seinen Schatz verteidigen würde. In der Saga von Grettir dem Starken (Grettis Saga) wird davon berichtet, dass Grettir bei dem Raub eines Grabhügelschatzes mit dem Geist von Kár dem Alten kämpfte. Wie bei seinem Kampf mit dem Wiedergänger Glámur schlug Grettir das Haupt des Grabhügelbewohners ab und legte es zu dessen Hinterteil. Das sollte eine erneute Auferweckung des Toten verhindern. Die Tötung von Geistererscheinungen war eine Möglichkeit, sich von ihnen zu befreien. Das änderte sich mit der Einführung des Christentums. Nun begann die Seele des Menschen eine wichtige Rolle zu spielen. Das Wort draugur (Geist) bekam eine andere und zugleich negative Bedeutung (illur andi – böser Geist). Die Geister in ihren unterschiedlichen Erscheinungsformen erhielten neue Namen und die Sammler von Volksüberlieferungen bemühten sich, sie in Gruppen einzuteilen.

Folgende bekannte Gespensterarten werden in den Volkssagen erwähnt:

Draugur oder vofa (Geist, Gespenst) ist die allgemeine Bezeichnung für menschliche Wesen, die – nachdem sie gestorben waren und man sie begraben hatte – für die Lebenden erneut sichtbar wurden. Auf Island gab es zahlreiche Erscheinungsformen von Gespenstern. Die Gründe ihres Erscheinens waren vielfältig. Ein Grund war, dass die sterblichen Überreste des Toten unwürdig behandelt worden waren und der Verstorbene sich dafür rächen wollte. Auch Tote, die zu Lebzeiten für ihren Geiz bekannt gewesen waren, erschienen, um sich ihre Besitztümer zurückzuholen. Liebe und Hass waren ebenfalls Anlass für die Toten, in die Welt der Lebenden zurückzukehren. Bekannt ist heute noch, dass bestimmte Gespenster eng mit einem Familiengeschlecht verbunden sind. Zauberer, die der Auferweckung von Toten kundig waren, benutzten Geister für ihre Zwecke.

Afturgöngur (Wiedergänger) werden Geistererscheinungen genannt, die sich für erlittenes Unrecht rächen oder an Dingen und Geld so sehr hängen, dass sie sich nicht von diesen trennen können (siehe auch: fépúkar). Es gab Menschen, die vor ihrem Tod drohten, als Wiedergänger zu erscheinen. Diese Absicht wurde oft von jungen Mädchen und Männern ausgesprochen, die sich aus Liebeskummer das Leben nahmen, um dann dem Geliebten und seinen Angehörigen als Unglück bringender Geist zu erscheinen. Ein plötzlich eingetretener Todesfall oder das schlechte Behandeln der Gebeine konnte den Toten ebenfalls zum Spuken veranlassen. So soll einmal ein Toter, Jón Flak der Landstreicher, in einem Grab begraben worden sein, welches – anstatt wie üblich in ostwestlicher Richtung – in nordsüdlicher Richtung lag. Nacht für Nacht beklagte der Tote im Traum bei den Totengräbern sein Schicksal in Form eines kurzen Gedichtes, bis er ausgegraben und sein Körper in die richtige Position gebracht wurde.

In der Neujahrsnacht auferstehen den Sagen nach gar die Toten eines ganzen Friedhofs, um in der Kirche einen Gottesdienst abzuhalten. Ein junges Mädchen soll einmal Zeugin einer solchen Zusammenkunft gewesen sein. Plötzlich entdeckte sie unter den anwesenden Geistern das Angesicht ihres Verlobten. Das ängstigte sie so sehr, dass sie in Ohnmacht fiel. Als sie wieder aufwachte, sah sie ihre eigene Erscheinung in die Kirche treten. Am nächsten Morgen erzählte sie, was sich in der Kirche zugetragen hatte. Im folgenden Winter starb ihr Verlobter und kurze Zeit später auch sie selbst.

Während die Toten als Wiedergänger oberhalb der Erde unterwegs sind, stehen ihre Gräber offen. Trauten sich die Menschen, das Grab eines Wiedergängers zu öffnen, fanden sie dort einen unverwesten Leichnam im Sarg. So soll bei Garðar auf der Landzunge Álftanes eine bestimmte Ecke des Friedhofs unberührt gelassen worden sein, weil man dort einmal einen Sarg mit einem rot gekleideten Mann fand, dessen Leiche keine Spuren der Verwesung zeigte. Um zu verhindern, dass ein Toter als Wiedergänger unter den Menschen sein Unwesen trieb, galt der Rat, auf dem Sargdeckel ein blutiges Kreuz zu zeichnen, den Namen Christi auf Lateinisch hinzuzufügen und ihm einen Nagel durch die Fußsohle zu schlagen. Sollte es dennoch zu einer Begegnung mit einem Wiedergänger kommen, konnten Schüsse aus einem Gewehr oder Glockengeläut helfen, das Gespenst zu vertreiben.

Der Sage nach verweste die Leiche eines Menschen, der als Erster auf einem Friedhof begraben wurde, nicht. Der Tote nahm die anderen, die später begraben wurden, in Empfang. Dieser sogenannte Wachmann (vökumann) wachte über die Gräber. Die Wachmänner sollen ein hässliches Aussehen gehabt haben. Sie trugen rote oder grüne Kleidung und hatten ein rotes Gesicht. Demnach war wohl auch der Tote von Garðar ein Friedhofswachmann gewesen.

Zu den Wiedergängern gehörten ebenfalls ausgesetzte neugeborene Kinder und Verbrecher sowie diejenigen, denen in irgendeiner Weise Schaden zugefügt worden war und die sich dafür rächen wollten. Orte, an denen Verbrecher hingerichtet wurden, galten allgemein als unrein. Wenn ein Wiedergänger den Menschen erschien, sah er nicht wie zu Lebzeiten oder wie zu seiner Beisetzung aus, sondern wie zu dem Zeitpunkt, an dem die Leiche gefunden wurde. So wurde einmal ein Mann im Fluss Hörgá gefunden. Die Leiche trug an einem Fuß weder Schuh noch Socke. Auf diese Weise erschien er auch als Wiedergänger. Als im Norden ein junges Mädchen tot aufgefunden wurde, trug sie nur einen roten Handschuh. Danach erschien sie Leuten, die Nachts unterwegs waren, auf der Straße und winkte ihnen mit der behandschuhten Hand zu.

Eine Umfrage unter Isländern ergab, dass heutzutage den Menschen vor allem Geister von Unfallopfern erscheinen. Diese Erscheinungen zeigen sichtbare Verletzungen, die sie bei Unfällen davongetragen hatten.

Uppvakningur (Erweckte) oder sendingar (Sendungen) sind im Gegensatz zu Wiedergängern Gespenster, die nicht von sich aus wählen, als Geist zu erscheinen. Zauberer erweckten von ihnen auserwählte Tote und gebrauchten sie für ihre Zwecke. Diese Erscheinungen erschienen in körperlicher oder nebelhafter Gestalt als Mensch oder

Tier. Mórar wurden die männlichen und skottur die weiblichen Geister genannt. In den Volkssagen trugen die männlichen Geister dieser Art auffallend oft eine rostbraune Jacke und die Frauen eine herabhängende traditionelle Kopfbedeckung (skaut). Allgemein bekannt ist die Sage vom Þorgeirsboli. Þorgeir Stefánsson (Galdra-Geiri) aus Þelamörk im Norden Islands soll, nachdem ein Heiratsantrag von ihm abgelehnt wurde, zusammen mit seinem Bruder und einem Onkel ein verstorbenes Kalb verhext haben. Der Geist konnte verschiedene Erscheinungsformen annehmen – Stier, Schaf, Pferd, Katze, Maus, Hund, Vogel, Mensch oder Meeresbewohner. Meist trat er jedoch als hässlicher Stier auf, der seine abgezogene blutige Haut hinter sich herzog. Da der Hexer dem Geist die Fruchtblase eines neugeborenen Kindes überstülpte (sigurkufli), galt dieser als unbesiegbar. Þorgeirsboli tötete die Frau, die den Zauberer nicht heiraten wollte. Wenn ein Besuch von Þorgeir oder dessen Angehörigen zu erwarten war, machte der Geist vorher auf sich aufmerksam. Lange Zeit trieb der Þorgeirsboli sein Unwesen in der Gemeinde, tötete Vieh und Menschen und wurde für Krankheiten sowie Unfälle verantwortlich gemacht. Þorgeir und seine Familie wurden ebenfalls von dem Geist belästigt. Zum Schutz seiner Töchter sollen sie Runen bei sich getragen haben. Es wurde erzählt, dass Þorgeirsboli gierig nach Menschenblut war. Es hieß, Þorgeir und seine Nachkommen hätten ihn mit ihrem Blut versorgt, um sich damit vor seinen Grausamkeiten zu schützen. Þorgeirsboli soll auch zusammen mit dem Gespenst Húsavíkur-Lalli und der Eyjafjarðar-Skotta gesehen worden sein. Zuletzt sah man ihn als schwarze Erscheinung im Gebiet um den Eyjaförður.

Das Gespenst mit Namen Irafells-Móri wurde von dem Volkssagensammler Jón Árnason (1819–1888) als fylgjur (Folgegeist) eingestuft. Es handelt sich jedoch um einen von einem Hexer wiedererweckten Jungen, der sich draußen verirrt hatte und im Sterben lag. Der Geist wurde auf Bitte eines enttäuschten Freiers von einem Zauberer auf ein Ehepaar aus Möðruvellir im Norden Islands und dessen Nachkommen angesetzt. Als das Ehepaar in den südwestlichen Teil des Landes zog, folgte ihnen der Geist und brachte der Familie über neun Generationen hinweg viel Unglück. Noch heute treibt der nach dem Berg Írafell benannte Geist im Gebiet von Kjós angeblich sein Unwesen.

Die Geschichte von dem Erwachen der Mývatns-Skotta weckt Unbehagen und starkes Mitgefühl gegenüber dem Opfer. An einem Samstag um Ostern erreichte eine junge Bettlerin den Hof Grímsstaðir im Norden Islands. Der Bauer führte das Mädchen in die Küche, wo seine Frau gerade geräuchertes Lammfleisch (hangikjöt) aus einem Topf holte. Der Bauer gab dem Mädchen ein Stück Fleisch, das sie mit gutem Appetit aß. Nach dem Essen bot er ihr an, sie zum nächsten Bauernhof zu begleiten. Als sie einen Fluss erreichten, warf er das Mädchen ins Wasser und hielt es an den Füßen fest, bis es ertrunken war. Nachdem der Bauer sich vergewissert hatte, dass die Bettlerin tot war, holte er sie aus dem Wasser und verzauberte sie in ein Gespenst, welches seinen Feind töten sollte. Kennzeichen der Mývatns-Skotta war ihr im Nacken herabhängendes Kopftuch (skupla).

Einmal schickte der Zauberer Arnþór seinem Feind Jón ein Gespenst, um ihn zu töten. Aber Jón gelang es, den Geist zur Umkehr zu bewegen und beauftragte diesen, Arnþór zu töten. Das Vorhaben misslang jedoch. Danach konnte Arnþór eine Landstreicherin dazu bewegen, sich das Leben zu nehmen und benutzte sie als Sendung für Jón. Der Geist der Frau tötete Jón, aber seine Frau schickte ihn zurück zu Arnþór. Seitdem belästigte das Gespenst Arnþór und seine Nachkommen und soll zwei Frauen getötet haben.

Das Aufwecken eines Geistes und sich seiner Zwecke zu bedienen, konnte aber auch eine gewisse Gefahr bedeuten. Ein Mann namens Bjarni lernte, wie man einen Geist aufweckt, um ihn mit dem Mord an seiner Frau zu beauftragen. Aber irgendetwas musste bei dem abscheulichen Ritual schiefgegangen sein, denn das Gespenst stürzte sich auf Bjarni, sodass dieser gerade noch mit dem Leben davonkam. Bjarnis Vorhaben, seine Frau umzubringen, misslang. Der Geist verfolgte Bjarni bei Tage und im Schlaf, sodass Bjarni fast seinen Verstand verlor.

Fylgjur sind eine Art von Folgegeistern. Folgegeister können Erweckte oder Menschen sein, die im Zorn über eine Person verstorben sind und sich dieser anschließen (mannafylgjur). Die schlechte Behandlung eines Toten kann ebenfalls dazu führen, dass sich ein Geist jemandem anhängt. Meist gehen die Erscheinungen dem Menschen voraus, folgen sie ihm, bedeutete das den baldigen Tod des Betroffenen. Skottur sind Frauen oder Mädchen, die sich oftmals aus Liebeskummer selbst getötet haben. Zu erkennen sind die weiblichen Geister daran, dass der eigentümliche Kopfschmuck der isländischen Tracht (faldur) nicht – wie üblich – nach vorne, sondern nach hinten gebogen ist (skott – Schwanz). Oft waren die Mädchen in roten Socken gekleidet. Mórar werden die männlichen Folgegeister genannt. Der Name bezieht sich auf die bräunliche Kleidung, die sie tragen.

Mórar und skottur sind oft in einem bestimmten Gebiet zu finden oder folgen sowohl einer Person als auch einem bestimmten Familiengeschlecht (ættarfylgjur). So brachte zum Beispiel ein Gespenst namens Erlendur einer Familie im Gebiet von Skarðsströnd in den Westfjorden über Generationen hinweg viel Unheil. Sein aufdringliches Verhalten hatte sogar den Tod von Kindern zur Folge. Diese kraftvolle Erscheinung haben sowohl hellsichtige wie auch nicht hellsichtige Menschen gesehen.

Heute noch wissen ältere Leute von Folgegeistern, die bestimmten Sippen angehören. Besonders feinfühlige Personen meinen zu spüren, wenn ein Angehöriger zu ihnen unterwegs ist. Ein unerklärbares Ereignis oder seltsame Geistererscheinungen kündigen den Besuch an. Oftmals nehmen diese Menschen auch einen merkwürdigen Geruch wahr, der dem Geruch von saurer Butter ähnelt, oder es überfällt sie mitten am Tag eine plötzliche Müdigkeit, was sowohl ein gutes als auch schlechtes Omen sein kann. Ein alter Rat, um böse Folgegeister, die an ihrem Geruch zu erkennen sind, zu vertreiben, war, in alle Richtungen zu spucken, während man kräftig schimpft und flucht.

Folgegeister können ebenso auf bestimmte Orte fixiert sein (staðarfylgjur). Eine erstaunliche Geschichte ist die des Gespenstes von Siglunes bei Siglufjörður im Norden des Landes. Als das Schiff »Viby« in der dänischen Hauptstadt Kopenhagen im Bau war, wurde ein Mädchen, das den Schiffsbauern zusah, von einer Planke erschlagen. Ihr Geist folgte dem Schiff bis nach Island, wo es bei Siglunes auf Grund lief und zerbrach. Die Erscheinung des Mädchens soll nach dänischer Art weiß gekleidet sein. Sie ist den Bewohnern der Gegend wiederholt erschienen, hat aber niemandem Schaden zugefügt.

Über die zahlreichen in unbewohnten Gegenden verstreuten Schutzhütten (sæluhús), die zum Schutz von Wanderern bei einbrechenden Unwetter dienen, gibt es zahlreiche Gespenstergeschichten. In diesen einsamen Gebieten auf dem Hochland haben Gespenster den Menschen besonders oft übel mitgespielt und ihnen in den Hütten mit Krach und Tumult schlaflose Nächte beschert.

Die Plazenta oder Nachgeburt eines Kindes wird ebenfalls als fylgja bezeichnet. Sie durfte keinesfalls einfach irgendwo hingeworfen werden, denn es bestand die

Gefahr, dass böse Geister oder ein Tier sie fressen und ein Geist dem Kind folgen würde. Wurde die Nachgeburt vergraben, mussten Steine auf die Grabstelle gelegt werden, damit Hunde oder andere Tiere sie nicht ausgraben konnten. So war es am sichersten, die Plazenta zu verbrennen. Damit sollte Licht oder ein Stern das Kind durch sein Leben begleiten. Die meisten Folgegeister, die in der Erscheinung eines Tieres auftraten, waren böse. Allgemein heißt es, dass jemand mit einem Tier als Folgegeist einem anrüchigen Familiengeschlecht abstammt.

Gangára (Poltergeist) nisten sich gerne in Häusern ein und machen mit Lärm und umherfliegenden Gegenständen auf sich aufmerksam. Sie sind für den Menschen allgemein unsichtbar, dennoch wird in einigen Geschichten von Tier- oder Lichterscheinungen sowie von grauen Schleiern berichtet. Um einen gangára zu verjagen, riefen die Betroffenen in vielen Fällen einen Pastor zu Hilfe. Trotz Gebeten und Psalmengesang konnten die gläubigen Männer die aufdringlichen Geister selten verjagen. Im Gegenteil, oft verstärkte sich der Tumult oder die unsichtbaren Wesen antworteten lauthals mit frecher Stimme. Bewaffnete Gespensterjäger schossen ebenfalls ins Leere und die Jagd blieb ohne Erfolg.

Útburður (ausgesetzte Kinder) werden Kinder genannt, die nach ihrer Geburt tot oder lebendig in der Natur ausgesetzt wurden. An den betreffenden Orten hörten die Menschen – vor allem bei schlechtem Wetter – ein unheimliches Schreien und Jaulen. Oftmals handelte es sich dabei um abgelegene Schluchten. Kinder, die vor ihrer Taufe starben, bezeichnete man früher ebenfalls als útburður. Sie durften nicht in der Nähe von geweihten Orten begraben werden und erhielten außerhalb des Friedhofs ihr Grab. Bei den ausgesetzten Kindern handelte es sich meist um uneheliche Kinder. Zur damaligen Zeit galten uneheliche Kinder als Schande für die Mutter. Meistens waren es arme Mägde und unverheiratete Frauen, die zu dieser Verzweiflungstat gezwungen waren. Die Geisterkinder sollten sich auf einem Knie und einem Ellbogen fortbewegt haben, wobei sich die Füße und Hände überkreuzten. Diese Geister konnten im Nebel oder nachts Menschen in die Irre führen, indem sie versuchten, die Person dreimal zu umkreisen, um sie in den Wahnsinn zu treiben. Die ausgesetzten Kinder waren mit einem bräunlichen Fetzen bekleidet. Dabei handelte es sich um das Tuch, in welches die Mutter das Kind gewickelt hatte.

Fépúkar oder maurapúkar (Geldkobolde) sind Geizhälse, die sich nicht von ihrem Geld oder ihren Schätzen trennen können. Sie zählten jede Nacht ihr Geld, das sie an einen geheimen Ort versteckt hatten, und spielten damit. Vor Tagesanbruch mussten sie jedoch wieder in ihren Gräbern sein. Schafften sie es nicht, ihr Geld rechtzeitig zu verstecken, konnte sich derjenige glücklich schätzen, der es fand. Dort, wo die Schätze vergraben waren, soll man in der dunklen Jahreszeit eine blaue Flamme brennen gesehen haben. So mancher geriet in Versuchung, sich solcher Schätze zu bemächtigen, was aber nicht gelang, denn sobald sich Menschen dem Schatz näherten, sahen sie die Kirche oder naheliegende Bauernhäuser in Flammen stehen. Ebenso konnte dem Schatzsucher plötzlich übel werden oder der Eigentümer des Schatzes erschien ihm in seinem Traum und bedrohte ihn.

Andere Erscheinungsformen

In den alten Volkssagenbüchern wird berichtet, dass gerade erst verstorbene Menschen, die für ihr Begräbnis oder ihre Aufbahrung zurechtgemacht wurden, manchmal zu sprechen begannen. Ein gutes Beispiel ist die Geschichte vom Zauberer Finnur: Der Hexer Finnur war böse und von allen gefürchtet. Als er starb, wollte niemand seinen Körper in die Leichentücher nähen. Dennoch versuchte es eine Frau. Aber bevor sie ihre Arbeit beenden konnte, überfiel sie der Wahnsinn. Schließlich traute sich eine andere Frau, den Zauberer in die Tücher zu nähen. Als sie mit ihrer Arbeit fast fertig war, sagte der verstorbene Finnur: »Das wird noch Folgen für dich haben.« Die Frau antwortete: »Ich werde die Nadel brechen, du Verdammter.« Dann riss die mutige Frau die Nadel vom Faden, zerbrach sie und stach die Nadelstücke in die Fußsohle der Leiche. Seitdem hat der Hexer angeblich niemandem mehr geschadet.

Es wird auch überliefert, dass Verstorbene mit anderen auf dem Friedhof begrabenen Toten gesprochen haben. Wenn ein Feind des Verstorbenen dort lag, konnte es passieren, dass sie beide anfingen, lauthals zu streiten. Ebenfalls sollen lebendig begrabene Personen nach ihrem Begräbnis erwacht sein und geschrien haben.

Es war – und ist auch heute – nicht ungewöhnlich, dass plötzlich verstorbene Menschen, die ertrunken, erfroren oder durch einen Unfall umgekommen sind, ihren Freunden oder Verwandten im Traum erscheinen. Die Toten lassen zuweilen wissen, wie sie ums Leben gekommen sind und wo sich ihre Leichen befinden. Früher wurden diese Nachrichten oft in Form eines kurzen Gedichtes überbracht.

So ritten im Herbst 1780 zwei Brüder auf den Wunsch ihres Vaters aus dem Norden in den Süden des Landes, um Schafe zu kaufen. Der erst 11-jährige Einar soll vor seiner Abreise gesagt haben, dass er nicht zurückkehren würde. Trotz Warnungen ihrer Freunde machten sich die Brüder zusammen mit zwei Führern im Spätherbst mit ihrem im Süden gekauften Vieh auf die Heimreise. Sie ritten auf dem Kjal-Weg über das Hochland Richtung Norden. Einars Vorahnung sollte sich bestätigen. Die Brüder Bjarni und Einar kehrten nicht nach Hause zurück. Im Winter träumte Björg, die Schwester der Brüder, dass Bjarni zu ihr käme, um ihr die Nachricht von seinem Tod zu überbringen. Im folgenden Frühjahr fand ein Reisender ein Zelt und zwei Leichen auf dem Hochland. Es waren die Leichen der beiden Führer. Weder die Leichen noch die Sachen der Brüder wurden gefunden. Ein zweites Mal überbrachte der tote Bjarni im Traum der Schwester eine Nachricht, aus der hervorging, dass ihre Körper in einer Felsenspalte lägen. Es wurde der Verdacht laut, dass jemand die Brüder ausgeraubt und dann ihre Leichen versteckt hätte. Schließlich wurde ein Zauberer zurate gezogen. Der Zauberer meinte, die Leichen der Brüder unter einem Felsvorsprung in einem Lavafeld zu sehen, wo sich auch ein Papier mit Runenzeichen befände. Der Zauberer machte sich auf, diesen Ort zu finden. Er verlor jedoch unterwegs die Spur. Erst um das Jahr 1845 wurden die Leichen der Brüder unter einem Felsvorsprung im Kjal-Lavafeld gefunden, so wie es der Zauberer vorausgesagt hatte.

In der folgenden Geschichte machte ein Toter auf andere Weise auf sich aufmerksam. So fand einmal jemand beim Ausheben eines Grabes einen Schädel, der mit einer Stricknadel durchbohrt war. Der zuständige Pastor bewahrte den Schädel bis zum nächsten Gottesdienst auf. Nachdem alle Kirchenbesucher ihre Plätze in der Kirche eingenommen hatten, befestigte er den Schädel über der Kirchentür. Nachdem der Gottesdienst beendet war, verließen die Gottesdienstbesucher das Gotteshaus. Aber nichts passierte. Als der Pastor und sein Küster nachschauten, ob noch jemand in der Kirche war, entdeckten sie eine alte Frau. Die Männer wiesen sie an, das Gotteshaus zu verlassen. Beim Verlassen der Kirche fielen drei Blutstropfen auf die Frau, die ein Totengeist war. Sie sprach: »Früher oder später wird wohl ein Verrat aufgedeckt.« Sie gestand, ihren ersten Mann umgebracht zu haben, indem sie eine Nadel durch seinen Schädel stach. Zu jener Zeit war sie noch ein junges Mädchen gewesen und war zur Heirat gezwungen worden. Sie hatte die Leiche ohne fremde Hilfe für die Beerdigung zurechtgemacht. Später hatte sie ein zweites Mal geheiratet, aber dieser Mann war inzwischen verstorben. Die alte Frau wurde zum Tode durch Ertränken verurteilt, so wie es zu der Zeit auch mit Frauen gemacht wurde, die ihre Kinder umgebracht hatten.

Schutz vor Gespenstern

Um sich vor Geistern, bösen Mächten und Hexern zu schützen, kann man bestimmte Dinge oder Pflanzen benutzen sowie dafür bestimmte Rituale anwenden. Das Aufhängen eines Hufeisens oder einer Schere an der Tür soll Mensch und Tier vor schlechten Einflüssen bewahren. Beide Dinge sind aus Eisen und die Schere hat die Form eines Kreuzes, was Geister davon abhalten soll, Unruhe im Haus und in der Familie zu stiften. Früher war es Sitte, eine Schere neben die Wiege eines Säuglings zu legen, um das Kind vor bösen Wesen aus dem huldufólk (den verborgenen Leuten) oder anderen gefährlichen Dämonen zu schützen, die es rauben könnten.

Wenn jemand im Dunkeln unterwegs ist und das Gefühl hat, etwas Böses nähert sich ihm, sollte er anfangen zu spucken und zu furzen, je mehr, desto besser. Am besten ist es, die Hosen herunterzulassen und das Hinterteil gegen den Wind zu stellen, denn Geister mögen keine üblen menschlichen Gerüche. Um sich vor einem Gespenst zu schützen, gilt ebenso der Rat, sich seiner Kleider zu entledigen und sich dem aufdringlingen Geist nackt zu zeigen.

Auch ein ausgesprochener Segen im Namen der Dreifaltigkeit ist hilfreich beim Verscheuchen der Geister.

Wenn ein Gespenst jemanden im Bett überfällt, gilt der Rat, den Inhalt des Nachttopfes in Richtung des nächtlichen Störenfriedes zu schütten. Dann wird der Geist sofort die Flucht ergreifen.

Wenn jemand einen Toten findet, ist es nicht ratsam, die Leiche einfach liegenzulassen. Das könnte bedeuten, dass der Geist des Toten den betreffenden Menschen bei Tag sowie bei Nacht verfolgt. Um sich solch eines Gespenstes zu entledigen, wurde oft ein Zauberkundiger zu Hilfe gerufen. So erging es einem jungen Mann aus Siglufjörður, der in der Abenddämmerung am Strand eine von Flohkrebsen zerfressene Leiche fand. Die Eingeweide quollen ihr aus dem Körper. Der Mann bekam Angst und fiel in Ohnmacht. Als er wieder zu sich kam, war es dunkel, und er lief davon. Auf seinem Heimweg schaute er sich um und sah, dass der Tote ihn mit heraushängenden Eingeweiden und klappernden Knochen verfolgte. Er rannte, so schnell er konnte, nach Hause. Das Gespenst kam bis zu seinem

Elternhaus, wo es an der Tür klopfte. Am nächsten Tag fand man die Leiche so, wie der Mann sie gefunden hatte, am Strand und begrub sie auf dem Friedhof. Aber das Gespenst Láki fand dort keine Ruhe. Immer wieder verfolgte es den Mann. Neben dem Wohnhaus des Mannes stand ein Schuppen, wo Fisch zum Trocknen aufgehängt wurde. In einer Herbstnacht tobte sich das Gespenst dort aus und zerstörte alles, was sich in dem Schuppen befand. Der Vater des Mannes versuchte mit Psalmen und Rat aus anderen Büchern, den aufdringlichen Geist zu verscheuchen. Aber Láki fand keine Ruhe. Letzten Endes wurde ein Zauberer herbeigerufen. Er schlug vor, dass der junge Mann bei Einbruch der Dunkelheit auf den Friedhof gehen, ein Loch in das Grab des Toten graben, dort hineinpinkeln und das Loch wieder zuschütten sollte. Auch sollte er zwei Stahlnägel mitnehmen, um sie an beiden Enden des Grabes in den Boden zu stecken. Nachdem der Mann diesen Rat ausgeführt hatte, gab Láki endlich Ruhe.

Ein uraltes Ritual bestand darin, Nadeln in die Fußsohle des Toten zu stecken. Dadurch, so dachte man, könnte verhindert werden, dass der Tote aus seinem Grab steigen würde, weil es schmerzhaft ist, sich auf Nadeln fortzubewegen. Auch ins Grab gesteckte Stahlnägel sollten den Toten davon abhalten, aus seinem Grab zu steigen, wenn er nicht das Risiko eingehen wollte, auf einen der Nägel zu treten. Da war es wohl besser, im Grab liegen zu bleiben, anstatt als Geist umher zu wandeln.

Parapsychologie

Seit jeher wird von Menschen mit übernatürlichen Fähigkeiten berichtet. Diese können angeboren oder erlernt worden sein. Sogenannte skýggnir menn – scharfsichtige Menschen – behaupten, Geister, Elfen und andere für gewöhnliche Leute unsichtbare Wesen zu sehen. Auf Island war es früher Brauch, dass bei der christlichen Taufe der Pastor das heilige Taufwasser in die Augen des Täuflings träufelte, um zu verhindern, dass er nicht die unerwünschte Gabe erhielt, übernatürliche Erscheinungen zu sehen. Später, als die Menschen Hellsichtigkeit nicht mehr als Fluch, sondern als bewundernswerte Fähigkeit ansahen, rieb man dem Kind das Taufwasser in die Augen, damit es hellsichtig werden würde. Hier zeigt sich, wie der Volksglaube sich im Laufe der Zeit wandeln kann und welche menschlichen Anlagen in bestimmten Zeiten erwünscht beziehungsweise unerwünscht sind.

Menschen, denen die Augenbrauen über der Nase zusammengewachsen sind, können Geister nicht schaden. Sie selbst gelten als geisterhafte Wesen.

Zu den übernatürlichen Gaben gehört auch der Blick in die Zukunft sowie die Deutung von Vorzeichen und Traumvisionen, in denen Geister den schlafenden Menschen Nachrichten oder Warnungen überbringen. Männer und Frauen mit dem sogenannten »zweiten Gesicht« konnten den nächsten Todesfall in ihrem Umfeld oder andere zukünftige Ereignisse voraussagen.

Eine hellsichtige Frau aus Nordisland soll einmal, als sie mitten am Tag das Haus verlassen wollte, vor der Haustür die Füße von elf Männern gesehen haben. Von den Körpern selbst sah sie nichts. Die Frau erschrak und wusste dieses Ereignis zuerst nicht zu deuten. Sie ging ins Haus hinein und erzählte von dieser Erscheinung. Kurz darauf klopfte es an der Haustür. Ein Mann war gekommen und erzählte, dass ein Schiff mit elf Personen untergegangen sei. Einer habe überlebt. Das war er selbst.

In Island gibt es in fast allen Landesteilen Vereine, die sich mit den Themen der Parapsychologie (sálarrannsóknarfélag) auseinandersetzen. Der Glaube an Geister und eine Existenz nach dem Tod ist für die Mitglieder dieser Vereine unumstritten. Mit Hilfe eines Mediums (miðill) wird in regelmäßig organisierten spiritistischen Sitzungen Kontakt zu Verstorbenen aufgenommen. Dabei versetzt sich das Medium in einen Trancezustand, um Informationen aus dem Jenseits zu empfangen und weiterzuleiten. Bisweilen spricht und schreibt eine verstorbene Person durch das Medium.

Dass es Menschen gibt, die mit den Toten kommunizieren können, glauben immerhin 54 % der Isländer. Ein Isländer berichtete davon, dass er im Winter 1906 Schüler auf einer Landschule für Jugendliche gewesen sei, wo Medien des Öfteren einen sogenannten Tischtanz veranstalteten, um Nachrichten von Verstorbenen zu empfangen. Man setzte sich dazu im Kreis um einen Tisch und berührte die Tischplatte nur mit den Fingerspitzen. Schon bald meldete sich ein Geist, indem der Tisch zu rütteln anfing. Nun wurden dem Geist die Fragen so gestellt, dass er sie mit Ja oder Nein beantworten konnte, indem die Tischbeine jeweils eine bestimmte Anzahl an Klopfzeichen von sich gaben. Wenn eine Frage nicht klar beantwortet werden konnte, gab der Tisch kein Klopfzeichen von sich, sondern bewegte sich hin und her. Die eingeladenen Geister konnten verschiedener Herkunft sein. Auch ausländische Wesen waren dabei. Dass diese eine andere Sprache sprachen, stellte keine Behinderung für die Vermittlung der Botschaften dar.

Zu den Funktionen eines Mediums gehört in vielen Fällen auch das Zeichnen der Aura der anwesenden Personen. Bei der Auralesung erfährt der Kunde etwas über sein geistiges Wachstum und welche spirituellen Beschützer er hat. Ein weiterer angebotener Dienst ist das Gebet für eine bestimmte Person zum Schutz oder zur Heilung einer Krankheit.

Besonders feinfühlige Menschen werden sogenannter Folgegeister (fylgjur) gewahr, die einigen Personen vorausfolgen. Diese Hausbewohner hören, bevor ein bestimmter Gast eintrifft, ein Klopfen an der Haustür, obwohl niemand vor ihrer Tür steht. Ein besonderer

Geruch, der nicht erklärt werden kann, wird ebenfalls mit dieser Art von Geistern in Verbindung gebracht, die nur von hellsichtigen Menschen erkannt wird.

Ein Mann erzählte ein Erlebnis, das er als 13-jähriger in Hafnarfjörður erlebt hatte:

»Früher gab es außer der Uferstraße kaum andere Straßen in Hafnarfjörður. Es war üblich, dass die Kinder sich gegenseitig auf dem Nachhauseweg von der Schule begleiteten, wenn jemand abseits der Hauptstraße wohnte. Eine Gruppe von Kindern begleitete mich immer bis zum Ende der Straße Mjósund, wo ein Laternenpfahl stand. Von dort führte ein schmaler Weg durch unwegsame Lava, vorbei an einer Felsspalte zum Haus meiner Eltern. Die Kinder warteten bis ich den großen Stein hinter der Felsspalte erreicht hatte und ihnen zurief: ›Ich bin da.‹ Dann liefen sie weiter. Es war kurz vor Weihnachten. Am Morgen hatte es einen Schneesturm gegeben. Aber als ich nach Hause ging, war das Wetter gut. Dieses Mal ging ich allein den Weg nach Hause. Ich blieb bei dem Laternenpfahl stehen und sah einen Mann die Straße entlanggehen. Ich kannte ihn. Es war Einar Pétursson. Ich wartete, bis er näher kam, und begrüßte ihn. Aber er schien mich nicht zu bemerken, was mir komisch vorkam, denn er war sonst immer freundlich zu mir und meinen Geschwistern. Ich war dennoch froh, jemanden zu haben, der mich begleitete. Ich ließ ihn vorausgehen und machte eine Bemerkung zum Wetter. Aber ich erhielt keine Antwort. Bald darauf trennten sich unsere Wege. Als ich nach Hause kam, fragte mich meine Mutter, ob ich wüsste, ob Einar und Jón Vigfússon vom Vogelfang zurückgekommen seien. Sie waren am Morgen, als der Schneesturm aufkam, aufs Meer hinausgefahren und man fürchtete um ihr Leben. Ich sagte meiner Mutter, dass sie ganz bestimmt an Land gekommen seien, weil Einar mich auf meinem Weg nach Hause begleitet hatte.

›Sprach er mit dir?‹, fragte meine Mutter.

›Nein‹, antwortete ich grimmig.

›Das dachte ich mir‹, sagte sie.

›Wahrscheinlich ist er ertrunken, denn ich nahm einen Leichengeruch wahr, als du hereinkamst.‹

Meine Mutter hatte recht. Am nächsten Morgen fand man das Boot und die beiden Leichen am Strand von Álftanes.«

Der Geisterglaube sorgt auch in heutiger Zeit noch manchmal für Schlagzeilen. Im Juni 2020 berichtete das isländische Fernsehen in einer Reportage, dass das staatliche Energieversorgungsunternehmen Landsvirkjun einen Pastor als Geisterbeschwörer eingesetzt hatte. Eine Geistererscheinung trieb in einem Gebäude, das abgerissen werden sollte, ihr Unwesen. Der dort ansässige Bauer erzählte von der Begegnung mit dem Geist im Jahre 2002. Zuerst waren die Kühe und der Hofhund im Stall ungewöhnlich erregt. Dann stieg plötzlich eine Art Nebel aus dem Boden auf. Nachdem der Bauer die Tiere beruhigt hatte, überkam ihn ein Gefühl, als ob ihm jemand eiskaltes Wasser ins Gesicht spritzen würde. Kurz darauf glaubte er zu ertrinken und bekam keine Luft. Er bekreuzigte sich mehrere Male. Dann spürte er, wie sich eine Hand auf seine Schulter legte und jemand sagte: »Beruhige dich. Etwas hat dich angegriffen und will dich von hier verjagen.« Ein Medium meinte damals, dass es sich um jemanden handeln würde, der den Bauern wegen seines guten Erfolges in der Milchwirtschaft beneidete. Laut der Sprecherin des Unternehmens war es für Landsvirkjun selbstverständlich, dafür zu sorgen, dass der Ort mit dem Gebäude frei von Geistern sei. Auch der benachbarte Hügel, der mit einem Bann belegt wurde, sollte von den bevorstehenden Baumaßnahmen verschont werden.

Kinder sollen oft sensibel auf übernatürliche Erscheinungen reagieren. Viele Isländer hatten in ihrer Kindheit Kontakt mit Elfen und erzählten später davon. Oftmals wurden diese Begegnungen verheimlicht, damit Leute, die diese Berichte nicht ernst nahmen, nicht darüber spotten konnten. In den Überlieferungen wird kaum etwas darüber berichtet, ob übernatürliche Erscheinungen einen schlechten Einfluss auf die Kinderseele hatten. Wahrscheinlich gewöhnten sich die Kinder an diese Wesen und haben die Erscheinungen mit mehr Gelassenheit hingenommen als die Erwachsenen, die immer nach Erklärungen suchen. Tiere reagierten ebenfalls empfindlich auf Spukerscheinungen und gerieten oft in Panik. Hunde tobten und Pferde scheuten ohne sichtbaren Grund. Deshalb wurde den Tieren ebenfalls eine stärkere Feinfühligkeit gegenüber paranormalen Phänomenen zugeschrieben als den Menschen.

In Island wurde bis in heutige Zeit der Traumdeutung Aufmerksamkeit geschenkt. Ereignisse wie Hochzeiten und Todesfälle wurden in Träumen vorausgesagt. Auch Orte, an denen sich verschwundene Dinge befanden, wurden dem Schlafenden im Traum genannt. Natürlich schrieben aber die Volkssagensammler nur die Geschichten auf, in denen sich die Voraussagungen erfüllten. Die alte Kunst, aus dem Kaffeesatz die Zukunft zu lesen (bollaspá), war früher insbesondere auf dem Land unter den Frauen weit verbreitet und wurde von der älteren Generation an die jüngere weitergegeben, die diese Kunst heute zum Vergnügen ausübt. Als sich einmal ein Mann im Schneesturm auf der Tungu-Heide zwischen Tálknafjörður und Arnarfjörður verlief, wurde ein Mann vom Hof des Vermissten gefragt, ob er anhand des Kaffeesatzes in der Tasse erkennen könne, wie es dem Verirrten erginge. Die Heide war bekannt dafür, dass sich dort die Geister von 18 oder 19 Menschen herumtrieben, die sich dort verlaufen hatten. Die Mehrzahl von ihnen ertrank in einem Wasserloch. Wenn der zwanzigste Mann dort seinen Tod fand, sollte der Spuk aufhören. Der Seher sagte, er erkenne deutlich den Vermissten und dass ein Mann ihm vorausging. Als der verirrte Mann schließlich wohlbehalten den Hof erreichte, berichtete er von einer menschlichen

Gestalt, die vor ihm ging und der er gefolgt war, bis er an den Rand einer tiefen Schlucht kam. Da verschwand die Erscheinung.

Hexer und Hexen

Berja, gelda, bíta, slá,
blinda, klóra, flengja.
Brenna, reka útlegð á,
aflífa og hengja.

Schlagen, kastrieren, beißen, hauen,
blenden, kratzen, versohlen.
Verbrennen, in die Verbannung treiben,
töten und hängen.

Spruch des Henkers – Autor unbekannt

Aberglauben und Zauberei waren schon den ersten isländischen Siedlern bekannt und gehörten früh zum Weltbild des Heidentums. Die Magie der Runen wird im Hávamál, einem Teil der Lieder-Edda, erwähnt. In dem bedeutendsten Werk der nordischen Mythologie wird der Gott Odin in die Verwendung der alten germanischen Schriftzeichen eingeweiht. In den Götter- und Heldensagen wird die völva erwähnt, eine Schamanin, die in die Zukunft blicken konnte. Diese Frauen, die durch das Land reisten und die Höfe besuchten, besaßen magisches Wissen, das sie in ihren Ritualen anwandten. Sie versetzten sich dabei selbst in Trance, indem sie Gesänge oder Beschwörungsformeln anwandten, um Kontakt mit ihren Geisthelfern aufzunehmen.

In der Egils-Saga (die Saga von Egils Skallagrímsson, verfasst ca. 1220–1240) und der Brennu Njáls-Saga (die Saga vom weisen Njál, verfasst ca. 1270–1290) finden sich ebenfalls Hinweise auf die Anwendung von Magie. Bemerkenswert ist, dass in den isländischen Sagas auf die besondere Begabung der Samen in Bezug auf Zauberei hingewiesen wird, da deren Schamanen einen engen Kontakt zur Natur und der Geisterwelt pflegten. Aber auch bei den Finnen, die oft in den isländischen Volkssagen erwähnt werden, schien es besonders begabte und von den Isländern bewunderte Zauberer gegeben zu haben.

Allgemein benutzten die Zauberer (galdramenn) magische Symbole, Zauberbücher oder Gegenstände, die sie bei ihren Ritualen einsetzten. Kraftaskáld (Energiepoeten) nannten sich Personen, die sich mithilfe von gereimten Versen ihrer Zauberkräfte bedienten. Eine der wenigen Frauen, die den Menschen mit Reimen Glück oder Unglück gebracht haben soll, war die Dichterin Látra-Björg (Björg Einarsdóttir, 1716–1784). Sie wuchs im Norden Islands auf und wanderte später – bis zu ihrem Tod – als obdachlose Landstreicherin von Hof zu Hof. Eine andere Geschichte erzählt davon, dass ein Energiepoet aus dem Norden einen Bauern, der ebenfalls Dichter und Hexer war, um seine magischen Kräfte beneidete, die größer gewesen sein sollen als seine eigenen. Einmal wollte der Bauer den Energiepoeten besuchen, aber der Zauberer war nicht zu Hause. Er hatte seiner Frau aufgetragen, dem Gast einen Sitzplatz auf dem Ehebett anzubieten. Der Bauer packte daraufhin seinen Hund und warf ihn auf das Bett. Der Hund starb sofort. Danach konnte sich der Bauer auf das Bett setzen, ohne dass ihm etwas passierte. Ein anderes Mal schickte der Zauberer dem Bauer ein Gespenst in der Gestalt eines Hundes. Der Bauer schickte den Hund mit einem gereimten Vers wieder zurück. Die Feindschaft der beiden Männer bestand bis zum Tod des verarmten Hexers im Jahr 1601, als dieser betrunken in einer Torfgrube ertrank.

Seit dem 15. und 16. Jahrhundert hatte der Handel mit ausländischen Waren auf der Insel stark zugenommen, denn jetzt gab es Schiffe, die für die lange Fahrt nach Island besser ausgerüstet waren. Insbesondere deutsche Hansekaufleute sahen in dem Handel mit isländischen Waren – wie zum Beispiel dem Trockenfisch – eine verlockende Gelegenheit, Geschäfte zu machen. Was die deutschen Kaufleute jedoch über Island in ihren Heimatländern erzählten, mutete wunderlich an. So wurde unter anderem von fürchterlichen Seeungeheuern berichtet sowie dem Vulkan Hekla, in dem sich das Tor zur Hölle befinden sollte. Die Bevölkerung wurde als unrein und vulgär bezeichnet. Der zunehmende Schiffsverkehr mit dem Ausland bot aber auch den Einheimischen die Möglichkeit, die Insel zu verlassen und sich Wissen an europäischen Schulen anzueignen. Dadurch kam der in Europa im 16. und 17. Jahrhundert stark verbreitete Teufels- und Hexenglaube nach Island. Bald ging das Gerücht herum, dass auf dem Vulkan Hekla Zaubermessen abgehalten wurden. Die Angst vor dem Teufel, Krankheiten, Naturkatastrophen, harte Winter und der damit verbundene Mangel an Nahrung machten den Bewohnern der Insel das Leben schwer. Menschen, die sich magisches Wissen angeeignet hatten, hofften sich und ihre Familien mithilfe von Zauberei aus dem Elend zu befreien.

Unter den isländischen Zauberern (galdramenn), die sich das Wissen der Magie angeeignet hatten und mithilfe verschiedener Zaubermittel okkulte Handlungen ausführten, befanden sich auffällig viele Geistliche, evangelische sowie katholische. So war zum Beispiel der Bischof von Hólar, Gottskálk Niklásson (1469–1520), ein bekannter Schwarzmagier. Dies zeigt, dass heidnisches Wissen auch nach Einführung des Christentums angewendet und in gewisser Weise geduldet wurde. Die Schule von Skálholt war das Zentrum für Bildung und Kultur auf Island. Dort wurde desgleichen mit Zauberei experimentiert. Im Jahr 1650 wurden aufgrund dieser Experimente 14 Schüler mit Schlägen bestraft und von der Schule verwiesen. Sie durften jedoch zu einem späteren Zeitpunkt weiter studieren. Mehrere Jahre danach wurden zwei Schüler mit einem Zauberheft aus den Westfjorden erwischt, die der damalige Bischof an sich nahm. Die Jungen mussten die Schule verlassen. Beide fuhren mit dem Schiff nach England. Einer der beiden kam aus einer angesehenen Familie und kehrte nach Island zurück. Während er in England war, hatte sein Vater einen Mann aus der Gemeinde angeklagt, die Krankheit seiner Ehefrau verursacht zu haben. Der Angeklagte wurde 1677 auf dem Althing verbrannt. Es machte von daher einen großen Unterschied, aus welcher Gesellschaftsschicht die Menschen kamen, die der Zauberei verdächtigt wurden. Mitglieder aus höheren Gesellschaftsschichten wurden weitaus milder bestraft als einfache Leute.

Magie und Hexerei wurden in der Landwirtschaft und beim Fischfang angewandt, um gute Erträge zu erzielen oder die Bauern vor Schäden zu schützen. Die magischen Zeichen und Zaubersprüche konnten benutzt werden, um dem Nachbarn oder anderen lästigen Menschen eins auszuwischen oder die Menschen vor bösen Geistern zu schützen.

Mit dem Verstehen und dem Beherrschen der Natur beschäftigten sich die Menschen schon seit frühester Zeit. Der sogenannten Naturzauberei (náttúrugaldur) bedienten sich die Zauberer, wenn sie jemandem den Tod auf dem Meer wünschten und dafür ein schweres Unwetter herbeizauberten, das eine Rückkehr vom Meer verhindern sollte. Dass Hexerei ebenfalls in Verbindung von Heilung verschiedener Krankheiten angewendet wurde, ist nicht verwunderlich, wenn man auf die medizinischen Anwendungen der damaligen Zeit zurückschaut. So wurden nicht nur Kräuter als Medizin benutzt, sondern auch von eher Abscheu erregenden Therapien Gebrauch gemacht. Neben Mäusekot, Fuchshirn oder den Knochen und Zähnen von Toten verwendeten die Heiler – zum Beispiel bei Ausschlag – Vogelkot vermischt mit dem Schleim eines fastenden Menschen. Bei Atembeschwerden sollte die Einnahme von Kinderurin helfen. So versuchte der Hexer Þórarinn Halldórsson, Vieh und Menschen mit Zauberrunen zu heilen, die auf ein Holzstück geschnitzt, über dem Feuer erwärmt und auf die Wunde gelegt wurden. Er wurde beschuldigt, den Tod eines Mädchens verursacht zu haben, das er mit seiner Kunst zu heilen versucht hatte. Seine Nachbarn, mit denen er sich nicht gut verstand, bezichtigten ihn noch anderer Vergehen, sodass er aus seiner Gemeinde fliehen musste. Dadurch verstärkte sich der Verdacht für seine Schuld. Im Jahr 1667 wurde er festgenommen und für seine verbotenen Heilversuche angeklagt. Seinen Tod fand er schließlich auf dem Scheiterhaufen.

Die Kunst der Hexerei (galdratrú) beinhaltete oft den Umgang mit Geistern. Es herrschte der Glaube, dass Zauberer Tote erwecken konnten. Diese Wiedererweckten dienten oftmals dazu, einen Feind des Zauberers zu töten. Auch Dinge oder Tiere schickte man den Feinden, um ihnen das Leben zu nehmen. Im Jahre 1609 sah sich der dänische König genötigt, eine Schrift zu verfassen, die das Verbot aussprach, Leichen auszugraben und zu köpfen, um eine Wiedererweckung der Toten zu verhindern.

Bis zur Reformation Mitte des 16. Jahrhunderts nahm die katholische Kirche keinen Anstoß an die Vermischung christlicher Rituale und die Verwendung von Zaubersymbolen, Sprüchen und Büchern, solange es sich um weiße Magie handelte. Ab dem Jahr 1592 war die als

Ketzerei betitelte Anwendung weißer sowie schwarzer Magie verboten. In einem Brief des dänischen Königs aus dem Jahre 1617 wurde gefordert, dass Zauberer, die sich in den Dienst des Teufels stellten und schwarze Magie anwendeten, verbrannt und die Menschen, die diese Dienste in Anspruch nahmen, geköpft werden sollten. Aber erst im Jahre 1630 wurde auf dem Althing, dem isländischen Parlament, das Gesetz verabschiedet.

Brennuöld (brenna – verbrennen, öld – Jahrhundert) nannte sich die Zeit zwischen 1654 und 1690 in der Geschichte Islands, wo zahlreiche der Hexerei oder der Magie angeklagte Menschen verurteilt wurden. Die Mehrzahl der Angeklagten gehörten den untersten Gesellschaftsschichten an. Es waren einfache arme Leute, die als Pächter oder Landarbeiter auf kleinen Höfen lebten. Die in der Gesellschaft hoch angesehenen Geistlichen, deren magische Fähigkeiten allgemein bekannt waren, kamen dagegen meist ungeschoren davon.

Die Welle der Hexenverfolgung, die im 17. Jahrhundert Island erreichte, hatte ihren Ursprung in Europa. So wurden die angeklagten isländischen Zauberer nach schwedischen oder deutschen Gesetzen verurteilt. Die scheinbar vom Teufel besessenen Frauen und Männer wurden auf grausamste Weise gefoltert, ausgestoßen oder lebendig verbrannt. Es war eine Zeit, in der unmenschliche Bestrafungen die Menschen zu Vernunft bringen sollten. Viele von ihnen waren Opfer von Denunziation. Parallel zum Teufelsglauben der damaligen Zeit verstärkte sich ebenfalls der Glaube an andere übernatürliche Wesen. Die Engel Gottes zum Schutz der Menschen, Gesandte Satans, teuflische Wesen und Geister verschiedener Art erschienen als Vertreter des Himmels oder der Hölle. Man glaubte an die Existenz von verborgenen Leuten (huldufólk) und Trollen (tröll), die in Hügeln, Schluchten und Bergen leben sollten. Das huldufólk, so wurde erzählt, lebte in einer ähnlichen Welt wie der unseren. Es gab Fälle, in denen Menschen behaupteten, dass sie Kinder mit Frauen oder Männern aus dem huldufólk gezeugt hätten.

Das tägliche Leben war geprägt von Verboten der Kirche und des Staates und erforderte größte Vorsicht, weil auch angesehene Gelehrte wie Pastoren, Bezirksamtmänner, Bischöfe und Gesetzesvertreter an Hexerei glaubten und teilweise der Zauberei kundig waren, die sie trotz Verboten ausübten. Plötzliche Erkrankungen wurden den magischen Kräften der Zauberer zugeschrieben. Gab es in einer Ehe Streitigkeiten, war der Eheteufel daran schuld. Ebenso wurde Unfruchtbarkeit als Folge von Zauberei angesehen. Wenn Unwetter herrschte oder jemand in den Besitz von unerwartetem Reichtum kam, konnte es sich nur um Hexerei handeln.

Die erste Hexenverbrennung fand vermutlich bereits im Jahr 1343 statt. Die Nonne Katrín aus dem Kloster Kirkjubæ á Síðu wurde auf dem Scheiterhaufen verbrannt, weil sie sich dem Teufel zugewandt und mit Männern geschlafen haben sollte. In der Nähe des Ortes Kirkjubæjarklaustur im Süden Islands, gibt es die Flurnamen Systrastapi (Schwesternfelsen), Systravatn (Schwesternsee) und Systrafoss (Schwesternwasserfall), die auf die Existenz des ehemaligen Klosters hinweisen. Im Jahr 1580 soll eine Landfrau, die einen Zuträgergeist für sich zum Stehlen von Milch auf andere Höfe schickte (tilberamóðir – Zuträgermutter), verbrannt worden sein. Die Kindesmörderin Guðrún Þorsteinsdóttir, die ihr zweijähriges Kind in einen Topf mit kochendem Brei geworfen hatte, erlitt 1608 das gleiche Schicksal. Diese grausame Tat konnte wohl kaum als Hexerei bezeichnet werden. Doch wer so etwas tut, war in den Augen der Bevölkerung eine Hexe.

Die erste öffentliche Hexenverbrennung fand im Jahr 1625 statt. Angeklagt wurde ein Mann, weil er angeblich einen Geist erweckt hatte, der den Bewohnern der Svarfaðardal-Gemeinde übel mitspielte. Der Verurteilte wies alle Schuld von sich. Da man jedoch mit Runen beschriebene Blätter bei ihm fand, galt das als Beweis für sein Verbrechen. Das strenge Urteil mochte darauf zurückzuführen sein, dass der damalige Bezirksamtmann auf einer Reise nach Hamburg das Buch Hexenhammer (Nornahamarinn; Malleus Maleficarum) gelesen hatte. Das Werk des Theologen und Dominikaners Heinrich Kramer wurde im Jahr 1486 in Speyer veröffentlicht und sprach sich für die Hexenverfolgung und die Vernichtung der Verurteilten aus.

Ein Mann namens Sigurður Jónsson, der in den Westfjorden beheimatet war, wurde 1671 angeklagt, die Krankheit einer Bäuerin verursacht zu haben. Er gestand die Tat. Zuerst sollte er das Zwerg-Ruhrkraut für seine Zauberei verwendet haben, was aber nicht die gewünschte Wirkung zeigte. Diesem Kraut, auf isländisch Fjandafæla (Teufelvertreiber) genannt, wurde nachgesagt, dass es, wenn man es in seiner Mütze trug, vor Geistern und anderen bösartigen Wesen schützte. Dann unternahm er einen zweiten Versuch. Er benutzte Gemeine Schafgarbe (vallhumal), Quecksilber aus einem Federkiel und sein Sperma. All das verwendete er in einer Zauberrune, die er auf ein Eichenbrett ritzte und dabei einen selbstverfassten Zauberspruch aufsagte. Sigurður bekannte, dass er auch einmal einen Geist getroffen hatte, den er mit Beschwörungen abwehren konnte und ihm einen Pilz (Stäubling), auf den er zwei Bluttropfen fallen ließ, ins Maul gestopft hatte. Sigurður wurde am 5. Juli 1671 bei Þingvellir verbrannt.

Einen regen Anteil an der Hexenverfolgung im 17. Jahrhundert hatte der Pastor Páll Björnsson aus Selárdalur im Arnarfjord. Sein Wissen über den Teufelsglauben hatte er sich bei seinen Aufenthalten in Dänemark und Norddeutschland angeeignet. Die Stadt Hamburg, wo im Jahre 1642 die letzte Hexenverurteilung stattfand, war neben Kopenhagen ein beliebter Studienort von Isländern. Im Winter 1660 erkrankte Helga, die Frau des Pastors Páll. Sie beschuldigte ihren Nachbarn Jón Leifsson der Hexerei und schob ihm die Schuld für ihre Krankheit und dem Geistertreiben im Tal zu. Daraufhin wurde dieser – und wenig später sein Lehrmeister – verbrannt. Helga ging es daraufhin besser, aber dann erkrankte sie wieder. Dieses Mal waren auch ihre Kinder betroffen. Insgesamt wurden sieben Menschen beschuldigt, die Krankheiten der Pastorenfamilie durch Zauberei verursacht zu haben, darunter auch die Magd des Pastors und ihr 12-jähriger Sohn, die beide ihren Tod auf dem Scheiterhaufen fanden. 1674 erschien ein von Páll Björnssons geschriebenes Buch, dessen Inhalt sich auf den Hexenhammer bezog.

Im Jahr 1683 fand noch einmal eine Verbrennung in Verbindung mit der Pastorenfamilie im Selárdalur statt. Die Tochter des Pastors erkrankte und gab einem Mann die Schuld dafür, der daraufhin zum Tode verurteilt wurde. Die Vollstreckung des Urteils sollte auf dem Althing stattfinden, doch als die Reitergruppe auf dem Weg dorthin ein Waldstück erreichte, hatten die Leute keine Lust mehr weiterzureiten und schichteten den Scheiterhaufen im Wald Arngerðareyrarskógur auf.

Bis zur letzten Verbrennung im Jahr 1685 gab es insgesamt 22 Todesurteile wegen verbotener Magie. In vielen Fällen war es fraglich, ob die Anklage berechtigt war, denn nicht alle Verurteilten bekannten sich zu ihrem Zauberwissen, so wie es der Angeklagte Halldór Finnbogason tat. Er gestand im Beisein von Zeugen, dass er das Vaterunser dem Teufel gewidmet habe. »Unser Teufel, der du bist in der Hölle. Verflucht sei dein Name. Dein Reich komme. Dein Wille geschehe, wie auf Erden sowie in der Hölle …« Er behauptete, dass ihm das Blut von

Läusen besser schmecke als das Brot und der Wein des heiligen Abendmahles, und dass er nach seinem Tod als Wiedergänger erscheinen würde.

Die Verurteilten wurden bei ihrer Hinrichtung an einen Pfahl gebunden, um den Reisig gelegt und der dann angezündet wurde. Es soll vorgekommen sein, dass das Band, mit dem der Verurteilte angebunden war, zuerst verbrannte. Daraufhin sprang dieser aus dem Feuer und floh. Doch weit kam er nicht. Er wurde gepackt und kurzerhand zurück ins Feuer geworfen. Die nicht verbrannten Knochen sollen in der kalten Asche liegen gelassen worden sein, bis der nächste Verurteilte an die Reihe kam. Im Grunde stellte die Verbrennung einen Akt der Barmherzigkeit dar, wenn die verurteilten Hexer und Hexen sich geständig zeigten. Das Bekennen der Schuld sollte die Verurteilten vor den Qualen der Hölle bewahren und ihnen Hoffnung auf das Himmelreich geben.

1690 erhielt Klemus Bjarnason das Todesurteil für Hexerei, dennoch wurde er nicht verbrannt; stattdessen wurde er in die Verbannung geschickt. Einer Frau, die den Beinamen Galdra-Manga trug, soll ebenfalls der Scheiterhaufen erspart geblieben sein. Sie wurde der Sage nach in einem Wasserfall ertränkt. Dann gab es noch einen Fall, bei dem ein Zauberer gehängt und ein anderer für das Ausüben von Zauberei geköpft wurde. Neben den Todesurteilen existierten noch andere Strafen, wie das Abhacken der Hände oder eines Ohres und die Auspeitschung. Folterungen schienen auf Island für die wegen Magie verurteilten Personen nicht üblich gewesen zu sein. Insgesamt gab es 134 Anklagen wegen Zauberei. Nicht immer lagen Beweise für die Anwendung von Zauberei vor. Oft genügte schon die Aussage angesehener Männer oder der Eid von zwölf Gemeindemitgliedern (tylftareiður), um jemanden zu verurteilen. Das führte dazu, dass auch unschuldige Menschen bestraft oder verbrannt wurden. So erging es im Jahre 1675 dem 70-jährigen Lasse Diðriksson, der sich für unschuldig bekannte. Bei seiner Hinrichtung soll es stark geregnet haben, sodass das Feuer dreimal erlosch. Als sich der Bezirksamtmann bei seiner Abreise vom Althing das Bein brach, wurde dies als Strafe für die ungerechte Verurteilung gedeutet. Zwei Jahre zuvor soll ebenfalls ein Mann unschuldig auf dem Scheiterhaufen geworfen worden sein. Er reckte seinen bärtigen Kopf aus dem Feuer und schrie: »Hier seht ihr meine Unschuld.« Später fand man sein unverbranntes Herz in der Asche. Der Henker nahm ein Messer und schnitt es in Stücke, dabei geriet angeblich ein kleines Stück des Herzens in eines seiner Augen. Seitdem war er auf einem Auge blind.

In den Gräbern von nicht verbrannten Hexern sollten sich deren unversehrte Schädel mit unverwestem Gehirn befinden. Es wurde erzählt, dass man in den Rückenmarkskanal schauen und sehen könnte, wie er sich bewegte, weil dem Glauben nach die Seele bis zum göttlichen Gericht im Gehirn blieb.

Wie mochten die isländischen Hexer der damaligen Zeit ausgesehen haben? Die Beschreibungen der steckbrieflich gesuchten Zauberer weisen zahlreiche Gemeinsamkeiten auf. Sie werden allgemein als mager beschrieben, hatten dünne Haare, eine lange Nase und eine zerkratzte, rötliche oder pickelige Haut. Diese kundigen Menschen waren alle belesen und teilweise auch des Schreibens mächtig. Besaßen sie vielleicht eine krankhafte Vorstellungskraft? Waren sie dem Aberglauben verfallen oder fühlten sie ein unbändiges Verlangen, Macht über Menschen und die Natur zu haben? Die Verbreitung des Wissens über die Anwendung von Zauberei fand insbesondere auch in den Unterkünften der Saisonarbeiter im Fischfang statt. Dort, wo zahlreiche Männer wochen- oder monatelang auf engsten Raum zusammenlebten, mochte das Wissen über die magischen Symbole weitergegeben worden sein und ihre Anwendung gefunden haben. So benutzte man die Zaubermittel, um ein Unglück auf See abzuwehren, gegen schlechtes Wetter – was eine Fahrt aufs Meer unmöglich machte – oder für den Wunsch nach einem erfolgreichen Fang. Gute Fänge waren lebenswichtig für die isländische Bevölkerung, deren Abgaben den Gutsbesitzern und der Kirche den Wohlstand sicherten. Der Glaube an die Kraft der Magie muss stark und in der Seele der Isländer seit der Wikingerzeit fest verwurzelt gewesen sein, denn trotz harter Strafen nutzte man immer wieder dieses geheime Wissen.

Bekannte isländische Zauberer

Es liegen kaum Beschreibungen über Aussehen und Charaktereigenschaften der folgend aufgeführten zauberkundigen Personen aus Volkssagen vor. Die Hexer und Hexerinnen machten durch ihr magisches Talent auf sich aufmerksam, das mit übernatürlichen Kräften in Verbindung gebracht wurde, wobei nach Annahme der Bevölkerung der Teufel seine Finger mit im Spiel haben musste.

Der Großteil der isländischen Hexer im 17. Jahrhundert war männlichen Geschlechts. Es gab nur wenige Frauen, die mit Zauberei in Verbindung gebracht wurden. Eine dieser Frauen war Margrét Þórðardóttir (?–1726). Man nannte sie im Volksmund Galdra-Manga (die Zauber-Manga). Galdra-Manga lebte in den nördlichen Westfjorden in der Bucht Trékyllisvík. Ihr Vater Þórður Guðbrandsson wurde im Jahr 1654 wegen Zauberei angeklagt und auf dem Scheiterhaufen verbrannt Nach einem mysteriösen Vorfall, bei dem während eines Gottesdienstes sechs oder sieben Frauen in Ohnmacht fielen, sodass man sie mit Schaum vor dem Mund aus der Kirche tragen musste, fiel der Verdacht auf Galdra-Manga. Es wurde vermutet, dass sie die Zauberkünste ihres Vaters übernommen hatte. Margrét fürchtete um ihr Leben und floh. Ein Jahr später wurde sie der Magie angeklagt. Laut Steckbrief aus dem Jahr 1656 wurde die Gesuchte wie folgend beschrieben: Mittelgroß, helles Haar, zierlich, sprachgewandt und eine gute Dichterin.

Im Jahre 1659 sollten zwölf Leute Margréts Schuld beeiden, aber die Hälfte schwor, von ihrer Unschuld überzeugt zu sein. Drei Jahre später bekannte Margrét mit einem Eid auf die Bibel, dass sie zu keiner Zeit der Zauberei mächtig gewesen sei und niemanden Schaden zugefügt habe. Daraufhin beeideten zwölf Frauen Margréts Unschuld. Hilfe und Schutz fand Margrét in dieser schwierigen Zeit bei dem Pastor Tómas Þórðarson, den sie heiratete und ihm drei Söhne gebar. Galdra-Manga blieb der Scheiterhaufen erspart, dennoch bot ihr Fall genügend Stoff für dramatische Volkssagen. So soll sie der Sage nach die Frau des Pastors durch Zauberei getötet haben und aufgrund dieses Verbrechens unter einem Wasserfall (Mangafoss) ertränkt worden sein. Es gibt jedoch Hinweise, dass sie die Zeit der Hexenverfolgung überlebte und erst im Jahr 1726 verstarb.

SÆMUNDUR FRÓÐI (der Gelehrte) Sigfússon (1056–22. Mai 1133) war Gode und Pastor auf dem Kirchensitz Oddi bei Rangárvellir (Südisland). Angeblich hatte er sich die Kunst des Zauberns drei Jahre lang zusammen mit zwei anderen Isländern in einer sogenannten Schwarzen Schule in Deutschland angeeignet.

Laut der Volkssage befand sich die Schule in einem unterirdischen stockfinsteren Haus. Die Texte der Zauberlehrbücher waren in feuerroter Schrift geschrieben, die man in der Dunkelheit lesen konnte. Keiner der Schüler durfte während seines Aufenthaltes ans Tageslicht. Eine behaarte graue Hand reichte den Schülern jeden Tag durch eine Wand das Essen. Der Teufel soll Eigentümer der Schule gewesen sein. Jedes Jahr behielt er den Schüler bei sich, der als letzter die Schule verließ. Um zu verhindern, dass er in der Schule zurückblieb, warf Sæmundur seinen Mantel nur lose über sich. Beim Hinauslaufen zog etwas an seinen Mantel und der Mantel fiel von ihm ab. Somit entkam Sæmundur.

Als Sæmundur und die beiden anderen Isländer ihre Ausbildung abgeschlossen hatten, bewarben sie sich beim König um den Kirchensitz Oddi. Daraufhin sagte der König, dass der, der am schnellsten nach Island käme, den Kirchensitz erhalten würde. Daraufhin schloss Sæmundur einen Pakt mit dem Teufel, der ihn gegen Überlassung seiner Seele trocken nach Island bringen sollte. Der Teufel verwandelte sich nun in einen Seehund, auf den Sæmundur sich setzte und nach Island ritt. Aber kurz vor der isländischen Küste holte Sæmundur seine Bibel heraus und schlug damit dem Teufel auf den Kopf. Der Teufel ging unter. Sæmundur fiel ins Wasser und schwamm an Land. Damit hatte der Teufel seinen Vertrag gebrochen. Sæmundur erhielt daraufhin den Kirchensitz Oddi. Der Teufel aber folgte Sæmundur. Sæmundur führte ihn oft an der Nase herum und ließ ihn für sich arbeiten. Bis zu Sæmundurs Tod blieb er bei ihm, aber es gelang ihm nicht, die Seele des Zauberers zu bekommen.

Die wundersamen Geschichten über Sæmundur fróði haben einen märchenhaften Charakter. So wurde erzählt, dass Sæmundur einer Hexe in Sachsen die Ehe versprochen hatte. Da er aber nach Island ging und sie vergeblich viele Jahre auf seine Rückkehr wartete, schickte sie ihm ein vergoldetes Kästchen, um sich für seinen Wortbruch zu rächen. Niemand außer Sæmundur durfte das Kästchen öffnen. Nachdem das Kästchen in Island angekommen war, wurde ein Bote damit nach Oddi geschickt. Sæmundur befand sich in der Kirche, als der Bote kam, und bat ihn, das Kästchen auf den Altar zu stellen. Dort blieb es über Nacht. Am nächsten Tag ritt Sæmundur auf den Gipfel der Hekla und warf das Kästchen in eine Felsspalte. Das, so glaubte man, war der Grund, warum im Berg ein Feuer glühte.

ÞORLEIFUR ÞÓRÐARSON (?–1647), genannt Galdra-Leifi oder Kjafta-Leifi (Quatschmaul), lebte in den Westfjorden auf dem Hof Garðsstaðir bei Ögur. Seine Bekanntheit erwarb sich der Dichter vor allem durch die Volkssagen, die von seinen Zauberkünsten erzählten. Galdra-Leifi soll als Kind von einer Elfin gesegnet worden sein, die ihn mit außergewöhnlichen Begabungen ausgestattet hatte. Es wird erzählt, dass er Kontakt zu einer Frau aus dem huldufólk hatte, die in der

Nähe von Garðsstaðir in den Klippen am Meer wohnte. Er soll sie oft in ihrer Felsbehausung besucht haben. Die Vertreibung von Geistern und anderen unheimlichen Wesen schien sein Spezialgebiet gewesen zu sein. Im Alter von 30 Jahren hatte er schon eine Glatze und erhielt den Beinamen Hochstirn. Eine von vielen Geschichten über Galdra-Leifi erzählt davon, dass ein Bauer aus Jökulfirðir eine Tochter hatte, die ein Mann von norwegischer Abstammung verführen wollte. Das junge Mädchen ging nicht auf seine Verführungskünste ein. Da drohte er ihr, einen Bettgenossen zu schicken, der Herr über sie werden sollte. Ein Vierteljahr später kam in der Nacht ein mysteriöses Etwas an das Bett des Mädchens, griff sie bei der Hand und wollte sie unbekleidet entführen. Galdra-Leifi war zu der Zeit gerade Gast auf dem Hof. Er spürte, dass etwas Unreines das Haus betreten hatte. Als das Gespenst mit dem Mädchen das Haus verlassen wollte, stellte sich der Zauberer in die Tür und hielt den Stängel einer Pflanze zwischen den beiden, die sich fjandafæla (Teufelvertreiber) und auf Deutsch Norwegisches Ruhrkraut (Omalotheca norvegica) nennt. Daraufhin verschwand der Geist. Das Mädchen konnte nur mit äußerster Anstrengung davon zurückgehalten werden, ebenfalls das Haus zu verlassen. Da sich dieses Ereignis mehrmals wiederholte, wurde Þorleifur gebeten, auf dem Hof zu bleiben. Nun schlief Þorleifur jede Nacht vor dem Bett des Mädchens. Einmal hatte der Zauberer große Mühe, das Mädchen davon abzuhalten, dem Geist zu folgen. Schließlich stieß er ein langes Messer in die Bank vor ihrem Bett. Als er das Messer wieder herauszog, hing an der Messerspitze ein menschlicher Rückenwirbel. »Stoß noch einmal zu«, sagte eine Stimme unter der Bank. »Eine Buße genügt«, antwortete Þorleifur. Von nun an besserte sich der Zustand des Mädchens, denn der Zauberer schien den Geist bezwungen zu haben.

Nicht immer waren Galdra-Leifis Kräfte stark genug, um Geistern den Garaus zu machen. Im Reykjarfjörður (Westfjorde) lebte einmal ein Mann namens Ívar Eyjólfsson. Seine Frau hieß Herdís. Im Jahre 1604 fuhr Ívar mit vier anderen Männern zum Fischen. Schon lange hatten ihn böse Träume gequält, die seinen nahen Tod ankündigten. Eines Tages nahm er Abschied von seiner Frau und seinem Schwiegervater, Pastor Magnús Jónsson, so als ob er nicht mit seiner Heimkehr rechnete. Dabei bat er seine Frau zum wiederholten Male, dass sie nach seinem Tod nicht noch einmal heiraten solle, da das üble Folgen für sie haben würde. Tatsächlich verunglückte das Boot, auf dem sich Ívar befand, als es zu einem Streit zwischen ihm und seinem Kameraden Jón kam. Zwei der Fischer konnten sich retten. Die drei anderen, darunter Ívar, ertranken. Die an Land getriebenen Körper wurden bei der Kirche von Laugardalur bestattet. Unter dem ausgehobenen Grab befand sich ein älteres Grab, das – wie in der Heidenzeit üblich – in nordsüdlicher Richtung lag. Im Grab befanden sich auf Brusthöhe des Toten ein großer Stein und ein eiserner Pfeil. Bald wurden die Menschen in der Umgebung gewahr, dass Ívar und Jón umgingen und auch als Gespenster ihre Streitigkeiten fortsetzten. Herdís blieb mehrere Jahre unverheiratet. Dann erschien ein angesehener Mann, der um ihre Hand anhielt und dem sie auf Rat ihres Vaters ihr Jawort gab. Kurz vor ihrer Einwilligung zur Heirat erkrankte Herdís an einem Geschwür am Fuß. Aber es kam noch schlimmer: Einmal glaubte sie, ihren ersten Mann bei sich im Bett zu haben. Ein anderes Mal kämpfte sie mit ihm und versuchte, sich mit den Zähnen an ihrer Bettdecke festzuhalten. Danach hatte sie plötzlich eine schwarze Blase an der Zunge. Nach ihrer Verlobung nahm der Spuk weiter zu, sodass der Bräutigam die Heirat absagen wollte. Der Pastor konnte ihn davon abhalten und so fand die Trauung in der Kirche statt. Während der Zeremonie fing Herdís fürchterlich an zu schreien. Sehende, die sich in der Kirche befanden, sahen, wie Ívars Geist zu ihr kam. Nach der Heirat stellte Ívar Herdís weiter nach. Sogar nicht-sehende Leute sollen seiner Erscheinung gewahr geworden sein. Daraufhin wurde Galdra-Leifi gebeten, auf den Hof zu kommen. Er kam und seine Beschwörungen brachten etwas Ruhe in das Haus. Bald aber erschien Ívars Geist wieder und manchmal auch der Geist seines Kameraden Jón. Wenn aus der Bibel gelesen wurde, verließen die Geister jedes Mal das Haus. Aber sobald die Bibel geschlossen wurde, waren sie wieder da. Da Ívar sich immer wieder an Herdís vergehen wollte, setzte Galdra-Leifi ihr eine Frau auf den Schoss, die eine aufgerichtete Stahlklinge in der

Hand hielt. Jetzt griff aber das Gespenst den Zauberer selbst an. Kurze Zeit später bildeten sich Blasen in seinem Mund, die sich in ein übles Geschwür verwandelten. So kam es, dass Galdra-Leifi seine Versuche, die Geister zu vertreiben, aufgab und den Hof verließ. Herdís versuchte Ruhe in einer Kapelle zu finden, aber auch dorthin folgte ihr der Spuk. Daraufhin kehrte sie in ihr Wohnhaus zurück. Eines Sonntagmorgens hörten die Hofbewohner einen lauten Knall. Herdís Bett war zusammengebrochen und zwei Balken heruntergestürzt. Herdís starb während dieses Tumults. Galdra-Leifi hörte davon und meinte, das Gespenst hätte die Frau erdrosselt. Der Zauberer kehrte auf den Hof zurück und ließ Ívars und Jóns Leiche ausgraben. Ihre Körper waren beide übel zugerichtet und noch nicht verwest. Nachdem man die Leichen verbrannt hatte, nahm der Spuk ein Ende.

PASTOR HÁLFDAN Narfason (?–1568) aus dem Skagafjörður, Nordisland, lebte auf dem Kirchensitz Fell im Landkreis Sléttuhlíð. Die zahlreichen Geschichten über seine Zauberkünste erzählen oft von kleinen schelmischen Begebenheiten. Er benutzte seine magischen Kräfte, um anderen Menschen zu helfen. Diese Art von positiver Magie wird als weiße Magie (hvítigaldur) bezeichnet. Die schwarze Magie (svartigaldur) galt dagegen als böse, weil damit jemandem Schaden zugefügt wurde. Seine ersten Erfahrungen mit Zauberei machte Hálfdan, der zusammen mit Sæmundur dem Gelehrten die Schwarze Schule besuchte, schon als Zwölfjähriger in der Schule zu Hólar, wo zu jener Zeit der Bischof Gottskálk Niklásson der Grausame lehrte.

Allgemein bekannt ist die Geschichte des Bauern von Málmey. Málmey ist eine kleine Insel im Skagafjord. Die Insel war bis zu einem Brand im Jahr 1950 bewohnt. Es wird behauptet, dass ein Fluch auf der Insel läge. Niemand darf dort länger als 19 oder 20 Jahre wohnen, dann würde die Hausherrin verrückt werden oder sie würde verschwinden. Es gab keine Mäuse auf der Insel und das Halten von Pferden war nicht erlaubt. Einmal wurde Pastor Hálfdan Narfason vom Bauern auf Málmey gerufen, weil dessen Frau spurlos verschwunden war. »Deine Frau ist bei dem Riesen im Felsen Hvanndalabjarg«, erzählte Hálfdan. Daraufhin ritten der Pastor und der Bauer Jón zusammen auf Hálfdans Zauberpferd vorbei an Siglufjörður und Siglunes in Richtung Ólafsfjörður. Beim Felsen angekommen, klopfte der Hexer an das Gestein. Der Felsen öffnete sich und ein Riese erschien mit der Bauersfrau. Sie sah aus wie blau gefroren. Dennoch war ein weißes Kreuz auf ihrer Stirn gut sichtbar. Das sei das Taufkreuz, erklärte der Pastor. Sodann fragte er den Bauern, ob er seine Frau zurückhaben wolle. Der Bauer verneinte, denn es schien ihm, dass sie sich in eine Trollfrau verwandelt hatte. Dann kehrten der Zauberer und der Bauer zu ihren Höfen zurück.

Schon der Vater von Pastor Eiríkur Magnússon von Vogsósar (1638–1716) beschäftigte sich mit geheimer

Zauberei, die er jedoch nie zum Schaden anderer anwendete. Dem landesweit bekannten Sohn, der als stiller, gutmütiger und humorvoller Mensch beschrieben wird, gelang es während seiner Schulzeit in Skálholt, dem wiedererweckten Geist eines Zauberers das mit ihm begrabene Zauberbuch zu entreißen und darin für kurze Zeit zu lesen. Im Jahr 1677 erhielt Eiríkur den Kirchensitz Vogsósar an der Südküste. Es heißt, dass auf der Hochebene Hellisheiði eine von ihm gebaute Steinwarte steht, die nach ihm benannt ist (Eiríksvarða). Solange diese Steinwarte unbeschädigt bleibt, soll die Gemeinde von Selvogur vor Raubüberfällen geschützt sein. Auf dem Hügel Vörðufell standen dreißig Steinwarten des Pastors. Von weitem sahen die Steinwarten wie ein Heer von Soldaten aus. Durch diese optische Täuschung wurden der Überlieferung nach von der See her kommende Räuberbanden vertrieben.

Es war nicht ungewöhnlich, dass isländische Zauberer in Konkurrenz zueinander standen und gerne gegenseitig ihre Kräfte maßen. So schickte einmal die Hexerin Þórdís Markúsdóttir, genannt Stokkseyrar-Dísa (1668–1728), dem Pastor Eiríkur einen blauen Pullover mit roter Einfassung. An einem Sonntag im Winter ritt Eiríkur zusammen mit einem Mann zur Kirche. Der Pastor trug seinem Gefolgsmann auf, ihm den Pullover vom Leib zu schneiden, wenn die Kirche in Sichtweite käme oder ihm das Verhalten des Pastors merkwürdig erscheinen würde. Als der Mitreiter die Kirche sah, blickte er zu Eiríkur hinüber und beobachtete, wie der Pastor plötzlich von seinem Pferd fiel. Sein Körper schien in Flammen zu stehen und seine Haut schwoll bläulich an. Der Mann nahm sein Messer und schnitt dem Pastor den Pullover vom Leib. Gleich danach kam Eiríkur wieder zu sich und ritt weiter. Zu Hause untersuchte er das Kleidungsstück und fand unter dem Arm das eingenähte Zaubermittel der Stokkseyrar-Dísa. Im darauffolgenden Winter spann Eiríkur graue Wolle. Daraus strickte er einen Unterrock, den er Dísa schickte. Ihr gefiel der warme Rock, und als eines Tages ein Schneesturm herrschte, zog sie den Rock an. Später am Tag ging sie hinaus, um ihren Nachttopf zu leeren. Nun weiß man nicht genau, was geschah. Pastor Eiríkur saß an diesen Abend in seinem Haus, als es an der Tür klopfte. Er verbot den anderen Hofbewohnern die Tür zu öffnen. Nach dem dritten Klopfen stand er auf und öffnete. Da stand Dísa barfuß und halb erfroren vor ihm. In der Hand hielt sie ihren Nachttopf. Der Pastor begrüßte sie höflich. Dann fragte er, warum sie zu dieser Zeit unterwegs und so durchgefroren sei. Sie antwortete, dass er das doch selbst wüsste, denn sie vermutete, dass er dahintersteckte und der Rock, anstatt sie zu wärmen, ihr unerträgliche Kälte gebracht hätte. Dann bat sie ihn hineinkommen zu dürfen, damit sie nicht vor Kälte umkommen würde. Sie blieb über Nacht auf dem Hof und beide hatten, so wird erzählt, ihren Spaß an diesem Zusammentreffen.

Einmal versuchte sich Dísa an Eiríkur zu rächen, indem sie eine graugestreifte Katze verzauberte, die ihm im Schlaf überfiel und ihre Klauen in seine Brust schlug. Eiríkur konnte gerade noch nach seinem Zauberstab greifen und sie von sich wegtreiben. Stokkseyrar-Dísa wird als nichtsnutzige und trunksüchtige Zaubernärrin beschrieben, deren Name und Geschichten vielen Einwohnern von Stokkseyri heute noch bekannt sind.

Der Zaubermeister (galdrameistari) EINAR NIKULÁSSON (?–1699) war von 1660 bis zu seinem Tod Pastor der Kirche von Skinnastaðir im Axarfjörður (auch Öxarfjörður) in Nordisland. Der wohlhabende Zauberer soll eine Zauberschule geleitet haben. Als zu seiner Zeit eine Hungersnot im Lande herrschte, wollte er einen Wal herbeizaubern. Er ließ am Strand eine Grube für sich ausheben und legte sich in den Sand. Es herrschte klares, wolkenloses Wetter. Sein Sohn, der ihn begleitete, sollte auf das Meer schauen und beobachten, ob eine Wolkenbank aufziehen würde. Währenddessen wendete Einar seine Zaubermittel an. Dann sah der Sohn, wie sich der Himmel über dem Meer verdunkelte. Sofort benachrichtige er seinen Vater. Einar zeigte sich zufrieden mit dieser Nachricht und machte weiter mit seinem Zauberritual. Lauthals schrie er seine Zauberbeschwörungen in Richtung Meer. Nun zog ein Sturm auf. Der Nordwind peitschte die Wellen an Land, bis plötzlich ein Wal an den Strand geworfen wurde. Daraufhin befahl der Zauberer seinen Männern, den Wal zu zerschneiden und nach Hause zu bringen, um das Fleisch zu kochen. Der Hexer verbot jedoch seinen

Leuten, vom Fleisch zu probieren. Erst sollte ein Armer, der auf dem Hof wohnte, das Fleisch essen. Gleich nach dem ersten Bissen fiel der Mann tot um. Danach probierte der Zauberer das Fleisch. Da es ihm gut bekam, verkündete er, dass das Fleisch niemanden Schaden zufügen würde. Er ließ es an sämtliche Gemeindemitglieder verteilen, ohne Geld dafür zu verlangen. Die Geschichten seiner Zauberkünste erreichten auch die Westfjorde, wo die mächtigsten Zauberer Islands lebten. Sie schickten einmal einen zauberkundigen Jungen in den Norden, damit er seine Kräfte an Einar messen konnte. Er stand Einar und seinen ebenfalls der Magie mächtigen Söhnen nicht nach. Einar versuchte ihn beim Abendmahl zu vergiften, indem er heimlich eine Zauberfliege (galdrafluga) in den Kelch legte. Aber der Junge bemerkte es. So flog sie in den Hals desjenigen, der an seiner statt als Erstes aus dem Kelch trank, woraufhin dieser tot umfiel.

Die Zauberin STRAUMFJARÐAR-HALLA (15. Jahrhundert) war die Schwester von Sæmundur fróði. Sie stammte aus dem Gebiet Mýrar südlich von Snæfellsnes. Dort findet man viele Flurnamen, die auf ihre Existenz hinweisen, wie zum Beispiel Höllubrunnur (Brunnen der Halla), Höllugróf (Grube), Höllunaust (Bootshaus) und Hölluvör (Anlegestelle). Einmal lud Halla Freunde und Bekannte zum Weihnachtsessen ein. Sie zeigte sich großzügig und war gut gelaunt. Da bot sie ihren Gästen an, sich eine Süßigkeit zu wünschen. Egal was es sei, sie würde das Gewünschte besorgen. Die Gäste überlegten. Dann beschlossen sie etwas zu wünschen, was zu dieser Jahreszeit nicht so leicht zu besorgen war: Engelwurz (hvönn). Halla hatte sich schon gedacht, dass die Gäste etwas wählen würden, was schwer zu bekommen war. Sie sagte, sie würde einen Versuch wagen, doch müssten die Gäste sich einen Moment gedulden. Halla ging und stapfte durch den Schnee zum See Grænavatn, bis sie zu einer Senke kam, die seitdem ihren Namen trägt (Höllustampur). Sie ging die Senke hinunter und verschwand für kurze Zeit. Dann erschien sie mit einem Bündel von grünen Engelwurzstielen. Diese brachte sie ihren Gästen. Nun waren die Menschen davon überzeugt, dass Halla die Pflanzen aus der Unterwelt geholt hatte.

Der in Ostisland beheimatete JÓN ÞORVARÐSSON GRÁI (der Graue) (1730–?) verlor seine Zauberutensilien, als er unterwegs zu einem anderen Hof war. Sofort wurde ihm ein Mann zur Verfügung gestellt, um die Werkzeuge zu suchen, mit der Bedingung, dass er sie nicht anschauen würde, wenn er sie fände. Der Mann fand schließlich das verlorene Päckchen. Aber er konnte seine Neugier nicht zurückhalten und öffnete es. Er erblickte den Kopf eines Raben und einen Schleifstein, der in einer Mütze eingewickelt war. Der Mann überbrachte Jón das Paket. Der Zauberer entdeckte sofort, dass der Mann sich nicht an die Bedingungen gehalten hatte. So war es aufgrund der Neugier des Mannes nicht verwunderlich, dass nichts Gutes bei der Sache herauskommen konnte. Man sagt, der Mann hätte seit diesem Vorfall sein Augenlicht verloren.

JÓHANNES ÓLAFSSON von Kirkjubóli, auch Jóhannes vom Mosdal (19. Jahrhundert), war einer der bekanntesten Zauberer der Westfjorde. Seine magischen Fähigkeiten benutzte der scherzhafte Hexer insbesondere, um Leuten zu helfen. Einmal erkrankte eine Kuh auf einem Nachbarhof. Man meinte, sie wäre von einem unreinen Geist befallen. Der Bauer ging zu Jóhannes und bat ihn, den bösen Geist aus der Kuh zu vertreiben. Auf Jóhannes' Rat hin sollte jemand in den Stall gehen und laut folgende Worte rufen: »Jóhannes von Kirkjubóli grüßt die Kuh.« Dies wurde getan und die Kuh wurde wieder gesund.

Pastor MAGNÚS PÉTURSSON von Hörgsland (?–1687) in Südisland galt in seiner Kindheit als klug und begabt. Als er jedoch die Schule in Skálholt besuchte, schien ihm seine Klugheit abhandengekommen zu sein. Man lachte ihn wegen seiner Dummheit aus. Einer seiner Mitschüler, Sigurður, galt zu dieser Zeit als besonders intelligent. Er verliebte sich in ein ortsansässiges Mädchen, das aber kein Interesse an ihm zeigte. Aus Liebeskummer brachte er sich um. Seine Leiche wurde in die Kirche gebracht. So wie es damals Sitte war, musste jemand bei dem Toten die Nacht über wachen. Magnús wurde dafür ausgewählt. Nachdem ein Drittel der Nacht vergangen war, sah er, wie sich der Sarg bewegte. Der Geist des jungen Mannes stieg aus dem Sarg. Die Erscheinung warf ihr Leichenhemd von sich und verließ die Kirche. Magnús nahm das Leichenhemd an sich. Kurz darauf erschien der Geist und forderte das Hemd zurück.

»Ich gebe es dir erst«, sagte Magnús, »wenn du mir sagst, was du gemacht hast, nachdem du verschwunden warst.«

»Ich habe mein Mädchen aufgesucht. Weil ich sie nicht im Leben besitzen konnte, wollte ich sie wenigstens im Tod haben.«

»Hast du sie umgebracht?«

»Das könnte man so sagen. Und gib mir jetzt mein Leichenhemd, Mangi.«

»Das tue ich so lange nicht, bis du mir sagst, wie das Mädchen wieder zum Leben erweckt werden kann«, sagte Magnús.

»Sie muss ins Bett gebracht werden und jemand muss bei ihr schlafen und sie mit warmen Händen streicheln, denn ich habe ihren Lebensgeist unter einer ihrer kleinen Zehen versteckt. Aber gib mir nun das Leichenhemd, Mangi.«

»Das tue ich nicht, bis du mir sagst, warum ich meine Klugheit verlor, als ich im Herbst in die Schule kam.«

»Der Teufel hat sie dir genommen, damit du nicht Pastor wirst«, sagte der Geist. »Sage mir, was du werden solltest.«

»Ich sollte Pastor werden und dreimal heiraten.«

»Du hast dir großen Schaden zugefügt«, sagte Magnús.

»Das ist wahr, aber gib mir nun mein Leichenhemd.«

»Das tue ich niemals, außer du gibst mir einige von deinen Begabungen, die du in deinem Leben hattest.«

»Traust du dich, dich unter mich zu legen?« fragte der Geist.

»Ja«, antwortete Magnús.

Daraufhin legte sich Magnús hin und der Geist auf ihn. Dann blies er einen Luftzug in Magnús hinein und fragte, ob das genug sei. Magnús verneinte und der Geist blies weiter. Auch dieses Mal verneinte Magnús die Frage des Geistes, ob es nun genug sei, und bat ihn ein drittes Mal zu blasen.

»Nun musst du aufpassen«, sagte der Geist. »Diesem Luftstrom folgt ein fürchterlicher Gestank, aber wenn du das überlebst, wirst du allwissend sein.«

Nun blies der Geist einen so solchen Gestank zu Magnús, dass er das Bewusstsein verlor und erst bei Tagesanbruch wieder erwachte, als einige Leute aus der Schule über ihm standen und ihm helfen wollten. Er aber befahl ihnen, zu singen und anschließend die Leiche zu begraben. Magnús bot sich als Vorsänger an. Die Anwesenden staunten, wie gut er plötzlich singen konnte, und meinten, dass seine Stimme der von Sigurður ähnelte.

Danach ließ Magnús die Leiche des Mädchens ins Bett legen und tat, was der Geist gesagt hatte, bis sie wieder zum Leben erwachte. Magnús studierte mit Erfolg weiter. Die Lehrer waren erstaunt darüber, wie sehr seine Begabungen denen von Sigurður, dem Geist des verstorbenen Schülers, ähnelten. Nachdem er seine Ausbildung abgeschlossen hatte, heiratete Magnús das Mädchen, das er wiedererweckt hatte. Sie war die erste von drei Frauen, die er in seiner Lebenszeit heiratete. Sein Leben lang hatte er mit Geistern und Wiedergängern zu kämpfen, die ihm aber meist unterlegen waren.

Der Dichter, Pastor und Gelehrte SNORRI VON HÚSAFELL (1710–1803) soll ein starker, sportlicher Mensch gewesen sein. Man sagt, er konnte eine Steinplatte von 180 Kilogramm heben und wie ein Seehund schwimmen. Als Snorri im Jahr 1757 von den Westfjorden nach Húsafell in das Gebiet von Borgarfjörður (Westisland) zog, verbreitete sich das Gerücht von seinen Zauberkräften, die er sich angeblich von den zauberkundigen Männern von Hornstrandir angeeignet hatte. Snorri wurde oft zur Geistervertreibung herbeigerufen. So soll er 70 oder 80 Geister von Húsafell vertrieben haben. Die Schlucht draugagil (Gespensterschlucht) trägt diesen Namen, weil Snorri dort einen Geist in die Schlucht stürzte. Zu Lebzeiten Snorris kam es zu dem Ausbruch der Vulkanspalte Lakagígur am 8. Juni 1783. Vom Himmel herabregnender Schwefel färbte das Gras gelb und vergiftete es. Eine rot glühende Sonne verschwand im Aschedunst, der sich über weite Landesteile legte. Die durch den Dunst verursachte Kälte hatte schwerwiegende Folgen für die Bewohner des Landes. Das Vieh starb, weil es nicht genug Heu gab. Im Norden konnte wegen Treibeis nicht gefischt werden. Die Menschen im ganzen Land hungerten. Aus Not wurden die zum Transport unentbehrlichen Pferde geschlachtet, was der Bischof mit der Androhung harter Strafen, wie der Auspeitschung und dem Pranger, vermeiden wollte. Die nächsten zwei bis drei Jahre waren geprägt von Vulkanausbrüchen und Erdbeben. Ein starkes Erdbeben (Suðurlandsskjálfti) zerstörte 1784 um die 400 Höfe sowie den Bischofssitz in Skálholt. 1785 kamen die Pocken ins Land. Aufgrund von Krankheit oder Hunger starben ein Fünftel der Bevölkerung in diesen schweren Jahren (móðuharðindin). Auch die Bewohner von Húsafell wurden von diesem Elend nicht verschont.

Bevor Snorri Pastor von Húsafell wurde, diente er der Kirche von Stað bei Aðalvík (Westfjorde). Er war beliebt und die Leute bedauerten, dass er fortzog. Zu jener Zeit lebten dort Hexer, die sich an Snorri für sein Fortgehen rächen wollten. Sie versenkten ein Boot, das gerade an Land kam. Alle Fischer kamen ums Leben, außer einem. Diesen Mann verzauberten sie und schickten ihn zu Snorri, um ihn zu töten.

Eines Abends klopfte es an der Tür von Snorris Haus. Er bat seine Tochter, die Tür zu öffnen. Niemand war da. Das wiederholte sich noch einmal. Als es das dritte Mal klopfte, sagte Snorri: »Wenn du jetzt nachschaust und niemanden siehst, sollst du sagen: ›Wenn du ein Geist bist, fahre zum Teufel. Aber bist du ein Mensch, dann komm mit mir herein.‹ Wenn dann eine Person erscheint und das Haus betritt, will sie, dass du vorangehst. Aber das solltest du vermeiden und hinter ihr gehen.«

Die Tochter tat, wie ihr gesagt wurde. Daraufhin sah sie einen Mann in der nassen Lederkleidung der Seeleute vor der Tür stehen. Sie fragte ihn nach dem Grund seines Besuches. Der Mann erzählte, dass er geschickt worden sei, um ihren Vater zu töten. Die Tochter bat ihn, ins Haus zu gehen und passte auf, dass er ihr vorausging. Der Geist stellte sich in eine dunkle Ecke. Der Pastor erschien mit einem bis zum Rand gefüllten Kelch Messwein. Noch einmal sprach der Geist davon, dass er geschickt worden sei, um Snorri zu töten.

»Kommst du vom Friedhof?«, fragte der Pastor.

»Nein«, antwortete der Geist. »Die Strandleute machten ein Zauberwetter und versenkten ein Boot mit sechs Leuten.«

»Bist du einer von ihnen?«

»Ja.«

»Starbst du?«

Der Geist verneinte diese Frage. Nun bot der Pastor dem Geist den Messwein an, aber dieser lehnte es ab, davon zu trinken. Der Pastor gab dem Geist einen Stoß, sodass er auf den Boden fiel, und flößte ihm den Wein ein. Nun fiel der Mann in Ohnmacht. Als er wieder zu sich kam, schlug sein Herz. Er empfing das heilige Sakrament und starb kurz darauf. Dennoch behaupteten einige Menschen, dass der Fremde, statt zu sterben, wieder heil und gesund wurde.

Die Pastorentochter Elín Þórarinsdóttir lebte zur Zeit der Hungersnot auf dem Hof Húsafell und soll den Pastor Snorri bei der Vertreibung der unerwünschten Geister aus den Westfjorden geholfen haben. Latínu-Bjarni, der den Beinamen Teufelsvertreiber trug und Latein verstehen konnte, war der Ehemann von Elín. Als er aus den Westfjorden nach Húsafell geritten kam, um seine vor ihm geflüchtete Frau zurückzuholen, schienen Zauberkräfte ihn daran zu hindern. Elín blieb in Húsafell. Latínu-Bjarni soll drei uneheliche Kinder gezeugt haben. Die Vaterschaft des dritten Kindes hatte er verleugnet, denn dreifacher Ehebruch bedeutete die Todesstrafe. Schließlich wurde die Ehe geschieden, weil Elín die Schuld auf sich nahm, von ihrem Mann weggelaufen zu sein.

Einmal befand sich der Pastor ÞORLÁKUR Á ÓSI (1711–1773) in Akureyri im Norden Islands, als ein Mann scheinbar tot umfiel. Der Pastor wurde hinzugerufen und gebeten, den Mann zu untersuchen. Er beugte sich über den Mann, zog einen Federkiel aus seiner Tasche und steckte das eine Ende in die Nase des Mannes und das andere in seinen Mund und sog daran. Da sprang der Gefallene wieder auf. Der Zauberer erschrak über die Kruste, die sich an dem Federkiel gebildet hatte, und steckte ihn wieder in seine Tasche. Danach berichtete er, dass ein Luftgeist in die Nase des Mannes geflogen sei.

GALDRA-LOFTUR (Loftur Þorsteinsson, 1702–?) kam mit 14 Jahren in die Schule von Hólar, wo er sich das Wissen der Zauberei aneignete. Er stiftete gerne seine Schulkameraden zum Ausprobieren von Zauberkünsten an.

Einmal besuchte er an Weihnachten seine Eltern. Dafür nahm er sich eine Magd, beschlug sie, legte ihr Zaumzeug um und ritt mit ihr durch die Lüfte nach Hause. Das Mädchen verletzte sich bei dem Ritt und es dauerte lange, bis sie sich von diesem Erlebnis erholt hatte. Sie konnte aber, solange Loftur am Leben war, niemandem davon erzählen.

Ein anderes Mal schwängerte er eine Magd, die in der Schule arbeitete. Er tötete sie, indem er sie mitten in einer Wand in einen Gang hineingehen ließ und die Wand hinter ihr verschloss. Als später die Wand abgerissen wurde, entdeckte man dort ein aufrecht stehendes Skelett einer Frau und die Knochen eines nicht ausgetragenen Kindes. Nach dem misslungenen Versuch, durch Wiedererweckung des verstorbenen Bischofs Gottskálk in den Besitz des Zauberbuches Rauðskinna zu kommen, wurde der danach verwirrte Loftur bei einem älteren Pastor untergebracht. Eines Tages riss er aus, ruderte mit einem kleinen Boot aufs Meer hinaus und kehrte nicht wieder zurück. Ein Augenzeuge soll gesehen haben, wie eine riesige grau behaarte Hand aus dem Meer kam und Loftur mitsamt dem Boot in die Tiefe zog.

INGIBJÖRG JÓNSDÓTTIR (geboren zwischen 1630 und 1640) wurde Galdra-Imba (Zauber-Imba) genannt. Sie war mit dem Pastor Árni Jónsson verheiratet, der im Jahr 1679 der Zauberei beschuldigt wurde. Zu einer Verurteilung kam es nicht, denn er floh nach Ostisland und nahm von dort ein Schiff nach England. Dort starb er ein Jahr später in Armut. Seine Frau und Kinder siedelten sich in Loðmundarfjörður an, worauf sich das Gerücht verbreitete, dass auch Ingibjörg und ein paar ihrer Kinder der Magie mächtig seien. So wurde sie des Todes zwei ihrer Schwiegersöhne und des Pastors von Eiðar beschuldigt sowie eines Mordversuches an ihrer Tochter. Auch soll sie, wenn sie Streit mit den Kaufleuten hatte, am Untergang von deren ausfahrenden Schiffen beteiligt gewesen sein. Ebenso hatte sie laut der Sage ihre Zauberkunst dazu angewendet, Mäuse als Schafe und Steine als Butter zu verkaufen. Vielleicht war es die Absicht der Einheimischen gewesen, mit der Verbreitung dieser haarsträubenden Geschichten die Zugezogene aus dem Fjord zu vertreiben. Ingibjörg versuchte über das Althing ihren Ruf zu verbessern, dennoch blieben die Geschichten über ihre Zauberkunst erhalten. Eine dieser Geschichte erzählt von ihrer Begegnung mit dem grauen Jón (Jón grái). Sie wollte testen, ob Jón wirklich ein so begnadeter Zauberer sei, wie behauptet wurde. Galdra-Imba reichte ihm bei einem Treffen ihren Schnupftabakbehälter und bot Jón eine Prise an. Jón nahm den Behälter, schaute ihn sich genau an und öffnete ihn am verkehrten Ende.

Galdra-Imba fragte Jón, warum er den Behälter am verkehrten Ende geöffnet habe. Er antwortete, dass es ihm richtig erschienen sei, es auf diese Art zu tun. Jón musste wohl etwas geahnt haben, denn Galdra-Imba hatte in die richtige Öffnung eine verzauberte Fliege gesetzt, die Jón töten sollte.

Magische Symbole, Mittel und Gebräuche

Galdrabækur (Zauberbücher), galdrastafir (Zauberzeichen)

Aus der Runenschrift der Wikinger, der teilweise Zauber- und Heilkräfte zugeschrieben wurden, entwickelten sich die Zauberzeichen (galdrastafir), die im 17. Jahrhundert ihre Anwendung fanden. Der Gebrauch magischer Symbole oder Zeichen, in denen mehr Kraft lag als im gesprochenen Wort, war nicht nur den großen Zauberern vorbehalten. Einfache Leute benutzten diese Art von Magie, die stafagaldur genannt wurde, um ihre Lebenssituation zu verbessern, wie mehr Glück beim Fischfang, Erfolg bei den Frauen (ástargaldur) oder zur Geldvermehrung. Zu Heilungszwecken und zum Schutz von Haus und Leben sollen die Symbole ebenso nützlich gewesen sein, wie zur Abwendung des Teufels und Gespenstern. Ein sicherlich oft angewendetes Symbol war das Zeichen für eine erfolgreiche Heuernte. Dazu wurde eine Rune auf den oberen Griff der Sense geritzt und mit dem Blut der linken Hand eingefärbt.

Die Zauberrunen schrieb der Magier mit Tinte – und in einigen Fällen mit Menschenblut – auf Papier, Holz (meist Eiche) oder Kalbsleder. Mit dem Speichel konnten diese

Symbole auch auf gewisse Körperteile geschrieben werden, so zum Beispiel auf die Stirn. Mit einem Messer ritzte man die Zeichen auf Knochen, die sowohl Tier- wie auch Menschenknochen sein konnten, oder auf Gesteinsarten und Speisen, wie Brot und Käse. Es wurden ebenfalls Zaubersymbole auf Gegenstände wie Holzteller, Löffel oder Schiffe graviert. Die Menschen, die sich gegen den Zauberglauben stellten, bezeichneten die Anwendung von Zauberzeichen als Gekritzel von vom Teufel besessenen und verblendeten Leuten.

Die bekanntesten Zauberbücher (galdrabækur) sind das früh erschienene Runenbuch Gráskinna (Grauleder) und Rauðskinna (Rotleder) des Bischofs und Schwarzmagiers von Hólar Gottskálk Niklásson dem Grausamen. Gottskálk war von 1497 bis 1520 Bischof von Hólar. Gráskinna war lange im Besitz des Bischofssitzes im Norden der Insel. Ein Teil der dortigen Schüler eignete sich damit magisches Wissen, wie zum Beispiel glímugaldur, an. Glíma ist ein isländischer Ringkampf. Mithilfe zweier Zauberrunen, Gapaldur und Ginfaxi, war der Sieg über den Gegner sicher. Gapaldur wurde unter der Ferse des rechten Fußes angebracht und Ginfaxi unter den Zehen des linken Fußes.

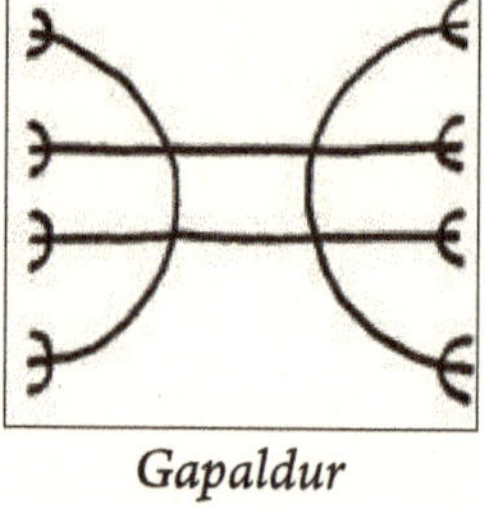

Gapaldur

Ginfaxi

Die Anwendung der im ersten Teil des Buches eher harmlosen Zauberbräuche war nicht strafbar. Der zweite Teil des Buches war jedoch mit Geheimrunen geschrieben, die nur wenige Zaubermeister lesen konnten. Ein zweites, ebenfalls Gráskinna genanntes Zauberbuch soll sich in der Schule von Skálholt befunden haben, dessen Inhalt die Notizen eines wiedererweckten Mannes gewesen sein sollen.

Das Buch Rauðskinna, das der Sage nach im Grab des Bischofs von Hólar lag, wurde »Das Buch der Macht« genannt, weil mit ihm sogar der Teufel besiegt werden konnte. Der Zauberer Galdra-Loftur unternahm etwa 200 Jahre nach dem Tod des Bischofs den Versuch, Gottskálk wiederzuerwecken, um sich das Zauberbuch anzueignen. Sowie er das Buch entdeckte, wollte er es an sich reißen. Aber einer seiner Gefährten läutete zu früh die Glocken und Gottskálk verschwand samt dem Buch zurück in sein Grab.

Im »Isländischen Zauberbuch« (Íslensk galdrabók) sind zahlreiche Zeichen verschiedener Herkunft, Runen,

Gebete und Beschwörungen aufgeführt, die zum Zwecke des Schutzes oder zur Anrichtung von Schaden benutzt wurden. Auch Anleitungen zur Eroberung von Frauen (kynlífsgaldur, kvennagaldur) konnten sich Zauberschüler durch das Buch aneignen. In erster Linie ging es darum, die ausgewählte Frau gefügig zu machen und sie unter Anrufung des Teufels zum Schweigen zu bringen. Ein Rat zum Verführen eines Mädchens war, sich die Zunge eines balzenden Vogels zu besorgen, ein Zaubersymbol in ihr Bett zu legen, einen Zaubertrank aus Schamhaaren und Wimpern zu mischen oder sich eine Rune in den Mund zu stecken, bevor man das auserwählte Mädchen vor der Kirche oder im Stall ansprach. Der Glaube an die Kraft der Runen war stark und die Anleitung zu ihrer Verwendung oft kompliziert. Ein andere Möglichkeit zur Eroberung eines Mädchens war, ein Zaubersymbol mit dem eigenen Blut aus der linken Brustwarze auf die Haut eines Schweinebauches zu schreiben und das auserwählte Mädchen darauf schlafen zu lassen. Danach sollte sie gefügig sein. Schwieriger war die Anweisung, das Zeichen mit Rabengalle auf die Innenseite der rotbräunlichen Haut einer Hündin zu zeichnen und das Blut eines schwarzen Katers, dem eine Jungfrau bei Vollmond den Hals aufgeschnitten hat, darauf aufzutragen. Dann wurde das Zeichen beim Schlafplatz des Mädchens hoch in die Luft gehalten und ein Zaubervers aufgesagt, der die Drohung enthielt, dass, wenn das Mädchen ihre Liebe verweigerte, sie hart bestraft werden würde.

Weniger dramatisch war die Anleitung für die im Zauberbuch aufgeführten Zeichen zur Verursachung von Krankheiten. Sie wurden einfach auf Käse oder Fisch geritzt und dem auserwählten Opfer zum Essen gegeben.

Eines der bekanntesten isländischen Runensymbole ist der Ægishjálmur. Im Jahre 1664 benutzte ein Hexer dieses Zeichen zur Heilung von Krankheiten und wurde daraufhin zum Tode verurteilt. Das Symbol, das stark an die nordische Mythologie gebunden ist, fand ebenfalls Verwendung zum Schutz vor Feinden, um die Wut zu beherrschen und Liebe und Freundschaft zu erwecken.

Die kraftvollsten Symbole im 17. Jahrhundert waren die Todesrunen (dauðarúnir). Sie sollten im Körper des Opfers die totale Zerstörung, wie den in der nordischen Mythologie beschriebenen Weltuntergang (ragnarök), verursachen (dauðagaldur). Fretrúnir (Furzrunen) setzten die feindlichen Menschen mit Magenschmerzen und Durchfall außer Gefecht.

Der sogenannte Butterknoten (smjörhnútur), ein sternförmiges Zeichen, wurde auf Butter geritzt, um zu erkennen, ob es sich bei der verwendeten Milch um die Milch eines tilberi (Zuträger) handelte. Wenn es die Milch dieses gierigen wurmähnlichen Milchdiebes war, verwandelte sich die Butter in eine Art von Schaum oder zersprang in kleine Stückchen.

Die Rune des kleinen Schutzkreises (rosahringur minni) diente als Schutz vor Geistern und Zauberei. Man ritzte das Zeichen auf die fleischige Seite des Fells einer braunen Hündin, um es dann mit dem Blut eines schwarzen Katers einzufärben, den man bei Vollmond getötet hatte. Dann wurde ein Vers aufgesagt. Um einen Feuerdämon oder den Teufel zu vertreiben, sollte man spucken, Urin verspritzen und die Tierhaut vor der Erscheinung hin- und herschwenken, während ein Vertreibungsspruch aufgesagt wurde.

Zur Erweckung eines Toten oder zur Vertreibung böser Geister musste eine bestimmte Rune aus einem Gemisch aus Blut von einem Seehund, Fuchs und Menschen auf die Haut eines Pferdekopfes geschrieben und dabei ein Vers aufgesagt werden.

Um ein Mädchen zur Frau zu bekommen, wurde eine Rune verwendet, die mit dem Blut aus der Kuppe des linken Daumens auf die Innenseite der rechten Hand des Freiers geschrieben wurde. Dieser ergriff daraufhin die Hand seiner Erwählten und bat sie mit einem Spruch, ihn zu erhören.

Mochte ein Mann, dass ein Mädchen von ihm schwanger werden sollte, wurde die Rune feingur auf ein Stück Käse geritzt und ihr zu Essen gegeben.

Das Zeichen dreprún (Tötungsrune) wurde verwendet, wenn jemand beleidigt wurde und sich rächen wollte. Die Rune wurde auf ein Stück Papier geschrieben und dorthin geworfen, wo die Pferde der betreffenden Person entlanggelaufen waren. Dann bedeckte man sie. Daraufhin sollte ein Teil des Viehs der feindlichen Person sterben.

Wollte jemand seinem Feind Angst einflössen, ritzte man das Zeichen óttastafur (Angsteinflößer) auf ein Stück Eiche und warf es ihm vor die Füße.

Sogenannte Bandrunen, die aus zwei oder mehreren Runen bestehen, besaßen angeblich mehr Kraft und ihre Wirkung hielt länger an, wie zum Beispiel das Zeichen veðurgapi, das einen schweren Sturm verursachte und zum Schiffsuntergang beitrug.

Fast alle Hexer besaßen Zaubernotizbücher oder Blätter, worin sie ihre geheimen Zauberrunen und Texte schrieben. Wurden diese Zauberbücher oder andere verdächtige Aufzeichnungen entdeckt, verbrannte man sie vor dem Gesicht des Zauberers, sodass ihm der Rauch in die Nase stieg. Ebenso entledigten sich die Hexer selbst dieser Beweismittel ihrer Kunst aus Angst vor einer Anklage, die Auspeitschung oder gar das Todesurteil bedeutete. Da auch die Aufzeichnungen verstorbener Zauberer verbrannt wurden, sind nur wenige dieser Schriften erhalten geblieben.

Mannsístra (menschlicher Bauch/Bauchfett) und mannsskinn (Menschenhaut)

Dieses Zaubermittel wurde bevorzugt von Dieben zum Öffnen von Schlössern verwendet (lásagaldur). Dazu musste menschliches Bauchfett (ístra) von einer ausgegrabenen Leiche gestohlen und in den Mund genommen werden. Dann pustete der Zauberer in das zu öffnende Schloss und sagte seinen Zauberspruch auf. Auch zum Schleifen der Sense (brýnugaldur) wurde das Bauchfett benutzt. Das Ritual musste aber geheim bleiben. So wird erzählt, dass einer Frau Tran für die Lampe fehlte. Man riet ihr, den Schädel eines Toten zu nehmen und ihn mit Menschenfett und Schwefel zu füllen. Brennendes Menschenfett soll eine Ewigkeit gebrannt haben und konnte nur mit dem Blut von sieben Brüdern gelöscht werden. Lange ging das Gerücht um, dass dänische Margarine aus Menschenfett hergestellt würde und es eine Sünde sei, diese zu verspeisen.

Der Legende nach wurde Menschenhaut ebenfalls für Zaumzeug (gandreiðarbeisli), Hosen (skollabrækur; nábrækur) und Schuhe verwendet, die niemals aufgetragen werden konnten, außer man betrat mit ihnen den Friedhof oder geweihte Erde.

Þórshamar (Thors Hammer)

Wer einen Dieb ausfindig machen wollte, musste sich einen Þórshamar aus dreimal gestohlenem Glockenkupfer schmieden, welches am Pfingstsonntag in Menschenblut gehärtet wurde. Auf die gleiche Art wurde ein spitzer Stiel hergestellt, den der Zauberer in den Kopf des Hammers steckte. Nun sagte der Hexer eine Zauberformel auf, die bei dem Dieb eine Augenkrankheit verursachte. Wurde das Diebesgut nicht zurückgebracht, wiederholte der Zauberer das Ritual und der Dieb verlor ein Auge.

Ein dritter Versuch kostete ihm das andere Auge. Eine andere Methode war das Aufzeichnen eines Kopfes mit zwei Augen mit eigenem Blut auf ein Blatt Papier. Auf der Rückseite befand sich eine Zauberrune. Schließlich schlug der Zauberer mit dem Þórshamar zuerst das eine und dann das andere Auge des Diebes aus, wenn er sich nicht stellte.

Nábrók (Leichenhose), skollabrók (Teufelshose), finnabrók (Finnenhose) oder papeyjarbuxur (Papeyjarhosen)

Wer sich mit Zauberei Geld beschaffen wollte, der musste mit einer Person einen Vertrag schließen, um dessen Haut nach seinem Tod verwenden zu dürfen. Die Haut der Leiche wurde von der Taille abwärts abgezogen. Es durfte dabei kein Loch entstehen. Nun musste der Zauberer diese Art von Strumpfhose anziehen. Sie verwandelte sich dann in sein eigenes Fleisch. Bevor aber die Totenhose zum Einsatz kam, musste der Hexer einer armen Witwe zu Weihnachten, Ostern oder Pfingsten Geld stehlen, das zusammen mit dem Zaubersymbol gimhringur oder nábrókarstaf in den Hodensack der Hose gesteckt wurde. Daraufhin zog die Hose das Geld von lebenden Menschen an sich, sodass sich der Sack niemals leerte. Zu beachten war, dass man sich der Hose vor dem eigenen Tod entledigte, da sonst die psychische Gesundheit des Besitzers gefährdet war und sein Leichnam von Läusen befallen werden würde. Bei der

Übergabe der Leichenhose an jemand anderen musste der Träger zuerst aus dem rechten Hosenbein steigen. Während der Zauberer noch im linken Bein steckte, musste der Empfänger sofort ins rechte Hosenbein steigen. Dann gab es kein Entkommen mehr, und ohne dass es dem neuen Träger bewusst war, steckte er schon im linken Hosenbein. Finnenhosen wurden diese Geldhosen auch genannt, weil Bewohner aus der Finnmark, dem nördlichsten Teil Skandinaviens, für ihre geschickten Zauberkünste bekannt waren. Der ebenfalls gebräuchliche Name Papeyjarbuxur stammt von den Bewohnern der Insel Papey, welche irische Mönche waren. Angeblich waren sie durch diese magischen Hosen zu Reichtum gelangt.

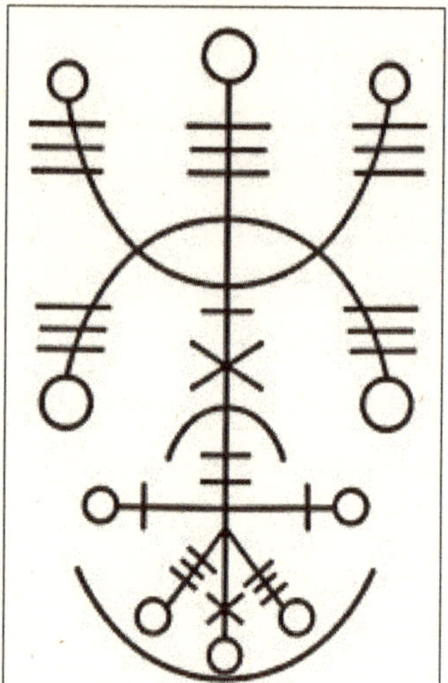

Das Zeichen Nábrókarstafur musste zusammen mit Geld im Hodensack der Leichenhose stecken.

Gandreiðarbeisli (Zaumzeug für den Wolfsritt)

Gandreið (Wolfsritt) nannte sich ein mit Zauberkraft ausgeführter Ritt durch die Luft zu einem bestimmten Ort. Meistens sind es in den Sagen Frauen oder weibliche Wesen aus dem huldufólk, die sich dieser Fortbewegungsart bedienen.

Für das benötigte Zaumzeug (beisli), musste die Rückenhaut eines Toten in Riemen geschnitten werden, die dann als Zügel verwendet wurden. Weitere Bestandteile des Zaumzeugs waren die Kopfhaut und das Zungen- und Hüftbein des Toten.

Während der Herstellung des Zaumzeugs mussten bestimmte Beschwörungsformeln gelesen werden. War das Zaumzeug fertig zum Gebrauch, konnte es lebenden Wesen oder toten Sachen angelegt werden, die sich daraufhin in ein Pferd verwandelten, das schneller als der Blitz war. Tote Dinge konnten nur zu Lande zum Ritt benutzt werden. Lebende Wesen flogen durch die Luft und waren beweglicher. Ein verzauberter Mensch konnte am höchsten, am schnellsten und am besten geritten werden. Doch durfte der Reiter nicht hinter sich schauen, sonst stürzte er ab. Der Ritt verursachte lautes Getöse und Menschen sollen das Klappern der Knochen im Zaumzeug gehört haben.

Tilberi oder snakkur (Zuträger)

Dieses wurmähnliche Geschöpf war ein von Frauen erschaffenes Zauberwesen. Die Hexerin stahl dafür auf dem Friedhof an einem Pfingstsonntagmorgen die Rippe eines Toten, wickelte sie in gestohlene graue Wolle und bewahrte sie an ihrer Brust auf. Dann nahm sie an drei Gottesdiensten in der Kirche den Abendmahlwein zu sich, den sie nicht schluckte, sondern zwischen ihre Brüste spuckte, wo dann der tilberi zum Leben erwachte. Die Frau nährte das Geschöpf, indem sie ihn aus einer Zitze an der Innenseite des Oberschenkels saugen ließ. War der tilberi groß genug, wurde er auf fremde Höfe und Weiden geschickt, um Milch aus Kühen und Schafen zu saugen. Die Milch brachte der tilberi zurück zu seiner Frau und erbrach sie in ein Butterfass. Die sogenannte Tilberabutter (tilberasmjör) erkannte man daran, dass diese gerann, wenn ein Kreuzzeichen über sie geschlagen wurde. Das Wesen besaß zwei Köpfe, mit denen es gleichzeitig die Milch aus dem Vieh saugte. Manchmal soll es so gierig gewesen sein, dass es einen Teil der Milch auf seinem Heimweg erbrach. So wird gesagt, dass man im Sommer gelblich weiße Tilberabutter im Moos entdecken kann. Ein voll ausgewachsener tilberi wurde unter dem Rock seiner Mutter gehalten. Bekam die Tilberamutter ein Kind, saugte es ihre ganze Brustmilch und tötete sie. Wurde eine Frau dabei entdeckt, einen tilberi unter ihrem Rock zu tragen, wurde ihr Rock zusammengebunden, sie verbrannt oder auf andere Weise bestraft. Im Alter wurden die Hexerinnen, die einen tilberi hielten, diesem Wesen überdrüssig, schickten es in die Berge und befahlen ihm, Lammkot zu essen, bis das Wesen platzte. Als Beweis sollten auf dem Hochland manchmal menschliche Rippen bei einem Kothaufen gefunden worden sein.

Im Jahr 1804 wurden zwei Frauen verdächtigt, einen tilberi zu halten. Man untersuchte ihr Haus und ihre Körper. Bei der 79 Jahre alten Guðrún Jónsdóttir wurde eine verdächtige Geschwulst unterhalb des Nabels entdeckt. Die andere Frau wies kein Merkmal eines tilberi auf. Welche Folgen diese Entdeckung hatte, ist nicht bekannt.

Flæðarmús (Seemaus)

Die Seemaus (Aphrodita aculeata) sollte ihrem Eigentümer zu Reichtum verhelfen. Der borstige Ringelwurm wurde im Meer in einem feinen Netz aus dem Haar einer Jungfrau gefangen, das dort ausgelegt wurde, wo sich Gold und Silber befinden sollten. Aufbewahrt wurde die Seemaus in einer Mehltonne. Das Tier musste auf dem Haar einer Jungfrau liegen und darunter lag eine gestohlene Münze, die nicht entfernt werden durfte. Von da an sollte das Getier Geld aus dem Meer anziehen. Derjenige, dem die Seemaus gehörte, musste gut auf sie achtgeben, denn sie fühlte sich vom Meer angezogen. Wenn sie nicht vor dem Tod ihres Eigentümers zurück ins Meer gebracht wurde, entwischte sie und konnte für die Menschen auf See gefährliches Unwetter verursachen (flæðarmúsaveður, músarbylur – Seemauswetter, Mäuseunwetter). Das passierte, als einer der größten Zauberer der Insel namens Latínu-Björn starb. Auch der Orkan vom 8. auf den 9. Januar 1799 wurde einer Seemaus zugeschrieben.

Sagnarandar (Erzählgeister)

Diese Geistwesen sagten einem alles, was man wissen wollte. Dazu musste sich der Zauberer an einen einsamen Ort begeben, denn er durfte während des Rituals nicht angesprochen werden. Das hätte ihm das Leben kosten können. Nun legte sich der Betreffende in den Schatten Richtung Norden, bedeckte mit einem Tuch oder einem aus Pferdehaut genähten Sack sein Gesicht und sagte seine Zaubersprüche auf. Die hintere Seite des Tuches musste im Mund stecken, die Zipfel und der Rand mussten heraushängen. Nun erschien der Geist und versuchte, in den Mund des Zauberers zu gelangen. Das Tuch sollte das verhindern und diente dazu den Geist zu fangen, denn sobald sich der Geist im Tuch im Inneren des Mundes befand, biss der Hexer die Zähne zusammen und hatte damit den Geist gefangen. Der Geist im Tuch wurde in einer Schachtel aufbewahrt. Sollte er sprechen, musste man die Schachtel unter einem Tuch versteckt zum Abendmahl mit in die Kirche nehmen und den Geist mit Abendmahlswein bespucken. Entwischte der Erzählgeist, fuhr er in seinen Besitzer hinein, der daraufhin von einer Geisteskrankheit ergriffen wurde. Der Erzählgeist sollte der Geist eines Toten sein, der auch an andere Menschen weitergereicht werden konnte. Begann der Geist Lügen zu erzählen, starb sein Besitzer. Im Norden Islands wollte einmal ein Bauer seinen Erzählgeist loswerden und begrub die Schachtel mit dem Geist. Er segnete das Grab im Namen des Teufels. Seitdem sollen die Ehen der Leute, die auf diesem Stück Land lebten, vom Unglück verfolgt gewesen sein.

Über einen Bauer in den Ostfjorden wird erzählt, dass er einen Erzählgeist in Form einer Wasserralle besaß. Der Geist in diesem Vogel überbrachte ihm nützliche Nachrichten, er soll ihm aber auch Geld entwendet haben.

Eine andere Art, geheime Informationen von Toten zu erhalten, war das Liegen an einer Wegkreuzung in einer Silvesternacht. Dazu mussten ebenfalls strenge Rituale eingehalten werden. In diesen Nächten sollte auch das huldufólk (verborgene Leute) an den Wegkreuzungen erscheinen und der anwesendem Person Gold, Silber, Kleider und Essen anbieten. Zu beachten war, dass man bei der Begegnung nichts annehmen und nicht sprechen durfte, sonst bestand die Gefahr geistiger Verwirrung.

Kveisublað (Kolikband)

Dieses Lederband, auf dem ein Text oder Gebet geschrieben stand, sollte die Menschen vor Koliken oder Gicht schützen und wurde um den Körper gelegt. Das Band sollte aber auch den Frauen die Geburt erleichtern. Dazu wurde ein Lederstreifen mit dem Mariengebet um den Fuß oder die Hand der Gebärenden gebunden. In der isländischen Landesbibliothek befindet sich das wahrscheinlich einzige noch erhaltende kveisublað aus der Zeit um 1600. Der Text ist auf Latein und Isländisch. Dieser Aberglaube war seinerzeit auf der Insel sehr verbreitet. Während der Hexenverfolgung im 17. Jahrhundert wurden die Bänder beschlagnahmt und verbrannt.

Bænir (Gebete) und særingar (Beschwörungen)

Diese Hilfsmittel wurden verwendet, um sich vor Angriffen des Teufels, bösen Geistern und Zauberflüchen zu schützen.

Galdraveður (Zauberwetter)

In den Volkssagen gibt es zahlreiche Beispiele für die übernatürlichen Kräfte der Zauberer in Bezug auf das

Wetter. Das ist nicht verwunderlich, denn seit Urzeiten wünschten sich die Menschen, darauf Einfluss nehmen zu können. Hexenmeister und Schamanen konnten den Erzählungen nach für ihre Zwecke schlechtes sowie gutes Wetter herbeizaubern. Um Feinde auf dem Meer in den nassen Tod zu schicken, wurde auf Island ein veðurgapi zum Herbeizaubern eines Unwetters benutzt. Dafür nahm der Zauberer den Kopf eines Lengfischs, steckte ihn auf eine Stange, die auf einem erhöhten Platz stand, und ließ den Kopf in die Richtung starren, aus der das Unwetter kommen sollte. Dann nahm er einen Stab, ritzte darauf die Binderune veðurgapann und steckte ihn quer in das Maul des Fisches. Manchmal wurde auch der Magen des Fisches am Kopf befestigt, der sich bei aufkommendem Wind wie eine Windfahne aufblähte. Das Unwetter hielt so lange an, wie der Fischkopf auf der Stange blieb. Sicherlich wurden bei diesem Ritual auch geheime Zauberverse aufgesagt.

Im Jahr 1698 wurde ein Hexer beschuldigt, einen Lengfischkopf für magische Zwecke aufgestellt zu haben. Wegen dieser Tat verurteilte man ihn zur Auspeitschung und einer Geldstrafe. Noch im Jahr 1800 wurde ein Mann aus einer Gemeinde in den Westfjorden vertrieben, weil er ein Unwetter verursacht haben sollte. Als Beweismittel dienten ein Lengfischkopf und ein Stab mit eingeritzten Zauberrunen.

Weniger bekannt ist das Ritual, auf einen Holzspan oder eine Muschel zu blasen, die auf dem Wasser schwimmen und das Schiff symbolisieren, das versenkt werden soll. Der Volkssagensammler Jón Árnason berichtete von dem Untergang eines Postschiffes um das Jahr 1817. An diesem Unglück war angeblich ein Mann aus dem Westen der Insel schuld, der im Streit mit einem der Besatzungsmitglieder lag. Als das Schiff auf das Meer hinaussegelte, ging der Mann in eine abgelegene Hütte. Zwei Jungen folgten ihm und schauten durch eine Ritze in die Hütte hinein. Dort saß der Mann vor einem mit Wasser gefüllten Krug, in dem eine Kammmuschel schwamm. Er blies so lange auf das Wasser, bis Wellen die Muschel füllten. Das Gebaren des Mannes gefiel den Jungen nicht und die beiden verschwanden. Am nächsten Morgen lag die Muschel umgedreht auf dem Boden des Kruges. Der Zauberer lag tot in der Hütte und das Postschiff war bei Snæfellsnes zerbrochen und im Meer versunken.

Namhafte isländische Zauberer, die Macht über das Wetter besaßen, machten Gebrauch von ihren Fähigkeiten, um das isländische Volk vor den Gewalttaten ausländischer Seeräuber zu schützen. Bekannt ist zum Beispiel das Zaubergedicht zum Schutz vor den Türken vom Pastor Magnús á Hörgslandi. Auch Galdra-Leifur wurde um Hilfe gebeten, als spanische und türkische Seeräuber, die sich von 1613 bis 1615 vor Islands Küste herumtrieben, in den Westfjorden an Land gehen wollten. Mit kraftvollen Zaubersprüchen und großem Krawall konnte er die Piraten davon abhalten, an Land zu gehen.

Zauberpflanzen (galdrajurtir)

Pflanzen wurden nicht nur zu Heilzwecken, sondern auch zur Zauberei benutzt. Eine Auswahl der geläufigsten Zauberpflanzen und ihre Anwendung wird in der folgenden Aufzählung vorgestellt:

Der Ackerschachtelhalm (draumagras, klóelfting) ist am 16. Mai ausgewachsen. An diesem Tag sollte die Pflanze gepflückt und an einer bestimmten Stelle in der Bibel (16. Sonntag nach Trinitatis) aufbewahrt werden. Legte man nun die Pflanze vor dem Schlaf an die Haarwurzel, hatte das zur Folge, dass der Schlafende im Traum alle seine Fragen beantwortet bekam.

Wollte ein Mädchen herausfinden, ob ihr Geliebter treu war, musste sie ohne sein Wissen Küsten-Kamille (baldursbrá) unter das Tischtuch legen und ihm dann Essen anbieten. War der Bursche treu, hatte er keine Probleme beim Schlucken der Speise. Blieb ihm der Bissen im Halse stecken, war das ein Zeichen dafür, dass er sie betrog. Ließ man ein junges Mädchen auf der Pflanze sitzen, konnte sie nicht aufstehen – außer sie war noch Jungfrau. Wurde die Pflanze vor dem Schlafengehen unter den Kopf gelegt, erschien dem Schlafenden im Traum die Person, die ihn bestohlen hatte.

Ein vierblättriges Kleeblatt (fjögurra blaða smára) ist heute noch als Glücksbringer bekannt. Wurde die Pflanze in der heiligen Schrift aufbewahrt, verstärkten sich ihre

Kräfte. Bevor jemand eine Wanderung machte, wurde geraten, das vierblättrige Kleeblatt in die Schuhe zu legen, um zu verhindern, dass die Füße ermüdeten oder anderweitig Probleme machten. Das vierblättrige Kleeblatt wird auch lásagras (Schlössergras) genannt, weil ihm nachgesagt wurde, dass man damit jedes Schloss öffnen könne. Es werden zwei Möglichkeiten beschrieben, das lásagras zu finden. Bei der ersten Art wird die Nachgeburt einer Stute in der Nähe eines Feuchtgebietes in der Zeit vom 31. Mai bis zum 6. Juni (fardagar) in die Erde eingegraben. Die Pflanze blühte am 24. Juni zur Sommersonnenwende (Jónsmessunótt) an dieser Stelle. Sie wurde an der Luft getrocknet, doch sollte man sie nicht in die Sonne legen. Dann wurde sie an einen Seidenfaden gebunden und um den Hals getragen. Nun würden sich alle Schlösser für den Träger des Grases öffnen. Eine andere Möglichkeit war, eine Tür mit Türschloss und Schlüssel anzufertigen, diese zu verschließen und sie vor ein Bachstelzennest zu setzen, während die Bachstelze abwesend war. Wenn der Vogel zurückkehrte und er nicht an seine Brut herankam, flog er wieder davon und holte ein vierblättriges Kleeblatt. Die Bachstelze steckte es in das Schloss und öffnete es. Danach sollte man das Kleeblatt an sich nehmen und für seine Zwecke benutzen.

Die Wurzel des Flecken-Fingerwurz (brönugras) sollte die Liebe und das Lustempfinden steigern. Gab es in der Ehe Streitigkeiten, half es, auf der Pflanze zu schlafen.

Wenn die Sumpfdotterblume (hófsóley) in der Zeit vom 13. Juli bis zum 12. August gepflückt und in Lammblut gebadet wurde, ein Wolfszahn bei ihr lag und sie mit Lorbeer umwickelt wurde, brauchte der Besitzer der Pflanze keine kränkenden Worte fürchten. Das Opfer eines Diebstahls konnte den Dieb erkennen, wenn die Blume auf seinen Augen lag. Wurde eine Ehefrau der Untreue verdächtigt, sollte die Pflanze in das Haus gebracht werden, wo die Liebestreffen stattfanden. Daraufhin wurde die Frau so lange dort festgehalten, bis die Pflanze entfernt wurde.

Rosenwurz (burnirót) wurde als Schutzpflanze geschätzt.

Der Feld-Fransenenzian (maríuvöndur) ist nicht nur als Heilpflanze bekannt. In den Volkssagen wird davon erzählt, dass die Pflanze, die auch hulinshjálmgras genannt wird, auf Friedhöfen zu finden sei. Man sollte die Pflanze zur Zeit des Gottesdienstes pflücken, nachdem sie mit geweihtem Wasser bespritzt wurde. Die Pflanze durfte nicht mit bloßen Händen angefasst werden und es musste darauf geachtet werden, dass sie nicht in der prallen Sonne lag. Am besten bewahrte man sie in weißer Seide gewickelt in einem geheiligten Tuch auf. Wollte sich jemand unsichtbar machen, musste er ein Kreuzzeichen in vier Richtungen machen und den Feld-Fransenenzian über sich werfen.

Von der Wurzel der weißen Silberwurz (hóltasóley oder Þjófarót – Diebeswurzel) wurde erzählt, dass sie an der Stelle wuchs, wo die Spucke eines gehängten Diebes auf die Erde gefallen war. Die Wurzel sollte die Eigenschaft besessen haben, Geld aus der Erde zu ziehen. Dazu musste aber erst eine Münze von einer armen Witwe gestohlen werden, die unter die Wurzel der Pflanze gelegt wurde. Der Diebstahl sollte während eines Gottesdienstes an einem der drei großen christlichen Feste stattfinden. Die weiße Silberwurz zog immer die Art von Münzen an, die sich unter ihrer Wurzel befanden. Von daher war es erstrebenswert, möglichst wertvolle Münzen zu stehlen. Eine andere Anleitung, um die Pflanze zur Beschaffung von Reichtum zu nutzen, war wesentlich aufwendiger. Dafür sollte man an einem Sonntag, während der Pastor die Predigt las, einen Strang aus Hundehaut flechten und ihn um das erstgeborene männliche Kalb einer Kuh binden. Nun musste die Pflanze von dem Stierkalb mit einem Stahlmesser, das mit gehärtetem Menschenblut bestrichen war, in der Mittsommernacht aus der Erde gezogen werden. Wenn die Wurzel der Pflanze aus der Erde kam, ertönte ein Knall, der den sicheren Tod für den Zauberer bedeutete, sofern er sich nicht die Haut eines Katzenfuchses (skoffín – die Nachkommen eines Fuchses (Vater) und einer Katze) um den Kopf gebunden hatte. Wurde die Wurzel in Mehl aufbewahrt und mit Flüssigkeit versorgt, zog sie Geld an sich.

Um die Liebe eines jungen Mädchens zu erlangen, konnte die Simsenlilie (sýkisgras) verwendet werden, wenn sie frühmorgens, bevor die Vögel erwachten, zwischen der Jónsmessa (24. Juni) und der Maríumessa (8. September) gepflückt wurde. Nun wurde geraten, sich eine Locke aus dem Haar des Mädchens zu besorgen. Das Haar musste zusammen mit der Pflanze zerhackt werden, dann wurde alles mit Honig vermischt und daraus ein Teig hergestellt. Anschließend wurde der Teig gebacken und das fertige Gebäck dem Mädchen zum Essen angeboten. Danach sollte sie die Liebe des Mannes leidenschaftlich erwidern.

Die Vogel-Wicke (umfeðmingur) besaß ähnliche Eigenschaften. Legte der Verehrer sie unter den Kopf des schlafenden Mädchens, wurde in ihr die Liebe zu ihm geweckt.

Die Ableger der Felsenhimbeere (hrútaber) nannte man Teufels- oder Trollstricke, weil man mit ihnen böse Geister fesseln konnte. Als Geister- und Teufelsvertreiber galt das Norwegische Ruhrkraut (fjandafæla). Die Pflanze sollte im Haus aufbewahrt oder in der Mütze getragen werden. Die echte Bärentraube (sortulyng) schützte ebenfalls gegen böse Mächte, wenn man sie laut eines Zauberbuches aus dem 15. Jahrhundert in einem Säckchen bei sich trug. Desgleichen sollte mit dem Rauch von verbranntem Wacholder (einir) in der Nähe einer gebärenden Frau der Teufel davongejagt werden. Wacholder sowie echtes Mädesüß (mjaðjurt) halfen, Diebe ausfindig zu machen. Echtes Mädesüß musste in der Mittsommernacht (Jónsmessa) gepflückt werden. Dann legte man die Pflanze in sauberes Wasser. Schwamm die Pflanze oben auf der Wasseroberfläche, war der Dieb eine Frau, ging sie unter, war es ein männliches Wesen. Das Alpen-Lieschgras (fjallafoxgras) schützte die Schafe vor dem Fuchs, wenn es in die Bauchwolle genäht wurde.

Tiermagie (galdradýr)

Tiere spielen seit jeher eine Rolle im magischen Glauben der Menschen. Islands Tierwelt ist abgesehen von Vögeln nicht sehr artenreich. Das Beobachten der Vögel gab den Einheimischen wichtige Informationen über das zu erwartende Wetter. Aber nicht nur als Mittel zur Wettervorhersage, sondern ebenso im Aberglauben und in der Magie waren Vögel von Bedeutung. Insbesondere spielte der Rabe (hrafn) in den Volkssagen der Isländer schon früh eine große Rolle. In der nordischen Mythologie wird von den beiden Raben Huginn und Muninn erzählt, die dem Gott Odin berichteten, was sie alles in der Welt sahen und hörten. Der Landnehmer Flóki Vilgerðarson (Hrafna-Flóki) vertraute auf Raben, die ihm den Weg über das Meer von Norwegen nach Island zeigten. Zauberer hielten sich gezähmte Raben und behaupteten, ihre Sprache zu verstehen. Um sich diese Kunst anzueignen, musste einem Raben das Herz entnommen werden. Konnte der Rabe dann immer noch fliegen oder sich zwei Schritte vorwärts bewegen, verstand derjenige, der das Herz besaß, die Rabensprache (hrafnamál). Während der Zauberer dem Raben zuhörte, musste er das Herz unter seine Zungenwurzel legen. Wer nicht zaubern konnte, versuchte dagegen, das Krächzen der Raben, ihre Flugkünste oder andere Verhaltensweisen des Vogels für Vorhersagen zu deuten. Der Rabe war allgemein als Vorbote des Todes bekannt. Flog er ein Kreuz über die Kirche oder saß er während des Gottesdienstes auf dem Dach des Gebäudes, bedeutete das den baldigen Tod eines Gemeindemitglieds. Die Menschen glaubten außerdem, dass der Rabe das kommende Wetter anzeigen konnte. Wenn er hoch in den Himmel flog und sich dann hinunterstürzte oder in der Luft drehte, war ein Unwetter auf dem Vormarsch. Flog ein Rabe einer Person entgegen, wenn sie das Haus verließ, bedeutete das Unglück. Flog er in der gleichen Richtung, hatte man Glück. Folgegeister oder Gespenster erschienen nachts in der Gestalt von Raben und der Vulkan Hekla soll das Zuhause von Raben mit glühenden Krallen und Schnäbeln aus Eisen gewesen sein.

Für gesundheitliche Beschwerden wie zum Beispiel Kopfschmerzen wurde empfohlen, einen Rabenkopf zu verbrennen, die Asche mit einer Lauge zu vermischen und sich damit den Kopf zu waschen. Hackte der Hexer die Schnabelspitze eines lebenden Raben ab und trank sein Blut, brauchte er weniger Schlaf. Als Creme bei Entzündungen sollte Rabenhirn zusammen mit saurer Butter auf die betroffene Stelle aufgetragen werden. Bei Verlust der Sehkraft half es, Rabengalle mit Honig zu vermischen und diesen Brei neun Tage auf die Augen zu legen.

Neben dem Raben war auch der Seeadler (haförn) in der Zauberei von Bedeutung. Nicht nur die Federn, sondern auch das Blut, die Klauen oder die Eier des Adlers wurden verwendet. Es hieß, dass kleine Kinder, wenn sie Milch mit dem Federkiel des Adlers tranken, ein besonders gutes Gedächtnis bekämen. Nahm man die Membran eines Adlereis und trug sie auf den Scheitel, würde die Person für andere unsichtbar sein. Um sich nicht im Nebel zu verirren, sollte das im Wind getrocknete Eiweiß eines Adlereis in einem Leinenbeutel aufbewahrt und bei Bedarf auf die Handinnenfläche aufgetragen werden. Auch bei Krankheiten wie zum Beispiel Gelbsucht, Rückenschmerzen und Augenbeschwerden kamen Teile des Adlers zur Heilung zum Einsatz. Adlerkrallen wurden auf vielen Höfen in der Küche oder in der Schmiede aufgehängt, um die Werkstatt vor Bränden zu schützen sowie die Küche vor einem Mangel an Lebensmitteln.

Der scheuen Wasserralle (keldusvín), deren Ruf dem Quieken von Ferkeln ähnelt, schenkten die Zauberer besondere Aufmerksamkeit. Vielleicht stand sie gar in Kontakt mit dem Teufel, denn wollte man ihm einen Brief schreiben, musste dies mit einer Feder der Wasserralle und Menschenblut getan werden. Danach sollte der Brief an einen abgelegenen Ort gebracht werden, wo er sobald darauf verschwand. Das Körperfett, die Federn und der Schnabel wurden überwiegend zu Zauberzwecken genutzt. Der Vogel konnte den Hexern auch dazu dienen, sich finanziell zu bereichern und anderen Unglück zu bringen. In der Küche aufgehängt, sollte er immer für genug Essen sorgen.

Die Bachstelze (maríuerla) wurde mit der Göttin Frigg und – nach dem Christentum – mit der Gottesmutter Maria in Verbindung gebracht. Das Hirn und das Herz des kleinen Vogels waren beliebte Mittel für die Zauberei. Wollte jemand beim Glücksspiel gewinnen, müsste die Zunge des Vogels in der Sonne getrocknet und anschließend in Messwein aufgelöst werden. Das Ganze musste dann auf die Spielaugen des Würfels aufgetragen werden und sollte den Sieg sichern.

Katzen (kettir) und insbesondere schwarze Katzen wurden gerne mit Magie und dunklen Mächten in Verbindung gebracht. Angeblich besaßen die nächtlichen Streuner auf leisen Pfoten neun Leben. Von Zauberern wiedererweckte Tote erschienen gerne in der Gestalt von grauen Katzen. Katzen wurden in vielen Ländern Europas als Repräsentanten des Bösen angesehen und auf grausame Weise gequält oder getötet. Aus Dänemark übernahmen die Isländer den Brauch, am Aschermittwoch eine Katze aus einer aufgehängten Tonne zu schlagen. Im Gegensatz zu Dänemark sollen in Island keine lebenden Katzen in den Tonnen gewesen sein, sondern Katzenkadaver oder tote Raben. Der Ende des 19. Jahrhunderts zuerst in Akureyri eingeführte Brauch ist heute im ganzen Land verbreitet. Zur Freude der Kinder, die an diesem Spiel teilnehmen, sind aber keine toten Katzen in der Tonne, sondern Süßigkeiten.

Stefnuvargur (stefna – Richtung; vargur –Wolf) wurde ein verhextes Tier genannt, das der Zauberer seinen Feinden schickte, um ihnen Schaden zuzufügen. Oft waren es Füchse oder Mäuse, die sich in Rudeln zu den Widersachern aufmachten.

Bei der galdrafluga (Zauberfliege) wird es sich wohl um eine Schnake (Tipula) gehandelt haben. Galdrafluga oder galdralöpp wird aber auch die Fliege Bibio pomonae genannt. Doch nicht nur die Zauberfliege, sondern ebenso der Schwimmkäfer Agabus bipustulatus (brúnklukka) brachte angeblich dem Menschen, der ihn verschlang, den Tod.

Zaubersteine (töfrasteinar)

Der uralte Glaube an die Kraft von Steinen zu Zauber- oder Heilungszwecken war in Island weit verbreitet. Óskasteinar (Wunschsteine), sögusteinar (Erzählsteine), lausnarsteinar (Lösesteine) und hulinhjálmssteinar (Steine, um sich unsichtbar zu machen) waren nicht unbedingt Steine, sondern Naturprodukte wie Vogeleier oder Eikapseln des Sternrochens (pétursskip), die bearbeitet und verzaubert wurden. Lausnarsteinar sollten gebärenden Frauen die Geburt erleichtern. Mit einem hulinhjálmssteinn unter der linken Achselhöhle sollte sein Besitzer für andere Menschen unsichtbar sein. Fésteinar (Geldsteine) verhalfen ihrem Eigentümer zu Reichtum.

Auf die Suche nach einem óskasteinn sollte man sich an einem Ostermorgen machen. Der Wunschstein musste unter die Zunge gelegt und dann der Wunsch ausgesprochen werden.

Um seinen Wissensdurst zu stillen, steckte der Besitzer des sögusteinn ihn in sein rechtes Ohr. Nun erfuhr er alles, was er wissen wollte.

Um in den Besitz eines hulinhjálmssteinn zu kommen, musste ein Rabenjunges mit einem Knebel im Maul an einer Schnur über das Nest gehängt werden. Nachdem drei Tage vergangen waren, sollte ein hulinhjálmssteinn in seinem Rachen liegen. Eine andere Methode war, ein frisches Rabenei zu kochen und es warm zurück ins Nest zu legen, ohne dass die Rabenmutter es sah. Wenn die Rabenmutter bemerkte, dass sie das Ei nicht ausbrüten konnte, brachte sie es weg oder vergrub es. Gelang es, das Ei zu stehlen, befand sich in ihm der dunkelrote hulinhjálmssteinn. In den Volkssagen wird davon berichtet, dass der Stein auch im Nest des Zaunkönigs und der Schmarotzerraubmöwe sowie in der Eikapsel von Rochen und Haien zu finden war. Der beste Tag, sich so einen Stein zu besorgen, war dem Brauch nach der Karfreitag. Um die Wirkung des hulinhjálmssteinn zu entfalten, wurde geraten, ihn in eine Haarlocke gewickelt in der linken Hand zu halten. Es gibt eine überlieferte Geschichte, in der berichtet wird, dass ein Mädchen namens Helga als Kind so einen Stein draußen beim Spielen mit ihrem Bruder und anderen Kindern fand. Sie bückte sich und hob ihn auf. Da fragte ihr Bruder: »Wo ist Helga?« »Ich bin hier«, antwortete sie. »Wo?«, fragten die Kinder, denn sie sahen sie nicht. Dieses Spiel ging noch eine Weile so weiter, bis Helga einfiel, dass der Stein die Ursache ihrer Unsichtbarkeit sein könnte. Sie warf den Stein weg und sofort war sie wieder sichtbar. Den Stein fand sie aber nicht wieder. Laut einem Zauberbuch aus dem 17. Jahrhundert konnte auch ein Hühnerei zur Unsichtbarkeit verwendet werden, wenn es im Blut aus der linken großen Zehe gelegen hatte und in ein Vogelnest gelegt wurde. Das ausgebrütete und geschlüpfte Küken wurde verbrannt, seine Rückstände in einem Stoffbeutel verwahrt und auf den Kopf des Zauberers gelegt.

Dem Besitzer eines lífsteinn (Lebensstein) wurde ein langes Leben und Gesundheit beschert. Der Stein sollte ebenfalls einem todkranken Menschen bei der Genesung helfen. Ein Lebensstein im Haus schützte es vor Feuer. Einmal hatte ein Mann einen lífsteinn aus einem Adlernest entnommen. Es war ein kleiner Stein und der Mann fürchtete, dass er ihn verlieren könnte. Deshalb nähte er ihn in seine rechte Achselhöhle. Jedes Mal wenn dieser Seemann in Lebensgefahr geriet, beschützte ihn der Stein. Als er älter wurde, fuhr er einmal für längere Zeit auf See. Das Schiff ging unter und nur er überlebte, weil er im Besitz des lífsteinns war. Der arme Mann trieb mehrere Jahre im Wasser herum. Es war ein trostloses Leben, weil er immer wieder von Meeresbewohnern angegriffen wurde. Irgendwann trieb er schließlich an Land. Das Erste, was er tat, war den Stein aus seiner Achselhöhle zu entfernen. Sowie das geschehen war, verwandelte sich der Mann in eine schlammige Masse.

Magische Zahlen (galdratölur)

Die Zahl 3 kommt nicht nur in isländischen Volkssagen und Märchen vor. In Geschichten aus aller Welt durften Personen drei Wünsche äußern, es wurde von drei Dingen oder drei Leuten gesprochen, drei Rätsel mussten gelöst werden oder etwas gelang erst beim dritten Versuch. Es hieß, dass böse Geister verschiedener Art die Zahl 3 nicht mögen und es Trolle geben sollte, die drei Köpfe hatten. In der Zauberei brauchte es oft drei Versuche, bis der Zauber gelang, oder der Hexer musste etwas dreimal umrunden. Trug jemand drei Dinge bei sich – Salz, Mehl und Stahl in einem Stoffbeutel –, wirkte kein Zauber bei der betroffenen Person. Es gibt unzählige Beispiele für den Gebrauch dieser Zahl. So war es Brauch, dass Gäste, die spät zu Besuch kamen, dreimal an die Haustür klopfen mussten, damit die Hausbewohner sicher sein konnten, dass es sich nicht um ein Gespenst handelte, denn böse Kreaturen klopften nur ein- oder zweimal.

Die Zahl 7 ist heute noch allgemein als Glückszahl bekannt. Beim Zaubern wurde dieser Zahl eine große Bedeutung zugeschrieben. Zum Beispiel wurden Zaubersprüche siebenmal aufgesagt oder man musste siebenmal entgegen dem Uhrzeigersinn um etwas herumlaufen. Sieben Geister wurden wiedererweckt, um den Zauberer Arnór á Sandi zu töten, und Geister folgten sieben Generationen einer Familie.

Der Zahl 9 wurde ebenso eine magische Bedeutung nachgesagt. Gespenster erschienen neun an der Zahl. Katzen hatten neun Leben. Wurden Tote wiedererweckt und es gelang nicht, sie wieder in ihre Gräber zurückzuschicken, verfolgten sie den Zauberer und seine Nachkommen über neun Generationen. Das grausame Gespenst Þorgeirsboli konnte das Aussehen von neun verschiedenen Wesen annehmen. Wollte jemand wissen, wer sein zukünftiger Ehepartner sein würde, so musste die Person in der Mittsommernacht neun verschiedene Blumenarten vor dem Schlafengehen unter ihr Kopfkissen legen. Gebete und Zaubersprüche sollten neunmal aufgesagt werden.

Im isländischen Volksglauben wird oft von Ritualen berichtet, die entgegen dem Uhrzeigersinn ausgeführt werden mussten. So wurde einmal ein Gespenst aus der Höhle Surtshellir vertrieben, indem der Hexer, bevor er in die Höhle hinabstieg, ein altes Buch an dem Eingang zur Höhle legte, dreimal entgegen dem Uhrzeigersinn um das Buch herumging und sich in verkehrter Richtung bekreuzigte.

Wenn Wesen aus dem huldufólk ihre Wohnstätten betraten, gingen sie dreimal im Uhrzeigersinn um den Elfenstein herum, der sich dann in ein Haus verwandelte. Wurde das Elfenhaus verlassen, gingen die verborgenen Leute dreimal entgegen dem Uhrzeigersinn um ihre Behausung herum, die sich dann wieder in einen Stein verwandelte. Wollten Menschen die Wohnungen des huldufólks betreten, erfolgte das Ritual in umgekehrter Reihenfolge, das heißt, sie mussten entgegen dem Uhrzeigersinn um dem Stein herumgehen, damit er sich für sie öffnete.

Um einen Zauber zu verstärken, wurden die Zaubersprüche oder das Vaterunser umgekehrt aufgesagt. Geister trugen der Überlieferung nach manchmal ihre Kleidung verkehrt herum und Wiedererweckte gingen rückwärts. Eine Leiche musste immer von unten nach oben ins Leichentuch genäht werden, damit der Tote kein Wiedergänger wurde.

Zur Verbesserung der Sehkraft

Um bei Nacht so gut wie bei Tage zu sehen, wurde geraten, das Blut eines Zaunkönigs (músarrindill) in und um die Augen aufzutragen. Eine Paste aus dem Herz einer kohlrabenschwarzen Katze oder dem Bauch eines schneeweißen Hahnes konnte dafür ebenfalls nützlich sein. Wer Dinge sehen wollte, die andere nicht sahen, musste sich das Auge eines Adlers beschaffen.

Die Vogelsprache verstehen

Wer die Sprache der Vögel verstehen wollte, musste eine Merlinzunge (smyrill) waschen, sie zwei Tage in Honig legen und mit der dünnen Haut einer Bachstelze (maríuerla) bestreichen, damit das tödliche Gift der Zunge dem Menschen keinen Schaden zufügte. Dann sollte die Vogelzunge drei Nächte unter der Zunge des Betreffenden liegen bleiben.

Um wach zu bleiben

Wer das Herz eines Raben oder Zaunkönigs bei sich trug, brauchte keinen Schlaf.

Angst vor Dunkelheit

Um die Angst zu verlieren und mutiger zu werden, sollte man Quellwasser und Menschenblut mischen und auf das Gesicht streichen.

Scharfsichtigkeit erlangen

Eine bessere Sehkraft bei Tage sowie bei Nacht erlangte der Überlieferung nach derjenige, der seine Augen im warmen Blut des Zaunkönigs badete.

Sich nicht von einem Hund anbellen lassen

Wenn jemand sich vor der Belästigung von Hunden schützen wollte, so sollte er einen Zahn eines schwarzen Hundes oder das Auge von einem lebendigen schwarzen Hund bei sich tragen.

Glück beim Spiel

Ein Spieler konnte beim Glücksspiel gewinnen, wenn er das im Wind getrocknete Herz, die Leber und die Zunge eines Raben bei sich trug. Eine andere Möglichkeit war, die Leber, die Lunge und die vorderste Feder aus dem rechten Flügel eines Raben zu trocknen und auf der Brust zu tragen. Ebenfalls konnte man die Spielkarten mit dem Rabenherz einreiben oder ein Kopfhaar einer schwarzen Katze bei sich tragen.

Einen Menschen zum Reden bringen

Wer das Herz einer Bachstelze über einem Menschen anbrachte, erfuhr angeblich alles von dieser Person, was er wissen wollte. Das Herz einer Taube oder der Kopf eines Hundes auf der Brust eines Schlafenden war zu diesem Zweck ebenfalls nützlich. Der Schlafende beantwortete dann sämtliche Fragen und erzählte alles über sich und andere.

Die Gedanken von Menschen lesen

Um die Gedanken seines Gesprächspartners zu lesen, musste ein im Wind getrocknetes Herz vom Zaunkönig in ein Stück weißen Stoffes genäht werden. Es musste in der rechten Hand gehalten werden, während man mit der betreffenden Person im Gespräch war.

Einen Wissensstein (sögusteinn) beschaffen

Einen Wissensstein konnte man im Mai in einem Bachstelzennest finden. Der Besitzer des Steins sollte ihn in ein blutiges Halstuch wickeln und auf sein rechtes Ohr legen, um Antworten auf seine Fragen zu bekommen. Dieser besondere Stein sollte ebenfalls in einem Rabennest zu finden sein. Legte man den Stein unter die Zunge, verstand der Besitzer des Steins die Rabensprache. Befestigte man den Stein in der rechten Achselhöhle und legte sich schlafen, träumte der Schläfer das, was er gerne wissen wollte. Es wurde erzählt, dass ein sögusteinn auch im Schaum von Meereswellen zu finden sei. Diesen grauen Stein sollte der Finder in das Wasser eines Teiches legen. Daraufhin erschien im trüben Wasser ein Menschenbild, das dem Besitzer des Steins Antworten auf seine Fragen gab.

Einen Dieb finden

Wollte jemand einen Dieb ausfindig machen, nahm er Kamille und bewahrte die Pflanze drei Nächte lang in Wasser auf. Dann legte man das Kraut kurz vor der Schlafenszeit unter den Kopf. Nun sollte einem der Dieb im Traum erscheinen.

Gegen den Zorn deines Gebieters

Gegen den Zorn eines Gebieters half angeblich folgender Rat: Gehe nach Hause, bevor sich die Sonne rot färbt. Sprich mit niemandem. Spritze dein Blut auf das Schafgarbenkraut (vallhumall) und zeichne damit ein Kreuz auf deine Stirn. Damit schützt du dich gegen den Zorn der Gewalthaber.

Wie werde ich reich?

Wollte jemand zu Reichtum gelangen, musste er dieses Ritual anwenden: Ritze mit dem Monatsblut eines unberührten Mädchens das Symbol des hringhjálmur auf das Leder eines schwarzen Katers. Dann fange einen Borstenwurm (Seemaus) im Meer. Dazu nimmst du ein Netz aus den Haaren einer Jungfrau. Du legst den Wurm auf die Haare, die in einer Holzkiste aufbewahrt werden. Du musst das Hringhjálmurzeichen über den Wurm platzieren, damit er nicht flieht. Bewahrst du eine gestohlene Münze in der Kiste auf, wird der Wurm für dich Geld aus dem Meer ziehen. Entwischt er dir, wird er ins Meer gehen und einen heftigen Sturm aufziehen lassen, der vielen Menschen den Tod bringt. (siehe auch: Flæðarmús)

Wie erweckt man einen Toten?

Um einen Toten zu erwecken (uppvakningar), gab es verschiedene Möglichkeiten. In heidnischer Zeit glaubte man, einen Menschen aus Ton zu formen und ihm das Herz eines Tieres einzupflanzen oder ein Menschenbild aus Holz zu schnitzen, diesem das Herz eines getöteten Mannes einzusetzen und dann mithilfe von Zaubermitteln in ein lebendes Wesen zu verwandeln, würde für eine Wiedererweckung genügen.

Der Volkssagensammler Jón Árnason schrieb, dass derjenige, der sich dieser Sache annahm, den Knochen eines Toten nehmen und ihn durch Zauberei in eine Menschengestalt verwandeln musste, die dann zu demjenigen geschickt wurde, an dem man sich rächen wollte.

War jedoch das betroffene Opfer der Zauberei kundig und erkannte, dass der Angreifer ein wiedererweckter Toter war, konnte ihm nichts Böses geschehen.

Die Erweckung eines Geistes musste in der Nacht von einem Freitag auf einen Samstag stattfinden und möglichst zwischen dem 18. und 19. oder vom 28. auf den 29. eines beliebigen Monats. Der Hexer musste am Abend vor der Wiedererweckung das Vaterunser verkehrt herum auf Papier oder Haut mit einer Feder der Wasserralle schreiben. Dazu entnahm er Blut aus seinem linken Arm. Von Wichtigkeit waren auch die Runenzeichen, die in einen Stab geritzt wurden. Mit beidem ging er um Mitternacht auf den Friedhof zu dem Grab des von ihm ausgewählten Toten. Er legte den Stab mit den Runen auf das Grab und rollte ihn hin und zurück, während er das verkehrte Vaterunser und Zaubersprüche aufsagte, die nur wenigen bekannt waren. Danach wurde es unruhig in dem Grab. Trugbilder erschienen, während der Geist aus seinem Grab stieg. Da der Geist gezwungen wurde, sich zu bewegen, brauchte es Zeit für diese Prozedur. Er protestierte und bat, in Ruhe gelassen zu werden. Der Zauberer durfte dieser Bitte nicht nachkommen oder sich durch die Trugbilder täuschen lassen, sondern musste mit seinem Ritual fortfahren, bis der Geist zur Hälfte aus dem Grab gestiegen war. Nun stellte der Zauberer zwei Fragen. Es durften keine drei Fragen sein, denn dann verschwand der Wiedererweckte wieder zurück in sein Grab. Zuerst wurde nach der Herkunft des Toten gefragt, dann, ob er robust und stark sei. Es konnte auch vorkommen, dass nur nach dem Alter des Toten gefragt wurde. Wenn der Geist antwortete, er wäre mittelstark oder sehr stark, wurde geraten, mit der Wiedererweckung aufzuhören, weil der Hexer mit dem Geist kämpfen musste und sich dessen Kräfte nach der Wiedererweckung verdoppelten. Deshalb suchte der Hexer am liebsten tote Kinder im Alter von 12 bis 14 Jahren aus und keine Toten über 30 oder solche, die älter als er selbst waren. Beschloss der Hexer die Wiedererweckung durchzuführen, fuhr er mit seiner Zeremonie fort, bis der Tote aus seinem Grab gestiegen war. War er sich seiner Sache nicht sicher, schickte er den Geist wieder in sein Grab zurück. Beim Verlassen des Grabes sabberte aus dem Mund und der Nase des Toten schäumender Speichel gemischt mit Kot, der Leichenschaum (náfroða) genannt wurde. Der Zauberer griff nun den Kopf des Toten und leckte den Schaum mit seiner Zunge ab. Dann nahm er etwas Blut von der Unterseite seines kleinen Zehs am rechten Fuß und benetzte damit die Zunge des Geistes. Danach begannen der Zauberer und der Geist miteinander zu kämpfen. War der Geist stärker, zog er den Hexer mit in sein Grab. Besiegte der Zauberer den Geist, war er ihm zu seinem Dienst verpflichtet. Tote, die erweckt wurden, bevor ihr Körper erkaltet waren, wurden als die stärksten und grausamsten Geister gefürchtet. Sie mussten außerdem wie lebende Menschen mit Essen versorgt werden. Wenn der Geist zur Hälfte aus dem

Grab gestiegen war und man ihn zurückschicken wollte, musste die Dreieinigkeit genannt und das Vaterunser aufgesagt werden. War der Tote selbst Hexer gewesen, war die Prozedur wesentlich schwieriger. Mit Glockengeläut, dem Vaterunser und Zaubersprüchen wurde versucht, den Toten wieder in sein Grab zu treiben. Misslang das, folgte der Geist dem Hexer und seinen Nachkommen bis in die neunte Generation. Es hieß, dass während der ersten 40 Jahre oberhalb der Erde die Kraft der Geister zunahm, sie die nächsten 40 Jahre stillstand und in den folgenden 40 Jahren abnahm. So war es nicht verwunderlich, dass die Toten, die in ihrer Ruhe gestört wurden, misslaunig und verärgert waren. Die Wiedererweckten wurden meist zu Rachezwecken eingesetzt und mit Aufträgen zu den Feinden des Hexers geschickt (sendingar). Wollte der Empfänger des Geistes sich dieses ungebetenen Gastes entledigen, steckte er ihn in einen Röhrenknochen oder ein Glas und verschloss die eine Öffnung mit einem Stöpsel und die andere mit einer Fruchtblase. Dann wurde das Gefäß an einem abgelegenen Platz versteckt. Es soll vorgekommen sein, dass jemand den Knochen oder das Glas mit dem eingeschlossenen Geist fand und aus Neugier den Stöpsel herauszog. Damit war der Geist wieder frei und konnte erneut sein Unwesen treiben. Kraftvolle Zauberverse konnten vor Geistern und bösen Wesen schützen. Magisch begabten Menschen gelang es, Geister in Schluchten oder Höhlen zu verbannen. Noch heute weisen Ortsnamen wie draugagil

(Gespensterschlucht), draugadalur (Gespenstertal) oder draugahóll (Gespensterhügel) daraufhin, dass sich hier irgendwann Gespenster herumtrieben.

Ebenso wie Menschen konnten Tiere wiedererweckt werden. Anfang des 18. Jahrhunderts lebte der Zauberer Þorgeir im Fnjóskadalur im Norden Islands. Er lag im Streit mit einem anderen Zauberer. Der Hexer tötete seinen Feind, indem er ein Kalb umbrachte, ihm die Haut abzog und dem Tier magische Kräfte verlieh. Seitdem soll das Gespenst Þorgeirsboli – der Stier Þorgeirs – im Tal herumspuken. Der Geist hatte es besonders auf die Verwandten des Getöteten abgesehen. Wenn er um die Höfe schlich, zog er seine Haut rasselnd hinter sich her oder er warf sie über sich.

Volkssagen von Gespenstern und Zauberern

Der Glaube an die Zauberkräfte von Runen oder magischen Gebrauchsgegenständen mag heute ausgestorben sein. Geister, auch wenn sie nun weniger deutlich auf sich aufmerksam machen, sollen in heutiger Zeit dennoch existieren. Viele Isländer kennen Geschichten von Häusern, in denen ein andi (Geist) sich eingenistet hat. Auch die über das Land verstreuten Vereine, die sich mit der Parapsychologie befassen, sind sich der Existenz von übernatürlichen Wesen sicher.

Die Geschichten und Sagen über isländische Zauberer sind oft lange nach ihrem Tod entstanden und aufgeschrieben worden. Einige der Sagen mögen auf tatsächlichen Begebenheiten beruhen, andere dürften gänzlich der Fantasie der Erzähler entsprungen sein. Es darf angenommen werden, dass die Geldhose (nábrók) und die Seemaus (flæðarmús), die Reichtum verschaffen sollten, nur in den Volkssagen existierten. Der Milchzuträger (tilberi) war wohl ebenfalls ein Fantasiegeschöpf, obwohl der Glaube daran sehr stark war und es Gerüchte gab, dass einige Frauen auf dem Land im Besitz dieses Wesens waren.

Das isländische Staatswappen

In der Heimskringla, einem Buch aus dem Mittelalter über die norwegischen Könige, berichtete der Gelehrte Snorri Sturluson von Harald I. »Blauzahn« Gormsson, der im 10. Jahrhundert Island erobern wollte. Er schickte einen Zauberer in der Gestalt eines Wales auf die Reise, um das Land zu erkunden. Dieser sah, dass Berge und Hügel der Insel von Schutzgeistern bevölkert waren. Als er in den Vopnafjörður an der Ostküste an Land gehen wollte, begegnete ihm ein riesiger giftspeiender Drache, dem Würmer, Insekten und Echsen folgten. Daraufhin zog er in den Norden zum Eyjafjörður. Dort kam ihm ein Adler entgegen, dessen Flügel so breit wie der Fjord waren und dem sich andere große und kleine Vögel anschlossen. Nun führte die Reise des Zauberers in den Westen zum Breiðafjörður. Dort wurde er von einem brüllenden Stier empfangen, der von anderen Schutzgeistern begleitet wurde. Jetzt schwamm der Zauberer in Walgestalt Richtung Süden um die Landzunge Reykjanes herum nach Vikarsskeið. Dort traf er auf einen Riesen mit einem Eisenstab, dessen Kopf höher als die Berge waren. Aber der Riese war nicht allein. Mehrere andere Riesen begleiteten ihn. Der Wal schwamm weiter die Südküste entlang, wo die Küste von Sandstränden mit starker Brandung gesäumt wurde und daher ein Anlegen von Langschiffen nicht möglich war. Daraufhin kehrte er wieder in seine Heimat zurück.

Die vier mächtigen Schutzgeister des Landes – Drache, Adler, Stier und Riese – sollten das Land vor Feinden und bösen Mächten schützen und wurden daher auserwählt, das nach 1944 eingeführte Staatswappen Islands zu schmücken.

SÜDWESTISLAND

Das Gebiet von Südwestisland erstreckt sich von Akranes im Westen bis nach Hveragerði im Süden. Die Hauptstadt Reykjavík sowie die Landzunge Reykjanes besitzen eine breite Palette von Sehenswürdigkeiten, wie zum Beispiel das Nationalmuseum in Reykjavík, das Schlammquellengebiet bei Krýsuvík, das Thermalfreibad Blaue Lagune und den Nationalpark Þingvellir. Hier findet auch der Kurzreisende viele Möglichkeiten, die einmalige Natur und die Geschichte der Insel zu entdecken.

Reykjavík

Im Gebiet der isländischen Hauptstadt Reykjavík leben mehr als die Hälfte der Einwohner Islands (220.000; Island: 365.000), die sich auf sieben Bezirke verteilen. Hier soll sich der erste Landnehmer, Ingólfur Arnarson, im Jahre 870 niedergelassen haben. Er nannte die Bucht Reykjavík (Rauchbucht), weil er heißen Dampf in der Ferne aufsteigen sah. Die Konzert- und Kongresshalle Harpa, Museen und zahlreiche Galerien bieten ein umfangreiches Kulturprogramm an. Der alte Hafen und der See Tjörnin sind Ruhepunkte in dem sonst quirligen Stadtzentrum. Der etwas außerhalb gelegene Hausberg Esja (914 Meter) ist ein beliebtes Ausflugsziel für Wanderer.

Auch wenn es scheint, dass Gespenstergeschichten auf dem Lande stärker verbreitet waren, gibt es dennoch zahlreiche Berichte über Geistererscheinungen an Orten in der Hauptstadt.

Im Nationaltheater von Reykjavík sollen gleich zwei oder drei Geister umgehen. Das Gebäude – vom bekannten Architekten Guðjón Samúelsson entworfen – wurde 1950 eingeweiht. Schon im Jahre 1929 wurde mit dem Bau begonnen. Von 1932 bis 1941 waren die Bauarbeiten eingestellt. Dann besetzte die im Zweiten Weltkrieg auf Island stationierte britische Armee das Theater und nutzte es als Waffenlager. Ein britischer Soldat soll dort zu jener Zeit einen tödlichen Unfall gehabt haben. Seitdem jagt sein Geist den Bühnenarbeitern zuweilen einen Schrecken ein. Noch heute meiden Schauspieler und andere Angestellte des Theaters gewisse Stellen im Haus, weil sie die Anwesenheit unsichtbarer Wesen spüren.

Das Café Mokka in der Straße Skólavörðustígur ist bis in die heutige Zeit bekannt für übersinnliche Erscheinungen, die besonders im Keller bemerkt wurden, wo sich die Toiletten befinden.

In Islands erstem Gymnasium (eingeweiht 1846) – der Menntaskólinn in der Lækjargata in Reykjavík – befand sich früher auf dem Dachboden ein Krankenzimmer für erkrankte Schüler. Da es dort auch Todesfälle gab, wurde dies in Verbindung mit den Spukgeschichten des Gymnasiums gebracht.

Im alten Theater Iðno in der Vonarstræti haben laut Erzählungen oft alte verstorbene Schauspieler ihren ehemaligen Arbeitsplatz besucht.

Im früheren Tuberkulose-Sanatorium von Vífilsstaðir im Vorort Garðabær haben bis heute Menschen den Geist eines kleinen Mädchens gesehen oder ihre Anwesenheit gespürt.

Der Spuk in der Domkirche am Austurvöllur-Platz wird auf einen der spektakulärsten Mordfälle in der Geschichte Islands im Jahre 1802 zurückgeführt. Das Paar Steinunn Sveinsdóttir und Bjarni Bjarnason aus Rauðasandur gestand, ihre jeweiligen Ehepartner umgebracht zu haben. Beide wurden zum Tode mit der Axt verurteilt. Bjarni sollte auf dem Weg zum Vollstreckungsplatz mit glühenden Zangen gezwickt, dann seine rechte Hand und sein Kopf abgehackt werden. Im Sommer 1803 wurden die Verurteilten von den Westfjorden ins Zuchthaus nach Reykjavík gebracht. Allerdings ließ sich niemand finden, um das Todesurteil zu vollstrecken. Schließlich sollten die beiden nach Norwegen geschickt werden, um dort ihre Strafe zu erhalten. Doch Steinunn starb, bevor sie auf die Reise ging. Selbstmordgerüchte gingen um. Bjarni wurde allein nach Norwegen gebracht und dort geköpft. Man begrub Steinunn dort, wo heute die Statue von Leif Eiríksson vor der Hallgríms-Kirche steht. Laut altem Brauch warfen vorbeigehende Passanten Steine auf den Grabhügel, damit ihr Geist ihnen nicht folgen würde. Allerdings wurden Kirchenbesucher der Domkirche bald der Geistererscheinung bei Beerdigungen gewahr. Einmal soll Steinunns Geist neben einem Mann auf der Kirchenbank Platz genommen haben, sodass dieser zu Tode erschrocken hochfuhr und aus dem Fenster sprang, das zerbrach. Als Bauarbeiter im Jahre 1915 auf die Überreste von Steinunn stießen, bekam sie ein Grab auf dem Hólavalla-Friedhof. Seitdem soll ihr Geist Ruhe gefunden haben.

Im Gebäude Thorvaldsensstræti 6 im Zentrum von Reykjavík befand sich viele Jahre eine Apotheke mit Wohnräumen für den Apotheker. Im Jahr 1882 vergiftete sich dort die Ehefrau des Apothekers, Marie Josefine Angelique Krüger. Ihr Geist erschien meist im Speisezimmer des Hauses. Die Erscheinung trug ein Nachthemd und offene Haare. Ein weiterer Selbstmordfall trug sich im Jahr 1900 zu. Der Apotheker Jón Tómasson nahm ebenfalls tödliches Gift zu sich. Sein Geist hielt sich im Verkaufsraum der Apotheke auf. Gäste, die im Haus übernachteten, erzählten von seltsamen Geräuschen und Stimmen, die sie hörten. 1960 wurde das Gebäude abgerissen.

In der Austurstræti 8 befindet sich heute ein Bekleidungsgeschäft. Einer der früheren Hausbesitzer war der deutsche Schuster Johann Jörgen Billenberg. Den Anwohnern war bekannt, dass er seiner Frau oft Gewalt antat. 1852 starb sie, wohl aufgrund seiner Misshandlungen. 1886 ließ man das Haus abreißen und ein neues wurde gebaut. 1877 zog eine Druckerei in das Gebäude ein. In der Neujahrsnacht hörten die Leute unbekannte Geräusche sowie das Geklimper von Geld. Es wurde von freundlichen wie auch unfreundlichen Gespenstern berichtet, die sich dort herumtrieben. Heute befindet sich im Haus ein Restaurant und ein Bekleidungsgeschäft. Im Keller des Hauses soll sich der Geist eines jungen Mädchens aufhalten. Sie soll auch heute noch gerne den Angestellten des Geschäftes Streiche spielen, indem sie Sachen versteckt. Laut Zeugen ist sie etwa zehn Jahre alt und trägt langes schwarzes Haar sowie altmodische Kleidung. Ein Medium erzählte, dass sie Ausländerin sei.

Ein Geist löst einen Knoten

Im September 1908 machte ein Ehepaar aus Reykjavík einen Reitausflug nach Mosfellssveit. Sie hatten ein geliehenes Pferd mit sich. Als sie zurückkamen, wollte der Mann das Pferd zurück zu seiner Weide in Vatnsmýri bringen. Der Mann bemerkte, wie das Pferd immer unruhiger wurde, als sie sich der Weide näherten. Schließlich erreichten sie das Tor zur Wiese, aber das Pferd weigerte sich, in die Nähe des Tores zu kommen. Der Mann beschloss das Pferd zurückzulassen und ging, um die Pforte zu öffnen. Währenddessen fiel ihm auf, dass zwei andere Pferde auf der Wiese, die sich dem Tor näherten, ebenfalls extrem unruhig reagierten. Das Tor war so fest angebunden, dass der Mann Schwierigkeiten hatte, den Knoten zu lösen. Alle seine Versuche blieben erfolglos. Die Pferde waren immer noch sehr erregt, als ob sie etwas sähen, was der Mann selbst nicht sah. Doch als er gerade überlegte, wie er das Problem lösen könnte, passierte etwas Ungewöhnliches. Zwei blaue, geschwollene und verkrampfte Hände legten sich über seine Schultern und umschlossen seine Hände. Plötzlich löste sich der Knoten wie von allein. Der Mann konnte nur deutlich die Hände sehen, die eine merkwürdige Kälte ausstrahlten. Den dazugehörigen Körper konnte er nicht erkennen. Nun nahm der Mann das Pferd und führte es auf die Weide. Die Tiere hatten sich inzwischen beruhigt. Dann machte sich der Mann auf den Weg nach Hause. Da fiel ihm auf einmal ein Ereignis ein, das sich am Sonntagmorgen des 1. Novembers 1903 an diesem Ort zugetragen hatte. Er hatte damals einen Spaziergang gemacht. An der Stelle der Weide mit dem Tor entdeckte er zwei Männer, die sich merkwürdig verhielten. Beim Näherkommen sah er einen menschlichen Körper zwischen ihnen liegen. Ein junger Mann hatte sich dort in der Nacht mit seinem Gürtel erhängt. Die Männer hatten schon die Polizei informiert und der Leichenwagen war unterwegs. Der Mann erinnerte sich daran, dass beim Abtransports des Sargs ein Arm auf dem Rand gelegen hatte, sodass der Deckel nicht richtig schloss. Er hatte darum gebeten, dass der Arm ordentlich gerichtet wurde, was auch geschehen war. Daraufhin hatte man den Toten ins Leichenhaus gefahren. Plötzlich erkannte der Mann, dass die Hände, die ihm beim Lösen des Knotens geholfen hatten, die gleichen wie die des jungen Mannes gewesen waren. Sie waren bläulich, geschwollen und verkrampft gewesen.

Die junge Waschfrau

Im Winter 1884 ertrank einmal eine junge Frau auf ihrem Heimweg von den Waschplätzen bei den heißen Quellen in einem Fluss. Es hieß, dass sie nach ihrer Beerdigung nicht ruhig in ihrem Grab liegen würde. Am 3. November 1885 wusch ein Mädchen ihre Wäsche an dem Waschplatz der Bewohner von Reykjavík. Auf ihrem Heimweg verirrte sie sich in der Dunkelheit. Man fand sie am nächsten Morgen mehr tot als lebendig. Als sie sich erholt hatte, erzählte sie, dass die Geschichte von der Frau, die keinen Frieden in ihrem Grab fand, wohl wahr sei. Was aber genau in der Nacht passiert sei, sagte sie nicht. Am 5. November brachte eine Frau ihre Wäsche zum Waschplatz. Ihr Mann folgte später, um für sie die Wäsche nach Hause zu tragen. Auf seinem Heimweg schien eine Frauengestalt manchmal vor ihm und manchmal neben ihm zu gehen, was ihn so verwirrte, dass er in ein tiefes Wasserloch fiel. Er war fast bewusstlos, konnte sich aber dennoch an einem Grashöcker festhalten und um Hilfe rufen. Die Leute vom Waschplatz hörten ihn und kamen ihm zur Hilfe. Er war jedoch so durcheinander, dass zwei Männer ihn nach Hause bringen mussten. Immer wieder sagte er: »Dort geht sie. Dort geht sie.« Aber seine Begleiter konnten niemanden entdecken. Der arme Mann lag mehrere Tage im Bett, weil er sich am Knie verletzt hatte. Natürlich wurde der Geist des Mädchens für sein Unglück verantwortlich gemacht. Nach diesem traumatischen Erlebnis wollte der Mann nicht mehr allein in der Dunkelheit zu den Waschplätzen gehen. Er vermied es auch, über diese Sache zu sprechen.

Im Freizeitpark Laugardal stehen heute noch Überreste dieser Waschplätze. Eine Informationstafel mit Bildern zeigt, wie die Frauen aus Reykjavík bei jedem Wetter hierherkamen, um ihre Wäsche zu waschen. Das heiße Wasser hatte seine Tücken. Nachdem eine Frau bei dieser schweren Arbeit ins kochende Wasser gefallen war, wurde zur Sicherung ein Bogengitter über der Waschstelle angebracht.

Álftanes

Südwestlich von Reykjavík liegt die Halbinsel Álftanes. Das flache Gebiet ist teilweise mit Lava bedeckt, die vor etwa 8000 Jahren aus dem Berg Búrfell oberhalb von Hafnarfjörður dorthin strömte. An einem Felsen in der Galgenlava (Gálgahraun) wurden früher Verbrecher gehängt.

Das Gespenst von Bessastaðir

Seit 1944 ist der Herrenhof Bessastaðir auf der Halbinsel Álftanes in der Gemeinde Garðabær der Amtssitz des isländischen Präsidenten. Davor wohnten dort die Vertreter des norwegischen und später des dänischen Königs. Im Jahr 1718 lebte der norwegische Amtmann Niels Fuhrmann auf Bessastaðir. Vier Jahre später zog ein norwegisches Mädchen mit Namen Appollonia Schwartzkopf auf den Hof. Fuhrmann hatte ihr die Ehe versprochen. Da er sein Versprechen nicht einhielt, verklagte sie ihn. Das Gericht in Kopenhagen entschied, dass Fuhrmann das Mädchen heiraten musste. Der Amtmann schien dennoch keine Ambitionen auf eine Heirat zu haben. Zur selben Zeit kamen die Dänin Katharina Holm und ihre Tochter Karen nach Bessastaðir. Die Mutter arbeitete als Wirtschafterin für Fuhrmann und die Tochter wurde seine Geliebte. Es kam zu Streitereien und Appollonia fürchtete um ihr Leben. So behauptete sie, dass die Mutter und ihre Tochter versuchten, ihr Gift in den Brei zu mischen. Im Sommer 1724 starb Appollonia. Vieles deutete darauf hin, dass die Wirtschafterin und ihre Tochter etwas mit ihrem Tod zu tun hatten. Es wurde Anklage erhoben, aber das Gericht sprach sie frei. Zum Dank für Gottes Gnade schenkten sie der Kirche von Bessastaðir einen wertvollen silbernen Kerzenständer, der sich noch heute in der Kirche befindet. Niels Fuhrmann starb unverheiratet 1733 im Alter von 48 Jahren. Er hatte Mutter und Tochter als Erben benannt. Nach seinem Tod reisten die Frauen zurück nach Dänemark. Appollonia war jedoch nicht von Bessastaðir verschwunden. Im Mai 1917 wachte der damalige Besitzer von Bessastaðir frühmorgens auf, weil jemand an seine Zimmertür klopfte. Die Tür öffnete sich. Plötzlich stand eine etwa 30-jährige Frau in einem weißen Leinengewand mit Spitzen am Hals und an den Ärmeln vor ihm. Sie war barfuß und hatte dickes helles Haar, das nass und nach hinten gekämmt war. An jeder ihrer Hände hielt sie ein nacktes Kind. Sie sprach ein Gemisch aus Dänisch und Isländisch und fragte, ob der neue Besitzer genauso schlecht zu ihr sein würde wie seine Vorgänger. Der Besitzer verneinte ihre Frage. Danach verschwand sie aus dem Zimmer und die Tür schloss sich hinter ihr. Ein paar Jahre später erschien Appollonia dem Besitzer bei einer spiritistischen Sitzung. Sie bestätigte, dass sie ihn mit ihren zwei Kindern aufgesucht habe. Auf die Frage, warum sie noch so stark mit ihrem Leben auf der Erde verbunden sei, soll sie geantwortet haben, dass eine schwere Sünde auf ihr laste, weil sie sich selbst vergiftet und andere dafür beschuldigt habe. Als sie sich das Leben nahm, sei sie mit Zwillingen schwanger gewesen. Appollonia soll auch anderen Menschen auf Bessastaðir erschienen sein. Sie hielt sich gerne in der Diele auf, um die Gäste, die ins Haus kamen, zu empfangen.

Hafnarfjörður

Hafnarfjörður, ein Vorort der Hauptstadt Reykjavík, trägt den Beinamen Stadt der Elfen und Wikinger. Mittelpunkt des ca. 30.000 Einwohner zählenden Ortes ist der Hafen, wo im 15. und 16. Jahrhundert deutsche Hansekaufleute Handel mit Trockenfisch betrieben und die erste protestantische Kirche auf Island errichteten. Die Stadt in der Lava ist bekannt für ihre Elfensiedlungen im Park Hellisgerði und dem Felsenhügel Hamarinn. Der gemütliche alte Stadtkern mit dem Heimatmuseum lädt zum Bummeln ein.

Zwischen Garðar auf der Landzunge Álftanes und Hafnarfjörður befindet sich nahe am Weg eine Hügelgruppe, die den Namen Stíflishólar trägt. In der dortigen Gegend soll eine Gruppe von Gespenstern gehaust haben. Ende des 18. Jahrhunderts nahm sich der ansässige Pastor der Sache an und verbannte die Geister in die Stíflis-Hügel, wo sie den Menschen, die sich ihrem Wohnort näherten, oft Probleme bereiteten. Mittlerweile sollen ihre Kräfte nachgelassen haben, da sie alt geworden sind.

Das Mädchen am Straßenrand

Auf dem Weg zwischen Keflavík und Hafnarfjörður passieren bis heute schwere Verkehrsunfälle. Bei schlechtem

Wetter hat so mancher Autofahrer an einer bestimmten Stelle ein Mädchen am Straßenrand stehen sehen.

Diejenigen, die das Mädchen mitgenommen haben, sagen, dass sie eine Adresse in Hafnarfjörður nannte, aber sonst sehr schweigsam gewesen sei. Erreichte der Fahrer Hafnarfjörður und fuhr am dortigen Friedhof vorbei, war das Mädchen plötzlich verschwunden. Wenn man an der Tür des Hauses klopfte, dessen Adresse das Mädchen nannte, öffnete ein älteres Ehepaar. Das Mädchen war ihre Tochter. Sie war vor Jahren bei einem Autounfall ums Leben gekommen und ist auf dem Friedhof begraben, wo ihr Geist keine Ruhe findet.

Vogar

Etwa 35 Kilometer von Reykjavík entfernt liegt auf der Nordseite der Halbinsel Reykjanes das Dorf Vogar. Südlich von Vogar befinden sich die Klippen Vogastapi. Das Fanggebiet unterhalb des Felsens trägt den Namen Gullkista (Goldkiste), was darauf hindeutet, dass die Fischer hier gute Fänge machten. Die Gegend ist aber auch dafür bekannt, dass dort Menschen bei Unwetter den Tod fanden oder vom Felsen stürzten. So wird noch heute von einem männlichen Gespenst (stapadraugur) erzählt, das den Menschen mit seinem Kopf unter dem Arm erschien.

Der Vogar-Geist

Eine Geschichte aus Vogar erzählt von einem Mann, der bei schlechtem Wetter bei einem Bauern um Unterkunft bat. Dieser verweigerte ihm aber eine Übernachtung. Der Mann ging weiter Richtung Njarðvík. Am nächsten Tag fand man seine Leiche, die daraufhin zu dem Hof gebracht wurde, an dem er unerwünscht gewesen war. Nachdem man ihn begraben hatte, begann es auf dem Hof zu spuken. Es wurde vermutet, dass sich der Tote für die Unfreundlichkeit des Bauern rächen wollte. Auch nachdem der Bauer verstorben war, ließ das Gespenst die nachfolgenden Bewohner nicht in Ruhe. Insbesondere die Frau des Bauern war von dem Spuk betroffen. Ihrem Mann Jón gelang es jedoch, dem Geist mit einem Messer zu drohen. Danach hörte der Spuk auf dem Hof auf. Das Gespenst machte sich nun auf dem Nachbarhof ansässig und belästigte den dortigen Bauern, der von dem Geist besessen schien. Jón wurde gerufen und vertrieb den Vogar-Geist. Von da an wurden die Bewohner von Vogar den Geist nicht mehr gewahr.

Ein anderes Gespenst soll sich in jüngerer Zeit auf dem Weg bei Vogastapa aufgehalten haben. Die menschliche Erscheinung stand an der Wegkante, und wenn ein Autofahrer anhielt, um der Person eine Mitfahrt anzubieten, setzte sie sich ins Auto, ohne zu sagen, wohin sie wollte. Nach einer Weile war der Platz im Wagen, auf dem der Geist saß, so leer, als ob die Erscheinung sich in Luft aufgelöst hätte. Ebenso wurde von zwei Männern berichtet, die auf dem Rücksitz von Autos Platz nahmen und so plötzlich, wie sie erschienen waren, auch wieder verschwanden.

Reykjanes

Auf der nördlichen Spitze der Landzunge Reykjanes befindet sich der Leuchtturm Garðskagaviti und das sehenswerte Heimatmuseum von Garður. Von dort führt die Straße nach Sandgerði. An der Küste nördlich des Ortes liegt das verlassene Gut Kirkjuból (heute Gamlaból). Im Jahr 1433 wurde das Gut überfallen und in Brand gesetzt. Nur die unverheiratete junge Margrét konnte sich retten und schwor, den Mann zu heiraten, der den Angriff auf den Hof rächen würde. 1551 gab es wieder einen Überfall auf den Hof. Männer aus dem Nordland rächten die Hinrichtung des Bischofs Jón Arason von Hólar. Nachdem sie den Abgesandten des dänischen Statthalters auf Island und sein Gefolge auf Kirkjuból ermordet hatten, ritten sie nach Álftanes und zwangen den Henker des Bischofs, geschmolzenes Blei zu trinken. Die Leichen vom Hof wurden nördlich der Hauswiese vergraben, wo ihre Seelen keine Ruhe fanden. Daraufhin kehrten die Nordländer zurück, gruben die Leichen wieder aus, enthaupteten sie und steckten den

Toten ihre Nasen zwischen die Pobacken. Die Entwürdigung der Opfer wurde in Dänemark als Skandal angesehen. Ein Jahr später wurde der Hofbesitzer von dänischen Soldaten gefangen genommen und geköpft.

Von Sandgerði aus folgt die Straße entlang der Küste vorbei an Hvalnes, Stafnes, dem ehemaligen Handelsplatz der Hansekaufleute in Básendar und Hafnir in Richtung der Südspitze, wo der Leuchtturm Reykjanesviti steht. Auf dieser Strecke lohnt sich ein Stopp bei der Brücke zwischen den Kontinenten Amerika und Europa. Hier bewegen sich die nordamerikanische und die eurasische Erdplatte jährlich etwa zwei Zentimeter auseinander.

Von der nahegelegenen und von starker Brandung zerklüfteten Steilküste reicht der Blick über das Meer bis zur Felsinsel Eldey, wo sich eine der größten Basstölpelkolonien der Welt befindet. Landeinwärts deutet der Dampf heißer Quellen auf ein aktives Geothermalgebiet hin, wo nicht selten kleine bis mittelstarke Erdbeben zu spüren sind.

Die Geister von Reykjanes (Gunnuhver)

In der Nähe des Weges zum Fischerort Grindavík liegt die Schlammquelle Gunnahver. Die Quelle ist nach der Witwe Guðrún Önundardóttir benannt. Es wird erzählt, dass die für ihre barsche Art bekannte Gunna ihrem Landpächter Geld schuldete und dieser daraufhin ihren Besitz beschlagnahmte. Einmal nahm er ihr einen Topf weg, den sie auf keinen Fall hergeben wollte. Aber Kort, der Landeigentümer, blieb hart. Vor Kummer über ihren Verlust starb Gunna. Seitdem soll Gunna als Wiedergängerin erschienen sein. Diejenigen, die ihr Grab aushoben, hörten angeblich ihre Stimme, die sagte: »Es braucht nicht tief gegraben werden, denn lange wird hier nicht gelegen.« Kort erschien bei ihrem Trauermahl. Da die anwesenden Trauergäste glaubten, Gunna könnte sich, wenn er allein nach Hause ging, an ihm rächen, begleitete ihn einer der Gäste auf seinem Heimweg bis kurz vor seinen Hof. Kort kam in dieser Nacht nicht nach Hause. Am nächsten Morgen wurde nach ihm gesucht. Die Leute entdeckten Spuren, die darauf hindeuteten, dass Gunna ihn überfallen hatte. Schließlich wurde die übel zugerichtete Leiche gefunden. Gunna trieb weiter ihr Unwesen in diesem Gebiet, bis man den mit der Zauberkunst vertrauten Pastor Eiríkur Magnússon von Vogsósar zurate zog. Der Bote, der zu ihm geschickt wurde, erhielt einen weißen Schal, an dessen einem Ende ein Zettel befestigt war. Der Pastor beauftragte den Mann, Gunna den Zettel zu geben, wenn er sie träfe. Dann sollte er sie mit dem Schal zu der heißen Quelle ziehen und loslassen. Der Bote hatte noch einen anderen Mann bei sich, als er Gunna traf und ihr den Zettel reichte. Als ihr Blick auf das Papier fiel, sagte sie: »Die Hölle habe ich erwartet, doch dies nicht.« Nun wurde Gunna zu der heißen Quelle geführt. Sie blieb dort und tanzte schreiend um die Quelle herum. Aber sie kam von dort nicht mehr fort. Viele Menschen haben sie bei der Quelle herumlaufen sehen und möglicherweise läuft sie dort immer noch herum. Die brodelnde, stinkende Lehmquelle ist auf jeden Fall weiterhin sehr aktiv und ist als eine von vielen Sehenswürdigkeiten von Reykjanes bekannt.

Wenige Kilometer hinter dem Fischerort Grindavík liegt auf der rechten Seite eine Seitenstraße nach Selatangar. Bis zum Jahr 1880 wurde in der ehemaligen Fischfangstation in großem Umfang Fischfang betrieben. Heute wird der Besucher dort nur noch Überreste der alten Seemannsunterkünfte finden. Die Ruinen aus Stein und Torf stehen unter Denkmalschutz. Dieser einsame, steinige Küstenstreifen, an dem die wilde Brandung des Meeres Treibholz an das Ufer spült, sowie die beeindruckenden Lavaformationen der Katlahraun mit ihren dunklen Höhlen und moosbedeckten Spalten bieten hervorragende Bedingungen für Gespenstergeschichten. So soll das Gespenst mit Namen Tanga-Tómas, das seit Ende des 19. Jahrhundert dort herumspukt, heute noch sein Unwesen treiben. Ebenfalls ist bekannt, dass irgendwann in früherer Zeit ein Fischerboot mit sieben Seeleuten vor der Küste von Selatangar unterging. Das Boot wurde an Land getrieben und ans Ufer gezogen, aber niemand wollte das Boot wieder zu Wasser bringen, denn nun gingen dort die Geister der ertrunkenen Fischer um. Da die Leute abends oft ein unheimliches Klopfen und Knarren aus dem Boot vernahmen, wurde es schließlich zerhackt und das Holz als Feuerholz benutzt.

Krýsuvík

Der Kleifarvatn-See liegt auf dem östlichen Teil der Reykjanes Landzunge im Gebiet von Krýsuvík. Mit 97 Metern Wassertiefe ist er einer der tiefsten Seen des Landes. In seinem Wasser soll ein riesiges wurmähnliches Ungeheuer leben. In der Nähe vom Kleifarvatn liegt Grænavatn. Die mit grünlich leuchtendem Wasser gefüllte Mulde ist vulkanischen Ursprungs. In nächster Nähe befinden sich bei Seltún eine große Anzahl heißer Schlammquellen. Wer das prickelnde Gefühl der wilden Naturkräfte Islands spüren möchte, sollte die Steilküste Krýsuvíkurbjarg besuchen. Dort, wo die Wellen mit voller Kraft an die Felsen schlagen, brütet eine Unzahl von Meeresvögeln.

Arnarfellslabbi

Im Gegensatz zu früheren Zeiten ist das Gebiet von Krýsuvík heute fast unbewohnt. Die kahle Landschaft mit von Moos und Flechten bewachsenen Lavafeldern wirkt gespenstisch, wenn graue, kalte Nebelschleier über die Berge ziehen und sich wie eine bleierne Decke über die Lava legen. Im 18. Jahrhundert lebte bei der Anhöhe Arnarfell das Gespenst Arnarfellslabbi. Sehende Leute beschrieben den Geist als Jungen mit schwarzer Mütze, die mit weißem Wollband ausgebessert wurde. Da sich hier früher ein Rastplatz für Leute auf der Durchreise befand, spielte Arnarfellslabbi ihnen oft Streiche. Er riss Zelte ab, warf das Gepäck der Reisenden durch die Gegend oder verscheuchte ihre Pferde. Keiner, der diesen Weg bereiste, hatte nicht vom Arnarfellslabbi gehört. Der Bauer von Krýsuvík machte ebenfalls Bekanntschaft mit den Untaten des Geistes, der sich gerne am Vieh verging. Als der Schafhirte des Bauern plötzlich verstarb, wurde dies dem Arnarfellslabbi zugeschrieben. Schließlich gelang es einem Mann namens Björn, auf Bitte des Bauern von Krýsuvík, den Geist zu vertreiben.

Hellisheiði

Über der Hochebene Hellisheiði liegt die Ringstraße Nr. 1, die rund um die Insel führt. Oben auf der Heide weisen dicke Dampfschwaden auf das Geothermalkraftwerk Hellisheiði hin, das im aktiven Vulkangebiet Hengill stationiert ist. Das Hengill-Gebiet ist ein beliebtes Wandergebiet mit vielen Informationstafeln und gekennzeichneten Wanderwegen.

Geister auf der Hochebene

Es gab viele unheimliche Begegnungen auf der Hochebene. Es ist gar nicht lange her, dass zwei Männer in einem Auto vor sich am Straßenrand einen Mann entdeckten, der zu Fuß unterwegs war. Zu ihrem Schrecken lief der Mann plötzlich vor das Auto. Der Fahrer war sich sicher, dass er den Mann überfahren hatte. Er bat seinen Beifahrer auszusteigen, um nachzuschauen, was passiert war. Es lag glücklicherweise niemand vor dem Auto. Fußspuren an der Wegkante konnte er auch nicht entdecken. Im Jahr 2018 wurde in der Tageszeitung DV ein Foto abgebildet, das eine Frau während der Fahrt von Reykjavík nach Hveragerði auf der Hellisheiði aufgenommen hatte. Auf dem Foto ist auf der Straße eine Geistererscheinung wie von einem nach vorn gebeugten Mann zu erkennen.

Früher führte ein Fuß- und Reitweg über die Hochebene. Im 17. Jahrhundert wurde dort die erste Schutzhütte aus Lavagestein und einem Torfdach gebaut. Dort sollen viele Reisende, erschöpft von Hunger und Kälte, ihren Tod gefunden haben. Nicht weit von der Hütte entfernt gibt es einen kleinen See mit dem Namen Draugatjörn (Gespenstersee). In der Hütte und in der Nähe des Sees sollen sich unheimliche Gespenster herumtreiben. Eines dieser grässlichen Wesen griff einmal einen Bauern an und richtete ihn übel zu. Nach dem Kampf blieb eine Wunde auf seiner Nase zurück, die nie verheilte, denn Wunden, die ein Gespenst jemanden zufügt, heilen nicht. Die Geschichten über Geister in dieser Gegend machten den Menschen, die dort vor dem Wetter Schutz suchen mussten, Angst. So übernachtete in der Hütte einmal ein Reisender und verriegelte die Tür von innen, damit kein Geist ihn in seiner Nachtruhe stören konnte. Dennoch hörte er in der Nacht plötzlich von draußen Geräusche, als ob jemand versuchte, die Tür zu öffnen. Der Reisende blieb verängstigt in seiner Schlafstätte liegen. Als er jedoch am nächsten Morgen die Tür öffnete, lag dort ein toter Mann, der wohl versucht hatte, in der Hütte Schutz zu finden. Seit diesem Vorfall sorgte man dafür, dass die Tür von innen nicht mehr verriegelt werden konnte.

Hveragerði

Von der Hellisheiði kommend sind schon aus der Ferne die Dämpfe der heißen Quellen der Blumenstadt Hveragerði zu erkennen. Bezeichnend für den Ort sind die Gewächshäuser, in denen Blumen, Tomaten und Gurken gezüchtet werden. Lohnenswert ist eine Wanderung von Hveragerði aus zum Reykjadalur, wo sich der Wanderer bei einem Bad im warmen Wasser eines Flusses entspannen kann. (Dauer der Wanderung bei mittelstarker Steigung ca. 60 Minuten. Vorsicht! In der Nähe der heißen Quellen besteht Verbrennungsgefahr.) Ein kürzerer, nichtsdestotrotz schöner Spazierweg führt beidseitig entlang des Flusses Varmá. An vielen Stellen sind noch Schäden des Erdbebens aus dem Jahr 2008 zu erkennen, das mit einer Stärke von 6,3 das Südland erschütterte.

Sonderbare Vögel

Das Quellengebiet inmitten von Hveragerði wurde früher Akrahverir (Feldquellen) genannt. An diesen Quellen sollen seinerzeit Vögel (hverafuglar) gesichtet worden sein, die auf dem kochenden Wasser schwammen oder gar ins Wasser hinabtauchten. Um das Jahr 1700 beschrieb ein Einheimischer diese Vogelart so: »Von Größe und Wuchs ähneln die Vögel kleinen Enten. Sie sind von dunkelbrauner Farbe und haben einen weißen Ring um die Augen. Manchmal bleiben sie lange unter Wasser und es kommt vor, dass sie nicht wieder auftauchen.«

Den Menschen waren diese Vögel unheimlich, da es unmöglich schien, dass Tiere im heißen Wasser schwimmen und überleben könnten. Es herrschte der Glaube, dass die Vögel Seelen oder Geister Verstorbener seien. Bis zum Jahr 1935 gab es Augenzeugen, die von diesen gespenstischen Vögeln berichteten.

Ölfús

Die Gemeinde Ölfús erstreckt sich von der westlichen Seite des Berges Ingólfsfjall entlang des Ölfúsa-Flusses bis an die Küste nach Selvog. Þorlákshöfn ist mit 1.600 Einwohnern der größte Ort in diesem Gebiet. Haupterwerbszweig ist seit jeher die Fischerei. Hinter dem Hafen lädt in östlicher Richtung ein schwarzer Sandstrand bis zur Mündung des Flusses Ölfúsá zu einem Strandspaziergang ein. Ein Erlebnis der besonderen Art ist die Besichtigung der vor 5.200 Jahren bei einem Ausbruch entstandenen Lavahöhle Raufarhólshellir. Sie gehört zu den größten Höhlen Islands (siehe auch: www.thelavatunnel.is/lava-tunnel).

Das Gespenst von Arnarbæli

Am Ufer der Ölfúsá liegt der Hof Arnarbæli. Dort lebte von 1642 bis 1676 der Pastor Jón Daðason. Er war ein gelehrter Mann und galt als abergläubisch und der Zauberei kundig. Bevor er in den Süden zog, lebte er in den Westfjorden, wo er einen Mord begangen haben sollte, um sein eigenes Leben zu retten. Die Zauberer aus dem Westen schickten ihm daraufhin mehrere Geister. Einmal wusste Jón, dass ein Geist zu ihm unterwegs war, der so große Zauberkraft besaß, dass er sich nicht sicher war, ob er ihm gewachsen sei. Sodann ließ er ein Reitpferd in die Wohnstube seines Hofes führen und legte ihm sein Messgewand um. Er selbst ging in den Pferdestall und ließ sich einen Sattel und Zaumzeug anlegen. In der Nacht erschien der Geist und tötete das Pferd. Dem Pastor geschah nichts. Eines Tages überraschte ihn aber doch wohl ein von seinen Feinden geschickter Geist und tötete ihn auf der Hofwiese. Seitdem spukte auf dem Hof ein weibliches Gespenst mit einer gestrickten Mütze, an der eine Quaste hing. Es erhielt den Namen Arnarbælis-Skotta. Das Gespenst soll die Leute bei der Arbeit gestört und Gegenstände zerstört haben. Menschen kamen von dem Geist nicht zu Schaden. Es musste immer ein Platz zum Schlafen im Stall für den Geist freigehalten werden. Wurde dies nicht getan, rächte sich das Gespenst. Es starben Kälber oder die Kühe gaben keine Milch. Die Hofbewohner wollten den Geist gerne loswerden, aber das war nicht so einfach. Ende des 18. Jahrhunderts wandte sich der damalige Pastor von Arnarbæli an einen Zauberer. Ihm gelang es, Skotta vom Hof zu vertreiben. Er versuchte, sie in einen Stein am Flussufer zu verbannen, was ihm aber nicht gelang. Dennoch schaffte er es, dass sie dort blieb, wo sie nun immer um den Stein herumlief. Der Zauberer holte sich Hilfe von einem Mann, der zuvor versucht hatte, nach dem Schatz des Landnehmers Ingólfur Arnarson auf dem Berg Ingólfsfjall zu suchen, was ihm aber misslungen war. Eine Eisenstange, die er dabeigehabt hatte, war ihm wie von Geisterhand aus der Hand geschlagen worden. Die beiden Männer gingen zu dem Stein, um den das Gespenst herum lief. Sie trieben den Geist in die Enge und hielten ihre Zauberrituale ab. Schließlich gelang es, Skotta in den Stein zu verbannen, der seitdem Skottusteinn genannt wird. Als einmal Eisschollen den Fluss hinunterschwammen, soll der Stein sich zur Seite geneigt haben. Einige Menschen meinten, dass Skotta dadurch wieder erwacht sei, und wurden angeblich ihrer Erscheinung bis zum 19. Jahrhundert gewahr.

Der holländische Geist in rosa Seide

Ende des 17. Jahrhunderts lief ein holländisches Handelsschiff in den Hafen von Þorlákshöfn ein. Die Schiffsbesatzung hatte ein merkwürdig verschnürtes Paket bei sich. Es stellte sich heraus, dass das Paket die Leiche eines Mannes enthielt, den die Holländer auf dem Friedhof der Kirche von Þorlákshöfn begraben wollten. Bevor der Tote beigesetzt wurde, wickelte man ihn in rosa Seide. Die Einheimischen meinten, dass es Verschwendung sei, so einen wertvollen Stoff für einen Toten zu verwenden. Nach dem Begräbnis begann es am Hafen zu spuken. Die Fischer fanden keinen Schlaf in ihren Unterkünften, weil der Geist Lärm machte und die Leute erschreckte. So soll das Gespenst den Fischern auch gefolgt sein, wenn sie zum Fischfang aufs Meer hinausfuhren, wo es ihre Fanggerätschaften zerstörte. Das Gespenst wurde als stark gebauter Mann mit vollem schwarzen, zerzausten Haar beschrieben. Seine Kleidung bestand aus einem Stoffstrang, der um seinen Körper gewickelt war und von dem er einen Teil hinter sich herzog. Ein Geistervertreiber wurde zurate gezogen. Aber der Erfolg blieb aus. Nun wendeten sich die Leute an den Pastor von Arnarbæli, der sich der Sache annahm. Er soll nach der Auseinandersetzung mit dem Geist schweißgebadet gewesen sein, sodass man seine Kleidung auswringen konnte. Dann rief er die Einheimischen zu einem Gottesdienst zusammen und berichtete, dass jemand nach dem Begräbnis des Holländers so dreist gewesen sein musste, das Grab zu öffnen, um den rosa Stoff, in den die Leiche gewickelt war, zu stehlen. Der Geist des Toten könne keine Ruhe finden, weil seine Rachegefühle wegen des Diebstahls nicht befriedigt seien. Der Pastor erzählte, er hätte den Geist beschwichtigen können, und ermahnte die Gemeindemitglieder, ein vorbildliches Leben zu führen, damit sich so ein Vorfall nicht wiederhole.

SÜDISLAND

Von Selfoss bis Höfn führt die Ringstraße entlang der Südküste durch grüne, landwirtschaftlich genutzte Gebiete sowie endlos schwarze Sandflächen und Geröllfelder, wo die Bodenerosion den Pflanzen kaum Schutz bietet. Als Kontrast dazu verschafft das Eis von Europas größtem Gletscher, dem Vatnajökull, dem Reisenden auf dieser Strecke einen Eindruck von der Vielseitigkeit der isländischen Landschaft.

Selfoss

Das Gebiet zwischen den Flüssen Ölfusá und Þjórsá und des Weiteren die Küstendörfer Eyrarbakki und Stokkseyri sind bekannt für ihre zahlreichen dort beheimateten Gespenster. Durch eine rasant wachsende Stadtentwicklung hat sich der Ort Selfoss in den letzten Jahren zum Dienstleistungszentrum der umliegenden Gemeinden entwickelt. Das älteste und bekannteste Restaurant der Stadt ist Tryggvaskála bei der Brücke über dem Fluss Ölfusá. Hier machte im Herbst 1929 ein weibliches Gespenst auf sich aufmerksam. Dabei soll es sich um eine junge Frau gehandelt haben, die dort eine

Arbeitsstelle bekam, aber kurz vor ihrem Arbeitsantritt verstarb. Die Geistererscheinung trug einen schwarzen Mantel und ihr Haar war zerzaust. An ihrer Seite hatte die Frau ein acht bis zehn Jahre altes Kind, das ein graues Wolltuch um den Kopf trug. Die Frau machte einen erregten Eindruck und ihr Atem war angeblich eiskalt.

Am Fuße des Hausberges von Selfoss, dem 551 m hohen Ingólfsfjall, soll es einen geheimen Platz geben, der Valakirkja (Valakirche) genannt wird. Dort wurden dem Vernehmen nach in alten Zeiten Zaubermessen abgehalten. Der Berg wurde nach dem ersten Landnehmer Ingólfur Arnason benannt, der hier sein Winterquartier aufschlug. Zu den Sehenswürdigkeiten von Selfoss gehört das Bobby Fischer Museum. Wer sich für Schach interessiert, sollte es unbedingt besuchen (siehe auch: www.fischersetur.is). Der weltbekannte Schachspieler wurde auf dem Friedhof der Laugardæla-Kirche etwas außerhalb der Stadt in der Flóa-Gemeinde begraben. Ein Anziehungspunkt ist ebenfalls das neuerbaute Ortszentrum von Selfoss mit seinen Nachbauten bekannter älterer Häuser. Im neuen Gebäude einer früheren Molkerei befindet sich – außer Restaurants und einer Bar – eine Ausstellung zur Geschichte der Skyr-Herstellung. Das quarkähnliche Milchprodukt hat mittlerweile auch außerhalb von Island viele Anhänger gefunden.

Die Geschichte von Jóra

In Selfoss ist die Geschichte von Jóra allgemein bekannt. Jóra oder Jórunn war eine junge Bauerntochter mit viel Temperament. Einmal nahm ein Pferd ihres Vaters an einem Wettkampf teil. Weil aber das Pferd den Wettkampf verlor, wurde Jóra so wütend, dass sie zu dem gegnerischen Pferd lief und ihm einen Schenkel herausriss. Damit lief sie in Richtung Ölfusá-Fluss. Dort am Flussufer löste sie einen riesigen Felsen aus einer Felswand und warf ihn in die Mitte des Flusses. Dann stelzte sie durch das Wasser auf die andere Seite des Flusses. Die Stelle im Fluss, wo der markante Felsen steht, wird Jóruhlaup oder Tröllkonuhlaup genannt. Jóra ließ sich im Gebiet von Hengill auf der Hellisheiði nieder, wo sie Reisende überfiel. Die Höhle, in der das grausame Mädchen hauste, heißt Jóruhellir. Die Stelle, wo sie den Reisenden auflauerte, um sie zu töten, wird Jórukleif genannt. An zahlreichen anderen Orten dieser Gegend kann man auf ihren Namen stoßen. Da es nicht möglich schien, sich dieser bösen Räuberin zu entledigen, suchten die Einheimischen Rat beim König von Norwegen. Er schlug vor, ihr eine silberne Axt zwischen die Schulterblätter zu stechen. Das Blatt der Axt soll später in einem Fluss in Þingvellir aufgetaucht sein, der seitdem Öxará (Axtfluss) genannt wird. An diesem Ort beschlossen die Isländer, die Treffen ihres Parlamentes (Alþing) abzuhalten, wo sich für zwei Wochen im Sommer die Goden und wohlhabenden Bauern des Landes versammelten, um Gesetze zu erlassen, Gerichtsurteile zu fällen und tüchtig zu feiern.

Der Geist mit dem blauen Schal

Im Waldgebiet von Hellisskógur auf der Westseite des Flusses Ölfusá liegt eine heute noch zugängliche Höhle, in der ein Geist herumspuken soll, der einen blauen Schal trägt. Es handelt sich dabei um einen jungen kleinwüchsigen Mann, der sich aus Liebeskummer mit einem blauen Schal erhängte. So erschien er angeblich, wenn schlechtes Wetter im Anflug war, in den Träumen der Einheimischen. Das Alter des Basalts in der Höhle wird auf 0,7 bis 3,1 Millionen Jahre geschätzt. Wie es in früheren Zeiten üblich war, nutzten die Einheimischen die Höhle zur Aufbewahrung von Heu oder zur Unterbringung von Schafen.

Der dänische Geist

Mitte des 18. Jahrhunderts beschlossen zwei Männer aus der an Selfoss angrenzenden Flóa-Gemeinde, einen Toten, der auf dem Friedhof von Villingaholt begraben war, wiederzuerwecken. Einer der Männer war als Zauberkundiger bekannt. Es wird behauptet, dass sie einen Ertrunkenen dazu benutzen wollten, für sie die Schätze zu holen, die auf dem Meeresgrund lagen. Nun setzten sich die Männer auf das von ihnen auserwählte Grab und hielten das zur Wiedererweckung bekannte Ritual ab. Nach einiger Zeit wurden sie einer menschlichen Erscheinung gewahr, die begann, mit ihnen zu reden. Doch sie verstanden den Geist nicht. Nun wurde ihnen klar, dass sie einen Ausländer wiedererweckt hatten, dessen Sprache sie nicht sprachen. Den nicht Zauberkundigen der beiden Männer überfiel Panik und er lief davon. Der Zauberer schickte den Geist hinter dem Flüchtigen her. Er und seine Nachkommen wurden den Geist nicht wieder los. Bei dem Toten handelte es sich der Überlieferung nach um den Schiffskoch eines dänischen Schiffes mit Namen Gothenborg, das 1718 mit 170 Mann Besatzung vor der Küste gestrandet war. Die Mannschaft wurde gerettet und auf die umliegenden Höfe verteilt. Die Bauern hatten jedoch oft selbst nicht genug zu essen, sodass einige der Geretteten erkrankten und starben. Einer davon soll der Koch gewesen sein, der auf dem Friedhof von Villingaholt beigesetzt wurde. Seitdem wurde der Geist Gothenborgardraugurinn genannt. Als der Mann, dem das Gespenst folgte, in eine andere Gemeinde auf den Hof Leirubakka zog, erhielt es den Namen Leirubakkadraugurinn.

Eyrarbakki

Seit der Landnahme Islands war Eyrarbakki einer der wichtigsten Handelsplätze Islands. Unter der Monopolherrschaft der Dänen von 1602 bis 1787 nahmen das

Handelsgeschäft und der Fischfang noch stärker zu. Um das Jahr 1920 zählte das Dorf etwa 1000 Einwohner. Danach sank die Einwohnerzahl, weil die modernen Fischtrawler die Häfen in Reykjavík und Reykjanes bevorzugten. Heute säumen kleine bunte Häuser die Straße durch das Dorf, das in früheren Jahren oft starke Schäden durch Sturmfluten davontrug. In der Kirche befindet sich ein Altarbild, welches die Königin Louise, Ehefrau von Kristján IX., malte. Das sehenswerte Heimatmuseum ist in einem ehemaligen Kaufmannshaus beheimatet.

Gónhóll

Auf einem grasbewachsenen Platz dicht am Meer, genannt Gónhóll (góna – starren; hóll – Hügel), soll vor langer Zeit eine katholische Kapelle gestanden haben. Von dort hat man eine gute Aussicht auf das Meer. Dem flachen Hügel werden übernatürliche Kräfte zugeschrieben. Er ist mit einem Bann belegt, weshalb Menschen davon abgeraten wird, diesen Platz zu betreten oder etwas zu verändern, denn das würde Unglück über das Dorf und die Bewohner bringen. So soll dort einmal einem Mann ein unheimlich aussehendes Wesen begegnet sein. In den Jahren nach dem Ersten Weltkrieg wurde beschlossen, eine Lebertranfabrik auf den Hügel zu bauen. Die älteren Dorfbewohner warnten vor diesem Vorhaben. Doch es wurde nicht auf ihren Rat gehört. Das hatte zur Folge, dass die errichtete Fabrik abbrannte und Boote der Reederei im Meer versanken oder vor der Küste strandeten. Später ließ der Gemeindevorsteher den Hügel einzäunen und den Deich davor zu dessen Schutz erhöhen. Bald darauf erhielt eine ehemalige Bewohnerin von Eyrarbakki auf einer spiritistischen Sitzung in Reykjavík eine Nachricht von zwei verstorbenen irischen Mönchen. Sie baten die Frau, dem Gemeindevorsteher ihren Dank für die Maßnahmen zum Schutz des Hügels auszurichten, was sie auch tat.

Stokkseyri

Das Dorf Stokkseyri wirkt – genau wie das Nachbardorf Eyrarbakki – auf den ersten Blick verlassen. Dennoch birgt es Geheimnisse, die es sich zu entdecken lohnt. Viele der alten Häuser tragen Namen. Diese Tradition ist in vielen kleinen Küstenorten erhalten geblieben. Attraktionen in Stokkseyri sind das isländische Gespenstermuseum (draugasetrið; siehe auch: www.icelandicwonders.is), das Jagdmuseum (veiðisafnið), die Kunstgalerie Gimli und die Fischerwohnbaracke Þuríðarbúð.

Das Gespensterdorf am Meer

Ende des 18. Jahrhunderts lebte der Bauer Einar in der Gemeinde von Stokkseyri. Einmal kam ein herumstreunender, hungriger Junge zu ihm und bat um eine Unterkunft für die Nacht. Der Bauer verweigerte ihm diese Bitte. Draußen herrschte Frost und ungemütliches Wetter. Der Junge fand nicht den Weg zum nächsten Hof und ertrank im Skerflóð-Teich. Er wurde als Wiedergänger (Skerflóðs-Móri) bekannt. Seit diesem Vorfall folgte das Gespenst Einar und seinen Nachkommen, brachte Reisende von ihrem Weg ab und erschreckte Menschen im Schlaf. Der Bauer Einar hatte zwei Töchter. Die ältere war Þuríður formaður (Anführer), die jüngere trug den Namen Salgerður. Es wurde dem Móri zugeschrieben, dass Þuríður keinen Mann fand. Als Salgerður heiratete und von zu Hause fortzog, folgte Móri ihr. Seit dieser Zeit wurde er auch Sels-Móri genannt. Später folgte das Gespenst einem Mitglied aus der Familie nach Kampholt in der Villingaholt-Gemeinde. Es machte oft auf sich aufmerksam, bevor der Bauer des Hofes irgendwo eintraf. Das passierte zum Beispiel, wenn der Bauer unterwegs zum Genossenschaftsladen war. Ende des 20. Jahrhunderts soll das Kampholt-Gespenst eine Vorliebe für Autos entdeckt haben. Es soll oft an einer Wegkreuzung gestanden haben, um mitgenommen zu werden. Den Autofahrern wurde geraten, sich freundlich gegenüber dem Geist zu verhalten, weil sonst ein Motorschaden auftreten oder ein Reifen platzen könnte. Da an dieser Stelle verhältnismäßig viele Unfälle passierten, glaubte man, dass der Kampholt-Geist sich auf diese Weise für die Unfreundlichkeit der Autofahrer ihm gegenüber rächen wollte.

Ein anderer Mann aus der Gemeinde, Jón Þórðarson, konnte wegen seines Reichtums mehrere Ländereien kaufen. Er soll ebenfalls einem armen Mädchen seine Hilfe verweigert haben, woraufhin es starb und ihm als Wiedergänger erschien. Das Mädchen wurde – nach dem Namen seines Hofes – Móhúsa-Skotta genannt. Móhúsa-Skotta und Sels-Móri taten sich zusammen und waren als aufdringliches Gespensterpaar gefürchtet. Das Paar schien sich auch mit anderen Gespenstern anzufreunden. So kam es, dass Tómas Björnsson einmal von Eyrarbakki nach Stokkseyri kam, um geräuchertes Lammfleisch (hangikjöt) für das Weihnachtsfest zu kaufen. Am nächsten Morgen fand man ihn tot. Sein Körper war zerrissen, blau und blutig. Seine Seele fand keine Ruhe, denn danach wurde er oft zusammen mit der Móhúsa-Skotta und dem Sels-Móri gesehen. Das Trio trieb des Nachts sein Unwesen zwischen Eyrarbakka und Stokkseyri, indem es Reisende belästigte oder in die Irre führte. Schließlich bat Jón von Móhús den Klaustur-Jón, die Gemeinde von den Gespenstern zu befreien, was auch gelang. Nur Móri kam davon. Er konnte sich in einem Boot aus Þórlakshöfn verstecken. Er spukte weiter in diesem Gebiet. So wurde ihm 1846 die Schuld am Tod des Bauern Jón Árnason zugeschoben. Der Doktor Jónas Rafnar wurde im Winter 1918–1919 vom Móri in Eyrarbakki belästigt. Eines Nachts wurde er einer Gestalt gewahr, die sich auf ihn legte. Er konnte sich kaum mehr bewegen, da das Gewicht dieses

Wesens schwer auf seiner Brust lag. Schließlich gelang es ihm, seinen Arm nach oben auszustrecken. Er fühlte einen behaarten Kopf auf dem Kopfkissen oberhalb seines Kopfes. Mit letzter Kraft ergriff er den ungebetenen Gast und warf ihn von seinem Körper. Hellwach und missmutig saß der Doktor danach aufrecht in seinem Bett. Weder hörte noch sah er etwas, da es stockdunkel im Zimmer war. Kurz darauf schlief er weiter. Am nächsten Morgen wurde er um sieben Uhr geweckt. Ein Mann wollte ihn zu einem Krankenbesuch abholen. Drei Wochen später wiederholte sich das nächtliche Ereignis. Diesmal war Jónas besser auf den unheimlichen Gast vorbereitet. Er boxte auf das unheimliche Wesen ein, fand aber keinen Widerstand. Bald darauf schlief er wieder ein. Am nächsten Morgen kam der gleiche Mann wie beim ersten Mal, um ihn für einen Krankenbesuch abzuholen. Der Doktor fragte ihn, ob ein Gespenst seine Besuche ankündigte, aber er bekam keine Antwort. Einen Tag später fragte der Arzt einen Mann aus der Umgebung. Dieser meinte, dass wohl der Sels-Móri mit ihm seine Spielchen trieb.

Dr. Páll Ísólfsson, Domkirchenorganist und Komponist, sah das Móri-Gespenst an einem Tag im Spätsommer bei Stokkseyri. Es trug eine viel zu große Jacke und einen abgetragenen, tief in das Gesicht gezogenen Hut. Als Páll hinter ihm herlaufen wollte und nach ihm rief, fiel er hin, und der fremde Junge war wie vom Erdboden verschluckt. Als er sich wieder bewegen konnte, überfiel ihn eine lähmende Angst, und er ritt nach Hause, so schnell er konnte.

Das Gespenst von Stokkseyri

Die sonderbaren Begebenheiten, die sich in den Unterkünften der Fischer im Jahre 1892 abspielten, wurden einem Geist zugeschrieben, der daraufhin den Namen »das Gespenst von Stokkseyri« (Stokkseyrardraugurinn) erhielt. Dieser Poltergeist zog es vor, sich menschlichen Wesen zuzuwenden, anstatt mit toten Gegenständen zu werfen. Eine Anzahl glaubwürdiger Zeugen hielt es für ausgeschlossen, dass ein lebender Mensch etwas mit diesem Geschehen zu tun gehabt haben könnte.

Das Spektakel begann in der Nacht zum 30. März 1892. Es wurde berichtet, dass sich der Spuk immer in der gleichen Weise abspielte: Ein schlafender Barackenbewohner gab plötzlich einen fürchterlichen Schrei von sich und hörte nicht auf, bis man ihn aufrichtete. Der Betroffene klagte über eine gewaltige Schwere, die sich auf ihn legte, sodass er sich wie gelähmt und von Todesangst befallen fühlte. Immer schien nur jeweils eine Person von diesem Erlebnis betroffen zu sein. Hatte sich diese Person von dem Schreck erholt, kam es vor, dass ein anderer Barackenbewohner anfing zu schreien. Nachdem endlich Ruhe eingekehrt war, begann sich in anderen Baracken das gleiche Drama abzuspielen. Jede Nacht zwischen dem 29. März bis zum 29. April störte das Gespenst die Fischer in den Buden, die im westlichen Teil des Dorfes standen. Die starken Männer fürchteten sich vor diesem ungebetenen Gast, der ihnen die Luft zum Atmen nahm, bis sie blau anliefen und aus den Baracken flüchteten. Wenn Fischer in den Buden früher Albträume bekamen, wurde das Skerflóðs-Móri-Gespenst dafür verantwortlich gemacht, aber diese Erscheinung war von anderer Natur. Die Menschen suchten nach Erklärungen und manche meinten, dass die Baracke des Besitzers auf einen Hügel gebaut wurde, in den die Stokkseyrar-Dísa ein Gespenst verbannt hatte, das keine Probleme machte, solange der Hügel in Ruhe gelassen wurde. Bevor der Spuk begann, hatte man Steine aus dem Hügel geholt, die zum Bau eines Pferdestalls verwendet wurden. Der Eigentümer soll auch Steine aus einem nahen Felsen gesprengt haben und hatte vielleicht damit das Gespenst aufgeweckt.

Versuche, das Gespenst zu verjagen, blieben ohne Erfolg. So wurde die geachtete Anführerin Þuríður formaður gerufen, die auch für ihre hellseherischen Fähigkeiten bekannt war. Ihr Versuch, das Gespenst mit zwei Ruten zu vertreiben, die sie wild durch die Luft schlug, scheiterte. Daraufhin gab sie den Barackenbewohnern den Rat, eine Kirchenglocke zu holen und im Inneren des Gebäudes zu läuten, weil Gespenster Glockengeläut hassen. Die Fischer liehen sich eine Kirchenglocke aus, hängten sie in der Baracke auf und läuteten sie eine Stunde lang. In dieser Nacht blieb der Geist ruhig. Die

Glocke wurde zurückgebracht, aber in der nächsten Nacht ging der Spuk wieder los.

Stokkseyrar-Dísa

Þórdís Markúsdóttir (1668–1728) – genannt Stokkseyrar-Dísa oder Galdra-Dísa – ist eine bekannte Sagenfigur aus Stokkseyri. Einmal wollte sie sich das Zaumzeug für einen Wolfsritt (Gandreið) besorgen (siehe auch das Kapitel: Magische Symbole, Mittel und Gebräuche). Die Bewohner des Dorfes befürchteten Schlimmes, wenn ihr das gelingen würde, denn sie war schon lange für ihre Untaten berüchtigt. Ein gelehrter Mann aus dem Gebiet von Skaftafell konnte ihr Vorhaben gerade noch verhindern. Es waren viele Gerüchte und Geschichten über ihre Grausamkeiten und Hexereien im Umlauf. So soll Galdra-Dísa einmal zwei tote Kinder wiedererweckt haben, die sie fortschickte. Niemand wusste wohin. Doch hat man die Kinder weinend in Richtung des Hügels Helluhóll gehen sehen. Nach Þórdís Tod hatten die Menschen Angst, dass ihr Geist weiter sein Unwesen treiben würde. Es hieß, sie solle auf dem Bauch anstatt auf dem Rücken in ihrem Sarg liegen, damit sie wieder hinunterfahren würde, wenn sie versuchen sollte, aufzusteigen. Einigen Leuten erschien der Sarg bei ihrer Beerdigung zu leicht und man hatte Angst, dass ihr Körper nicht im Sarg läge. Dennoch wurde nie jemand ihres Geistes gewahr.

Þingvellir

Der Þingvellir-Nationalpark ist UNESCO-Weltkulturerbe. Etwa 40 Kilometer von Reykjavík entfernt wurde hier im Jahre 930 das älteste Parlament der Welt gegründet. Wanderwege führen zum Wasserfall Öxarárfoss, der ehemaligen Hinrichtungsstätte Drekkingarhylur und anderen historischen Plätzen. Das Besucherzentrum oberhalb der Almannagjá-Schlucht vermittelt umfangreiche Informationen über das geologisch und kulturell interessante Gebiet. Von der dortigen Aussichtsplattform schweift der Blick über den See Þingvallavatn und hinüber zu den in der Ferne liegenden Bergketten. Im Herbst, bevor die ersten Frostnächte das Nordlicht am Himmel tanzen lassen, bietet die in warme Farbtöne getauchte Landschaft dem Besucher wunderschöne Fotomotive.

Das ausgesetzte Kind von Kárastaðir

Auf der Westseite des Þingvallavatn-Sees starb um das Jahr 1870 auf dem Hof Kárastaðir ein Mädchen an Unterernährung. Sie hieß Helga. Kurz darauf setzte die auf dem Hof lebende Magd ihr Kind aus. Als die Bauersfrau später an einem Festtag in der Küche geräuchertes Schaffleisch (hangikjöt) kochte, hörte sie ein Geräusch am Küchenfenster. Sie schaute aus dem Fenster und sah das ausgesetzte Kind auf einem Ellenbogen und einem Knie umherkriechen. Die Frau bekam Angst und wollte in den Wohnraum des Hauses laufen, da begegnete ihr auf dem Gang Helgas Geist. Sie schrie und fiel vor Schreck in Ohnmacht. Die anderen Hofbewohner hörten den Schrei und kamen angelaufen. Während die Leute sich um die bewusstlose Frau kümmerten, vernahmen sie ein Jammern, das aus einer Ecke der Küche kam. Der Bauer konnte nicht glauben, dass das ausgesetzte Kind der Verursacher dieses Geheules war. Doch konnte er keine andere Erklärung für das Geräusch finden. Inzwischen war die Bauersfrau wieder zu Bewusstsein gekommen und die Hofbewohner wollten wieder zurück in die Wohnstube gehen. Da hörten sie abermals das Gejammer. Dieses Mal kam es aus einer anderen Ecke in der Küche. Wieder versuchte man vergeblich herauszufinden, woher das Geräusch kam. Den ganzen Winter lang hörten die Hofbewohner ab und zu das Gejammer und jedes Mal erschien auch der Geist von Helga. Als der Sommer nahte und die Tage länger wurden, verschwanden die Erscheinungen und machten nie wieder auf sich aufmerksam.

Das Leid des Bauern Grímur

In den Jahren 1838 bis 1867 lebte bei Nesjavöllum am südlichen Ende des Þingvallavatn-Sees der Bauer Grímur. Kurz vor Weihnachten ritt er nach Reykjavík, um dort Schneehühner zu verkaufen und andere Dinge für das bevorstehende Fest zu besorgen. Der Tag ging dem Ende zu, als Grímur von Reykjavík nach Hause aufbrach. Das Wetter war gut, die Erde war nur leicht mit Schnee bedeckt und der Mond warf ein fahles Licht auf die Landschaft. Er hoffte, noch in der Nacht auf seinem Hof anzukommen, ohne dass er in der Schutzhütte, die auf seinem Weg lag, übernachten musste. In der Nähe der Hütte hatten sich einige Jahre zuvor drei Männer verlaufen. Ihre Geister gingen hier um und suchten die Reisenden auf, die in der Hütte übernachten mussten. Während seines Ritts bemerkte Grímur, dass Wolken aufzogen und bald den Mond verdeckten, sodass er kaum noch den Weg erkennen konnte. Dann kam plötzlich ein Schneesturm auf. Grímur blieb nichts anderes übrig, als in der Schutzhütte zu übernachten. Mit seinem Gewehr an der Seite versuchte er, in der Hütte Schlaf zu finden. Auf einmal hörte er von draußen Stimmen. Zuerst war er erleichtert, weil er dachte, dass es Reisende waren, die hier übernachten wollten. Dann erkannte er die Stimmen. Es waren die Männer, die vor Jahren bei der Hütte ihren Tod gefunden hatten. Grímur zitterte vor Angst und griff nach seinem Gewehr. Nun öffnete sich die Tür. Sein Hund, der vor der Tür lag, wurde gegriffen und an die gegenüberliegende Wand geschleudert, wo er tot auf dem Boden liegen blieb. Grímur sah niemanden in die Hütte kommen, dennoch hatte er das Gefühl, dass sich der Raum mit Leuten füllte, die miteinander redeten und lachten. Auf einmal entdeckte er Blitze und zwei glühende Punkte in einer Ecke der Hütte. Diese feurigen bösen Augen bewegten sich immer näher auf ihn zu. Grímur richtete sein Gewehr auf die Erscheinung und schoss. Da verschwanden die Augen und alles wurde still. Der Bauer hoffte, nun endlich in Ruhe schlafen zu können, aber kurze Zeit später ging der Spuk wieder los. Die Hüttentür öffnete sich und der Raum füllte sich mit unsichtbaren Gästen. Wieder erschienen ihm die jetzt noch grimmigeren Augen. Abermals nahm er sein Gewehr und schoss. Der Spuk hörte – wie nach dem ersten Schuss – auf, aber Grímur fühlte sich nicht sicher in der Hütte und beschloss, nachdem sich das Wetter beruhigt hatte, von dort aufzubrechen. Nicht weit von der Hütte entfernt hatte sich in einer Senke Wasser gesammelt, über das sich eine Eisdecke gebildet hatte. Der Bauer überlegte, ob er über das Eis reiten sollte, gab aber seinen Plan auf, da es ihm zu unsicher erschien. Da entdeckte er in der Mitte des Eises ein Loch, an dessen Rand ein Zwerg stand. Je länger er den Zwerg anstarrte, desto größer wurde dessen Gestalt. Der Riese schüttelte sich und heulte. Grímur beeilte sich fortzukommen, aber der mächtige Schatten des Riesen folgte ihm. Kurz bevor er seinen Hof erreichte, brach sein Pferd zusammen. Der Bauer lebte noch viele Jahre nach dem Ereignis, aber er war besonders im Winter oft verwirrt. Immer wenn der Mond schien, verschlimmerte sich sein Zustand.

Laugarvatnshellir

Eine der sechs Lavahöhlen von Laugarvatnshellir war von 1919 bis 1922 bewohnt und ist heute als Museum eingerichtet (siehe auch: www.thecavepeople.is). Östlich von Laugarvatnshellir steht eine auffällige Felsformation, die eine Elfenkirche (álfakirkja) darstellen soll.

Die Rettung vor dem Schneesturm

Die Höhlen von Laugarvatnshellir wurden von den Bauern aus dem Gebiet von Laugarvatn gerne als Schafstall genutzt. 300 bis 400 Schafe konnten in den Höhlen untergebracht werden. Eines Abends im Herbst hatte der Hirte Þorsteinn ein merkwürdiges Erlebnis. Als er mit seiner Herde die Höhle erreichte, weigerten sich die Schafe, in den Unterschlupf hineinzugehen. Þorsteinn versuchte eine Kerze anzuzünden, die jedoch sofort wieder erlosch. Wütend rannte er in die Höhle, fluchte und tobte mit seinem Stock. Schließlich kamen die Schafe in die Höhle. Wie gewohnt legte sich der Hirte im Inneren der Höhle zum Schlafen. Da griff plötzlich etwas seine Füße und zog ihn über den Höhlenboden. Das wiederholte sich einige Male, bis Þorsteinn aufgab. Er kehrte mit seiner Herde zurück nach Laugarvatn und sagte, dass er nie wieder in der Höhle schlafen würde. Kurz nach seiner Heimkehr kam ein gewaltiger Schneesturm auf, der mehrere Tage andauerte. Wären er und die Schafe in der Höhle geblieben, wären sie dort eingeschneit gewesen und hätten wahrscheinlich ihren Tod gefunden. Es wurde angenommen, dass es ein Wesen aus dem huldufólk war, das die Schafe und den Hirten rettete, indem es sie zur Heimkehr zwang.

Skálholt

Der ehemalige Bischofssitz und die Lateinschule gehören zu den geschichtsträchtigsten Orten des Landes. Heute werden hier jährlich verschiedene Veranstaltungen aus den Bereichen Kunst, Bildung und Kultur angeboten. Die Kirche von Skálholt wurde 1963 geweiht und beherbergt antike sowie neuzeitliche Kunstwerke. Die Krypta und der Sarkophag von Bischof Páll Jónsson (1155–1211) können besichtigt werden.

Das Skelett von Skálholt

Spät im Winter starb ein Großbauer aus der Skálholt-Gemeinde. So wie es in jener Zeit bei reichen Menschen üblich war, sollte er im vorderen Teil der Kirche begraben werden. Als aber das Grab ausgehoben wurde, fand man das zusammenhängende Gerippe einer Frau. Es wurde unter eine der Bänke gelegt und dort vergessen. Am Abend sprachen die Domschüler über das vergessene Skelett. Dann erschienen zur Schlafenszeit die Mägde und es wurde darüber gesprochen, wer von ihnen es wagen würde, allein in die Kirche zu gehen, das Skelett zu holen und es wieder dorthin zurückzubringen. Sie versprachen dem Mädchen, das es tun würde, Geld. Eines der Mädchen sagte, es würde sich trauen. Daraufhin ging sie durch den Tunnel, der zur Kirche führte, packte das Gerippe auf ihren Rücken und ging zurück. Auf halbem Weg, dort wo der Tunnel am engsten war, sprach die Tote auf ihrem Rücken: »Ai, du tust mir weh!« Das Mädchen antwortete daraufhin ohne Scheu: »Rutsche besser meinen Rücken hoch!« Dann ging sie weiter, bis sie zu den Jungen kam, die sie sogleich wieder zurückschickten. Aber als sie das Skelett wieder auf seinen Platz legte, sagte es zu dem Mädchen: »Das hast du gut gemacht, doch du kannst es noch besser machen, wenn du mich unter die Eckbank im inneren Teil der Kirche legst und mich dort für einige Zeit liegen lässt, denn da ruht die Frau des Bischofs. Wir waren uns uneinig, als sie starb, deshalb konnte ich in meinem Grab nicht verwesen. Nun will ich versuchen, mich mit ihr zu vertragen.« Das Mädchen erfüllte diese Bitte und wich zurück. Nach kurzer Zeit hörte sie, wie zwei Personen miteinander sprachen, aber sie verstand die Worte nicht. Nachdem die Stimmen verstummt waren, kam das Skelett zu ihr und sagte: »Jetzt haben wir uns vertragen. Das ist dir zu verdanken.« Im selben Augenblick zerfiel das Skelett und wurde zu Staub. Das Mädchen ging zurück, ohne sich etwas anmerken zu lassen, und forderte den versprochenen Lohn. Aber die Jungen wollten ihr das Geld nicht geben und meinten, dass diese Leistung es nicht wert gewesen sei, sie zu belohnen. Das Mädchen ging schlafen. In der Nacht träumte sie, dass das Gerippe zu ihr kam und ihr erzählte, dass auf dem Friedhof unter einem Grashöcker Geld versteckt liege. Das sollte sie für den Gefallen, den sie der Toten getan hatte, bekommen. Am nächsten Morgen ging sie und grub das Geld aus. Am selben Tag ging sie wieder zu den Domschülern und forderte ihren versprochenen Lohn. Aber sie weigerten sich abermals, ihr das Geld zu geben. In der nächsten Nacht kam die tote Bischofsfrau zu ihr und sagte: »Nun muss ich dir ebenfalls etwas geben. Im nördlichen Teil des Friedhofes liegt unter einem Grashöcker ein kleiner Schatz, den sollst du bekommen. Du musst aber trotzdem den versprochenen Lohn von den Jungen fordern.« Am darauffolgenden Morgen holte sie das versteckte Geld und verwahrte es. Auch an diesem Tag bekam sie nicht das Geld von den Jungen. Ein Junge namens Vigfús stand ihr bei und sagte, dass die Jungen ihr Versprechen gebrochen hätten und sich dafür schämen sollten. Im Streit mit seinen Kameraden drohte Vigfús, dem Bischof und dem Schulmeister von der Sache zu erzählen. Aber auch das brachte sie nicht zur Vernunft. Vigfús machte seine Drohung wahr und der Bischof sowie der Schulmeister sprachen mit den Jungen und beschuldigten sie des Wortbruches. Nun waren die Domschüler gezwungen, dem Mädchen das versprochene Geld zu geben. Kurze Zeit später heiratete das Mädchen einen armen Mann. Von ihrem Geld kauften sie sich einen stattlichen Landsitz.

Þjórsárdalur

Das im Inneren des Landes gelegene Tal Þjórsárdalur war im 10. Jahrhundert noch dicht besiedelt. Der Hekla-Ausbruch im Jahr 1104 vertrieb die letzten Bewohner. Bei Ausgrabungen fand man zahlreiche Ruinen von Höfen, darunter auch die gut erhaltenen Überreste des Hofes Stöng. 1974 wurde begonnen, den Hof aus der Wikingerzeit nachzubauen. Heute ist Þjóðveldisbær (Freistaatshof) ein Freilichtmuseum, das über die Sommermonate besichtigt werden kann (siehe auch: www.thjodveldisbaer.is/en/buildings/the-farmhouse).

Sehenswert ist im Þjórsárdalur – außer dem Freilichtmuseum Þjóðveldisbær – der Wasserfall Hjálparfoss und das Wasserkraftwerk Búrfellsstöð.

Hier spukte Gaukur

Im Jahrbuch des Parapsychologie-Vereins von Reykjavík aus dem Jahr 2002 wird berichtet, dass auf dem Hof Stöng im Þjórsárdalur der Landnehmer Gaukur Trandilsson mit Frau und Kindern lebte. Er soll auch andere Frauen begehrt haben. Auf einem Nachbarhof lebte damals ein junges, hübsches Mädchen, dessen Vater und Brüder gut auf sie achtgaben. Dennoch gelang es Gaukur, das Mädchen zu verführen. Die Brüder beschlossen, sich an ihm zu rächen. Sie brachten ihn auf grausame Weise an einem Platz um, der daraufhin den Namen Gaukshöfði erhielt. Es ist nicht bekannt, ob Gaukurs Geist danach auf sich aufmerksam machte. Erst nachdem 1974 begonnen wurde, den ehemaligen Hof von Gaukur wieder aufzubauen, geschahen eines Sommers wunderliche Dinge. Plötzlich wurden zwei junge Leute, die dort als Gästeführer arbeiteten, unerklärlichem Lärm im Inneren des Hauses gewahr. Gegenstände wechselten ihren Platz. Isländische sowie ausländische Besucher flüchteten am helllichten Tag aus dem Gebäude, weil sie sich von etwas bedrängt fühlten. Insbesondere Frauen wurden sexuell belästigt. Schließlich wurde jemand herbeigerufen, der sich mit Geistern auskannte und der vermutete, dass es sich bei dem Geist um Gaukur handelte, der bekannt dafür gewesen war, dass er Frauen nachstellte. Nun wollte man dem Geist eine Falle stellen. Ein junges Mädchen stellte sich zur Verfügung, um im Hof zu übernachten. Man stellte Kameras auf, um alles genau zu beobachten. Während der ersten 14 Nächte passierte nichts. In der 15. Nacht meinte das Mädchen, etwas gefühlt zu haben, dennoch konnte sie nicht beschreiben, was es war. Auf den Filmaufnahmen war nichts Ungewöhnliches zu erkennen. Daraufhin wurde das Experiment beendet. Im folgenden Herbst stellte das Mädchen fest, dass sie schwanger war. Sie schwor, im Sommer mit keinem Mann geschlafen zu haben. Das Kind wurde im April geboren. Es war ein Junge. Nach der Geburt träumte sie, dass der Landnehmer Gaukur ihr für die Nacht mit ihm dankte und sie bat, den Jungen nach ihm zu benennen. Seitdem ließ Gaukurs Geist die Besucher seines Hofes in Ruhe.

Hekla

Von der Ringstraße aus gut sichtbar liegt zwischen Selfoss und der Ortschaft Hella in der Ferne der mit einer Schneehaube bedeckte Vulkan Hekla. Da die Menschen lange glaubten, dass sich im Vulkan der Eingang zur Hölle befände, fand die erste Besteigung des 1.491 Meter hohen Berges erst im Jahre 1750 statt. Der heute noch aktive Vulkan richtete bei einem Ausbruch im Jahr 1104 großen Schaden unter der Landbevölkerung an. Seitdem gab es regelmäßig kleinere Ausbrüche. Da sich der Berg schon längere Zeit verdächtig ruhig verhält, rechnen die Vulkanforscher jederzeit mit einem neuen Ausbruch. Im Hekla-Center bei Leirubakki erhält der Besucher Informationen zur Hekla und kann den Herzschlag des Feuerberges spüren. Das Lava-Center in Hvolsvöllur, 13 Kilometer von Hella entfernt, vermittelt in einer interaktiven Ausstellung umfangreiches Wissen über den Vulkanismus Islands (siehe auch: www.lavacentre.is).

Jón, der Bauer vom Hof Næfurholt am Fuße des Berges Hekla, hatte im Winter bei Haukadalur eine Begegnung mit einem jungen weiblichen Gespenst, das ihn schreiend verfolgte. Es trug eine Mütze, einen Umhang und verströmte einen ekligen Geruch. Jón hatte einen Stock mit einer Eisenspitze bei sich und schlug nach dem Mädchen. Es schrie und versuchte, über ihn herzufallen. Jón lief, so schnell er konnte, davon und das Mädchen hinter ihm her. Als er den Fluss Breiðholtslækur überquerte, war das Gespenst verschwunden. Sowie er die Wohnstube (baðstofa) seines Hauses betreten hatte, wurde er bewusstlos. Es dauerte eine Woche, bis er wieder zu Kräften kam. Danach begegnete ihm das Gespenst nie wieder. Er kam zu dem Schluss, dass ihm der Bauer Eyjólfur aus Skál das Gespenst geschickt hatte, um ihn umzubringen.

Eyjafjöll

Die Bergkette Eyjafjöll verdankt ihren Namen (eyja – Insel) der ihr im Meer gegenüberliegenden Inselgruppe Vestmannaeyjar (Westmännerinseln). Dieses Gebiet gelangte in die Schlagzeilen, als am 14. April 2010 ein Vulkan unter dem Gletscher Eyjafjallajökull ausbrach, dessen Aschewolke den Flugverkehr nicht nur in Island, sondern auch in weiten Teilen Europas lahmlegte. Zu den Eyjafjöll gehören die Wasserfälle Seljalandsfoss und Skogafoss, die wegen ihrer Schönheit und der gewaltigen Wassermassen, die über eine steile Felskante stürzen, jährlich zahlreiche Touristen anziehen.

Das Geisterschiff

Vor vielen Jahren strandete ein Schiff mit 14 Mann Besatzung unterhalb der Eyjafjöll-Berge. Eine Anzahl von Leuten stand am Strand und beobachtete das Unglück. Drei der Besatzungsmitglieder fanden Halt auf dem Kiel des Schiffes. Sie riefen um Hilfe, aber die Brandung war so stark, dass eine Rettung der Schiffbrüchigen unmöglich war. Als auch die letzten lebenden Besatzungsmitglieder ertrunken waren, löste sich plötzlich das Schiff und trieb an Land. Niemand wollte es anrühren oder wieder seetauglich machen, weil die Menschen sich vor dem Geisterschiff (Draugaskip) fürchteten. Als man es später weiter aufs Land zog, sahen Viehhirten, wie die gesamte tote Besatzung dem Schiff folgte. Wenig später ritt ein Bauer an dem Ort vorbei, in dessen Nähe das Schiff lag. Er traf auf einen fremden Mann, der ihn ansprach. »Setz dich zu uns, Kamerad«, forderte er ihn auf.

Der Bauer nahm die Einladung an und folgte dem Fremden, ohne einen Verdacht zu hegen. Es war jedoch merkwürdig, dass sein Pferd ständig schnaubte und dem Mann nicht folgen wollte. Sie kamen an eine Senke, wo sich das Schiff befand. 13 unheimlich aussehende Männer standen um das Schiff herum. Da erinnerte sich der Bauer an das Schiffsunglück. Er glaubte die Ertrunkenen zu erkennen und ritt voller Angst davon, während die Geister ihm einen Reim nachriefen. Nach diesem Erlebnis ritt der Bauer nie mehr allein diesen Weg, sondern ließ sich auch am helllichten Tag von jemandem begleiten. Andere Leute hörten, wenn es dunkel wurde, oft ein Knarren und Klopfen in der Nähe des Schiffes, sodass es schließlich zerhackt und als Feuerholz benutzt wurde.

Vestmannaeyjar

Die Westmännerinseln (Vestmannaeyjar) umfassen ein Gebiet von 15 Vulkaninseln. Die hohen Klippen der Inseln gelten als Paradies für Meeresvögel. Unter den vielen Arten befindet sich auch der Papageientaucher (lundi), dessen Fleisch und Eier eine Spezialität der Inseln sind. Von einer der Klippen stürzte sich einmal ein junger Knecht. Die Bauersfrau, auf deren Hof er arbeitete, behandelte ihn schlecht. Als sie sich eines Tages bei ihrem Mann über den Jungen beklagte, wollte er ihn mit einer Heugabel schlagen. Der Junge lief davon und sprang in den Tod. Zuvor gab er der Bauersfrau die Schuld an seinem Schicksal und versprach, dass sein Geist ihr bis in die neunte Generation folgen würde. Seitdem hatten die Frau und ihre nachfolgenden Kinder und Kindeskinder keine Ruhe vor dem Geist des Jungen, der auch anderen Inselbewohnern erschien und vielleicht heute noch bei den Klippen herumspukt.

Die jüngste Insel der Westmännerinselgruppe, Surtsey, entstand bei einem Unterwasserausbruch, der am 14. November 1963 begann und im Jahr 1967 endete. Das jungfräuliche Eiland darf lediglich zu wissenschaftlichen Zwecken betreten werden. Nur die Insel Heimaey ist bewohnt. Am 23. Januar 1973 öffnete sich auf der Insel eine 1,6 Kilometer lange Spalte, aus der heiße Lava in den Himmel schoss. Es kam einem Wunder gleich, dass es gelang, innerhalb weniger Stunden etwa 5.200 Inselbewohner zu evakuieren, während der Lavastrom drohte, die Einfahrt zum Hafen zu blockieren. Mit Meerwasserkanonen gelang es, die Lava abzukühlen und zu stoppen. Die herabfallende Asche begrub zahlreiche Häuser unter sich. Das Vulkanmuseum Eldheimar informiert in einer interaktiven Ausstellung über die Auswirkungen dieses Ausbruches (siehe auch: www.eldheimar.is). Zwischen Heimaey und Landeyjahöfn besteht eine ganzjährige Fährverbindung.

Der nackte Mann

Der Bauer Þorsteinn Jónsson lebte auf den Westmännerinseln (Vestmannaeyjar). Er war ein angesehener Mann, der weder abergläubisch war noch sich in der Dunkelheit fürchtete. Zu seinem Hof gehörte ein Schuppen am Wiesenrand, der dem Bauern als Pferdestall diente. Kinder, die abends an diesem Schuppen vorbeigingen, erzählten, dass sie dort manchmal einen nackten Mann in der Tür stehen sahen. Die Erwachsenen nahmen diese Geschichten nicht ernst. Dennoch wurde erzählt, dass sich vor langer Zeit jemand in dem Schuppen das Leben genommen hätte. Eines Abends im November machte sich der Bauer mit seinem Gewehr auf den Weg, um Seehunde zu schießen. Sein Weg führte an dem Schuppen vorbei. Im hellen Mondschein sah er, wie ein nackter Mann in den Schuppen hineinging. Er dachte sich, dass einer der Inselbewohner verrückt geworden sei und sich dort herumtrieb. In dem vom Mondlicht erhellten Schuppen konnte er aber niemanden entdecken. Da erblickte er plötzlich eine Hand, die aus der Wand des Schuppens herauszukommen schien und gleich darauf wieder verschwand. Dann erschien ein Bein. Als auch das Bein wieder verschwand, tauchte ein großer Kopf auf. Das Gesicht war leichenblass, die abstehenden Haare waren struppig und in den hervortretenden Augen war fast nur das Weiße zu sehen. Am auffälligsten war der große Mund. Die Fratze starrte den Bauern frech an und dieser glaubte, dass sich jemand mit ihm einen dummen Scherz erlaubte. Er drohte dem Wesen, sich zu erkennen zu geben, sonst würde er schießen. Nachdem er keine Antwort erhalten hatte, schoss er auf das Gesicht. Daraufhin kam das Wesen halb aus der Wand und fuchtelte mit seinen Armen vor Þorsteinn herum, während es ihn weiter anglotzte. Jetzt wurde dem Bauern bewusst, dass es sich um eine Erscheinung des Teufels handeln musste. Da er an den Schutz Gottes glaubte, verließ er in Ruhe den Schuppen und ging nach Hause. Als er aber sein Haus erreicht hatte, fiel er in Ohnmacht.

Die Zauberer von den Westmännerinseln

Als seinerzeit die Pest einen Großteil der Bevölkerung Islands dahinraffte, beschlossen 18 Zauberer, auf die Westmännerinseln zu ziehen, um sich vor der tödlichen Seuche zu schützen. Nachdem ihnen zu Ohren gekommen war, dass die Pandemie sich auf dem Rückzug befand, wollten sie wissen, ob es auf dem Festland noch Überlebende gab. Sie wählten einen von ihnen aus, dessen Zauberkräfte als mittelmäßig eingestuft wurden, um das zu erkunden. Er wurde zu Beginn der Adventszeit auf das Festland gebracht und die Zauberer drohten ihm einen Geist zu schicken, der ihn töten würde, wenn er nicht vor Weihnachten auf die Inseln zurückkehre.

Der auserwählte Mann machte sich auf den Weg. Er reiste durch das Land, aber nirgends traf er auf lebende Menschen. Die Haustüren der Höfe standen offen und die Leichen der Hofbewohner lagen verstreut herum. Schließlich kam er an eine verschlossene Haustür. Es bestand Hoffnung, dass doch noch jemand am Leben war. Er klopfte an die Tür. Ein junges hübsches Mädchen öffnete. Der Zauberer begrüßte sie. Das Mädchen weinte vor Freude, als sie ihn sah, und umarmte ihn, denn sie glaubte, sie sei der einzige noch lebende Mensch auf der Insel. Sie bat den Gast, bei ihr zu bleiben. Der Zauberer tat ihr den Gefallen und sie gingen ins Haus und unterhielten sich. Das Mädchen fragte, woher er käme und wohin er unterwegs sei. Er beantwortete alle ihre Fragen und erzählte, dass er vor dem Weihnachtsfest wieder auf die Westmännerinseln zurückkehren müsse. Der Zauberer hatte Mitleid mit dem Mädchen und blieb erst einmal bei ihr, denn sie berichtete, dass sie überall nach Überlebenden gesucht, aber niemanden gefunden habe.

Bald näherte sich das Weihnachtsfest und der Zauberer wollte wieder auf die Westmännerinseln zurückkehren. Das Mädchen überredete ihn zu bleiben. Sie konnte sich nicht vorstellen, dass seine Freunde so hartherzig wären, dass sie ihn dafür bestraften, wenn er bei einem alleinstehenden Mädchen bleiben würde. Da blieb der Mann bei ihr auf dem Hof. Am 24. Dezember jedoch, war der Zauberer entschlossen heimzukehren. »Glaubst du, du erreichst die Inseln noch heute Abend? Oder meinst du nicht, dass es genauso gut ist, hier bei mir zu sterben als irgendwo unterwegs?«, redete sie auf ihn ein.

Der Mann sah ein, dass die Zeit knapp war, und entschied, bei ihr auf seinen Tod zu warten. Die Nacht brach an und der Zauberer wurde immer verschlossener. Das Mädchen war dagegen fröhlich und fragte, ob er sähe, wie es seinen Inselfreunden ginge. Er antwortete, dass der Geist, den sie ihm schicken wollten, zu ihm unterwegs sei. Das Mädchen setzte sich zu ihm auf sein Bett. Der Mann wurde immer müder und schlief schließlich ein. Ab und zu weckte das Mädchen ihn, damit er ihr sagte, wo sich der Geist gerade befände. Doch je mehr sich der Geist dem Hof näherte, desto fester schlief der Mann. Als der Zauberer sagte, der Geist befände sich auf dem Grundstück des Hofes, fiel er in einen so tiefen Schlaf, dass das Mädchen ihn nicht mehr wecken konnte. Kurz darauf sah sie, wie rotbrauner Dampf in das Haus kam und in ihre Richtung wanderte. Dann verwandelte sich der Dampf in eine menschliche Erscheinung. Die Gestalt bat sie, vom Bett aufzustehen, weil sie dem Geist im Wege sei. Das Mädchen antwortete, dass der Geist etwas dafür tun müsse. Er solle ihr zeigen, wie groß er sich machen könne, sagte das Mädchen. Daraufhin machte sich der Geist so groß, dass er das ganze Haus ausfüllte.

»Nun will ich sehen, wie klein du dich machen kannst«, sagte das Mädchen. Der Geist antwortete, er könne sich so klein wie eine Fliege machen, was er auch tat. Da versuchte die Fliege unter die Hand des Mädchen zu krabbeln, um in das Bett des Mannes zu kommen. Stattdessen kroch sie aber in einen hohlen Schafknochen, den das Mädchen bereitgehalten hatte und sofort mit einem Stöpsel verschloss. Dann steckte sie den Knochen in ihre Tasche und weckte den Mann. Der Zauberer wachte sofort auf und wunderte sich darüber, dass er noch am Leben war. Als das Mädchen nach der Geistererscheinung fragte, konnte ihr der Zauberer nicht sagen, wo sie sich gerade befand. Da meinte das Mädchen, dass die Zauberer der Westmännerinseln wohl doch nicht so mächtig waren. Der Zauberer freute sich und zusammen genossen sie beide das Weihnachtsfest. Aber als das Neue Jahr näher rückte, wurde der Mann immer stiller. Das Mädchen fragte nach dem Grund für seine Distanziertheit und er sagte, dass die Männer auf den Inseln einen anderen kraftvolleren Geist für ihn erweckten, der an Silvester erscheinen würde und gegen den er nicht ankämpfen könnte. Das Mädchen schaute diesem Ereignis zuversichtlich entgegen und meinte, er bräuchte sich nicht vor dem Geist der Inselzauberer zu fürchten. Tatsächlich war sie ungewöhnlich fröhlich, was dem Zauberer nicht gefiel.

An Silvester verkündete er, dass der Geist bereits das Festland erreicht habe und er sich eiligst dem Hof nähere. Das Mädchen forderte den Zauberer auf, mit ihr hinauszugehen. Zusammen gingen sie in Richtung einiger abseits stehender Büsche. Dort blieb das Mädchen stehen und zog einige Büsche aus der Erde heraus. Darunter befand sich eine Steinplatte, die das Mädchen anhob. Es war der Eingang zu einem Erdhaus. Zusammen betraten sie nun die dunkle und unheimliche Behausung. Ein schwaches Licht von einem mit menschlichem Bauchfett gefüllten Schädel erhellte einen Raum, in dem ein hässlich anzusehender Mann auf seinem Bett lag. Seine Augen waren blutrot und der Anblick war so abscheulich, dass selbst der Inselzauberer abgeschreckt war.

Der Mann im Bett sprach: »Da du zu mir kommst, muss etwas passiert sein, meine Pflegetochter. Es ist lange her, seit ich dich zuletzt gesehen habe. Was kann ich für dich tun?«

Das Mädchen erzählte ihm den Grund für ihren Besuch und informierte ihn über ihren Begleiter und die Geister, die die Zauberer von den Westmännerinseln zu ihnen schickten. Der Mann bat sie, ihr den Knochen zu zeigen. Als das Mädchen ihm den Knochen reichte, veränderte sich seine Erscheinung. Er schaute sich den Knochen genau an und befühlte ihn von allen Seiten.

»Hilf mir nun schnell, mein Pflegevater, denn jetzt wird der Zauberer von Müdigkeit überfallen. Das ist das Zeichen, dass der Geist bald hier sein wird«, sprach die Pflegetochter.

Da zog der Alte den Stöpsel aus dem Knochen und eine Fliege flog heraus. Der Mann streichelte sie und sagte: »Geh und empfange alle von den Westmännerinseln ausgesandten Geister und verschlucke sie.«

Mit großem Krach flog die Fliege aus dem Haus und verwandelte sich in ein so großes Wesen, dass ein Kiefer ihres Mundes bis zum Himmel reichte und der andere auf der Erde lag. Dann fing sie alle Geister von den Westmännerinseln. Der Zauberer im Erdhaus war gerettet.

Er und das Mädchen verließen die Behausung des Alten und kehrten auf den Hof zurück, wo sie seitdem zusammenlebten und Kinder bekamen.

Katla

Ein absolut sehenswerter Ort ist das ehemalige Fischerdorf Vík unterhalb des Mýrdals-Gletschers, dessen Wahrzeichen die zackigen Basaltfelsen Reynisdrangar sind. Die markanten Steinformationen im Meer sollen der Legende nach versteinerte Trolle sein. Am schwarzen Sandstrand Reynisfjara hat in den letzten Jahren so manche Riesenwelle unachtsame Besucher ins Meer gezogen. Für die Schifffahrt ist die Südküste Islands seit jeher ein gefährliches Gebiet. Zahlreiche Schiffe sind hier gestrandet. Auch deutsche Seeleute waren betroffen. Ihnen zum Gedenken wurde im Jahr 2002 ein Denkmal am Strand von Vík errichtet. Das örtliche Museum Brydebúð informiert über die Gefahren der Schifffahrt und die einzigartige Natur von Vík. Oberhalb des Ortes schlummert unter dem Eis des Gletschers Mýrdalsjökull die berüchtigte Katla (Kessel). Der Vulkan ist einer der aktivsten im Land. Durch seine Lage unter dem Eis muss bei einem Ausbruch mit Ascheregen und gefährlichen Gletscherläufen gerechnet werden, bei dem sich unter einem Gletscher befindliche Wassermassen in Form von Flutwellen Bahn brechen. Beeindruckend ist ebenfalls die Vulkanspalte Lakagígar bei der Ortschaft Kirkjubæjarklaustur östlich von Vík, deren Ausbruch im Jahr 1783 verheerende Schäden auf der Insel anrichtete und eine Hungersnot auslöste, weil die Wiesen mit giftiger Asche bedeckt waren. Als Folge davon ging der Viehbestand stark zurück.

Katla und ihre Zauberhose

Im Kloster von Þykkvibær arbeitete eine Köchin namens Katla. Sie konnte zaubern und besaß eine Hose, die die Eigenschaft hatte, einen beim Laufen niemals ermüden zu lassen. Die Menschen fürchteten Katlas Zauberkräfte und ihre Launen. Auch dem Abt waren ihre Künste nicht geheuer. Der Schafhirte des Klosters wurde von ihr oft hart bestraft, wenn er nicht alle Schafe fand.

Einmal im Herbst reiste der Abt zusammen mit Katla zu einem Fest. Der Schafhirte Barði sollte während ihrer Abwesenheit alle Schafe zusammentreiben. Da ein paar von ihnen unauffindbar waren, beschloss der Junge, Katlas Hose anzuziehen. Dann lief er los und fand die vermissten Schafe. Katla kehrte zurück und sah sofort, dass Barði ihre Hose benutzt hatte. Heimlich griff sie sich den Jungen und ertränkte ihn in einem Fass mit Molke. Niemand konnte sich das Verschwinden des Jungen erklären. Mit der Zeit wurde die Molke im Fass weniger. Da hörten die Leute Katla sagen: »Senn bryddir á Barði.« (»Bald wird Barði auftauchen.«) Katla befürchtete, dass man ihr Vergehen aufdecken würde, wenn die Leiche des Jungen auf dem Grund des Fasses auftauchte. Sie zog sich ihre Zauberhose an und rannte aus dem Kloster in nordwestliche Richtung zum Gletscher, wo sie sich in den Krater stürzte. Daraufhin wurde ein Gletscherlauf ausgelöst. Natürlich gaben die Leute der Hexe Katla die Schuld an diesem Unglück. Eine etwa fünf Kilometer lange Ausbruchspalte auf dem Gletscher sowie das Land, das der Gletscherlauf zerstörte, wurde nach ihr benannt (Kötlugjá; Kötlusandur).

Vatnajökull

Der Gletscher Vatnajökull ist der größte Gletscher Islands und von seiner Fläche her der drittgrößte Europas. Vulkanausbrüche unter dem Eis sind an der Tagesordnung. Die Vulkane Grímsvötn und Bárðarbunga gelangen wegen häufiger vulkanischer Aktivität des Öfteren in die Nachrichten. Noch bedeckt das Eis des Vatnajökull ca. 13 % der Landesfläche. Durch den Klimawandel zieht sich der Gletscher langsam zurück. Das Gebiet des Vatnajökull ist im Jahr 2008 zum Nationalpark erklärt worden. Eine Erlebnisausstellung über die Landschaft des Vatnajökull-Nationalparks befindet sich im Osten Islands im Informationszentrum Snæfellsstofa beim Kulturhaus Skriðuklaustur (siehe auch: www.vatnajokulsthjodgardur.is).

Galdra-Þorleifur und der Pastor von Bjarnanesi

Es lebte einmal ein Pastor in der Gemeinde südlich des Vatnajökull-Gletschers. Er war frisch verheiratet. Im folgenden Sommer ritt das Paar mit zwei Knechten Richtung Osten zum Handelsplatz im Berufjörður. Im Álftafjörður schlugen sie ihr Zelt für die Nacht auf. Am nächsten Morgen war die Frau des Pastors verschwunden. Zwei Tage lang wurde nach ihr gesucht, doch ohne Erfolg. Der Pastor war sehr betrübt, ritt nach Hause und legte sich ins Bett. Wegen seiner Niedergeschlagenheit konnte er kaum noch sein Amt ausführen. Der Sommer verging und der Winter kam. An Heiligabend war starker Schneefall. Als der Hofknecht hereinkam und die Tür hinter sich schließen wollte, sah er einen Mann auf das Haus zugehen. Der Knecht fragte ihn nach seinem Namen. Der Mann sagte, er hieße Þorleifur und würde gerne auf dem Hof übernachten. Er erhielt die Erlaubnis, einzutreten. Dann fing er an zu erzählen und erwähnte auch bald das Verschwinden der Pastorenfrau. Er wurde gebeten, nichts über die Pastorenfrau im Beisein des Pastors zu erzählen, da dieser noch immer sehr traurig sei. Am nächsten Morgen bot die Hauswirtschafterin ihm Kaffee an. Þorleifur dankte dem Pastor für die Übernachtung, der ihm daraufhin anbot zu bleiben, weil das Wetter noch immer schlecht war und er an Þorleifurs Plauderei Gefallen fand. Þorleifur nahm das Angebot an. Er holte eine Flasche heraus und goss sich und dem Pastor einen Schuss brennivín in den Kaffee. Schließlich redeten sie auch über das mysteriöse Verschwinden der Pastorenfrau. Halb weinend sagte der Pastor, dass er sie wohl nie wiedersehen würde. Þorleifur meinte, sie wäre wohl am Leben und er könne vielleicht helfen, sie zu finden. Das sei aber erst im Sommer möglich, und zwar genau zu der gleichen Zeit, als sie verschwand. Nun bot der Pastor Þorleifur an, bei ihm als Verwalter zu arbeiten. Þorleifur nahm das Angebot an. Er wurde ein guter Verwalter und die Landwirtschaft des Pastors blühte.

Im Sommer ließ Þorleifur alles für den Ritt an die Ostküste vorbereiten. Auch das Pferd der Pastorenfrau wurde gesattelt. Der Pastor, die zwei Knechte vom Vorjahr und Þorleifur ritten los, bis sie zu dem Rastplatz kamen, wo sie ihr Zelt an der gleichen Stelle wie im vergangenen Sommer aufschlugen. Þorleifur verbot seinen Mitreisenden, in der Nacht das Zelt zu verlassen, denn das hätte ihr Leben kosten können. Bald darauf schliefen alle. Nur der Pastor blieb wach und beobachtete durch einen Spalt im Zelt, was Þorleifur trieb. Þorleifur ritzte einen großen Kreis um das Zelt. Dann spähte er in alle Richtungen und murmelte etwas vor sich hin. Der Pastor sah, wie sich der Kreis mit Wesen aus dem huldufólk füllte. »Beeilt euch, beeilt euch!«, rief Þorleifur. Er blickte sich um. »Die Pastorenfrau ist nicht hier. Geht fort und danke für eure Mühe.« Danach ritzte er einen zweiten und einen dritten Kreis um den ersten. Er wiederholte sein Ritual noch einmal, aber die Pastorenfrau erschien wieder nicht. Jetzt ritzte er einen vierten, noch größeren Kreis um das Zelt. Wieder kamen zahlreiche Wesen aus dem huldufólk, aber die Pastorenfrau war nicht unter ihnen. Þorleifur schaute sich um, kniete nieder und sprach einen Zauberspruch. Da sah der Pastor zwei Frauen aus der Ferne kommen, die eine andere Frau bei sich führten. Es war die Frau des Pastors. Die Frauen stellten sich in den Kreis. »Woher kommt ihr?«, fragte Þorleifur. »Nördlich aus dem Dyrfjalla-Gebirge«, antworteten die Huldufólksfrauen. »Übergebt ihr die Pastorenfrau in dem gleichen Zustand, in dem sie war, als ihr sie zu euch genommen habt?« Die Frauen bejahten Þorleifurs Frage. »Wenn ihr mich betrügt, sollt ihr hier verfaulen, Knochen für Knochen und Nerv für Nerv«, fügte der Zauberer hinzu. Die beiden Huldufólksfrauen entschuldigten sich. Þorleifur nahm die Hand der Pastorenfrau und dankte den anderen Huldufólkswesen für ihr Erscheinen. Das huldufólk verschwand. Dann führte Þorleifur die Frau zum Pastor, der über ihr Erscheinen sehr erfreut war. Die Pastorenfrau erzählte, dass eine der beiden Frauen sie dazu hatte zwingen wollen, ihren Sohn zu heiraten. Am nächsten Morgen brachen die Eheleute zum Handelsplatz auf und kauften für ein Fest ein. Wieder daheim feierten sie mit der ganzen Gemeinde. Þorleifur blieb weiter des Pastors Hofverwalter und sein bester Freund.

OSTISLAND

Charakteristisch für den östlichen Landesteil – von Höfn bis Þórshöfn – sind die vielen kleinen Küstendörfer in den von Bergketten umrahmten Fjorden. Die früher unwegsamen und teilweise gefährlichen Wege durch das dünnbesiedelte Gebiet sowie der oft plötzlich auftretende Nebel mit Namen Austfjarðaþoka (Ostfjordnebel) mochten die Einheimischen zu zahlreichen Gespenstergeschichten inspiriert haben.

Skriðdalur/Fljótsdalur

Die Ringstraße Nr. 1 durchquert wenige Kilometer von Egilsstaðir entfernt das Tal Skriðdalur. Das Tal befindet sich östlich des Waldes Hallormsstaðaskógur, der am Ufer des 35 Kilometer langen Lagarfljót-See liegt. Eine Rundfahrt um den See, in dessen Tiefe der Riesenwurm Lagarfljótsormur auf einem Goldschatz liegen soll, ist lohnenswert. Nicht nur der malerische Wald Hallormsstaðaskógur gehört zu den Sehenswürdigkeiten in dieser Region, sondern auch der Standort eines ehemaligen Klosters im Fljótsdalur, wo heute der Kultursitz Skriðuklaustur ist. Nicht weit vom Herrenhaus entfernt, das im

Besitz des Schriftstellers Gunnar Gunnarsson war, liegen der Wasserfall Hengifoss und die Kirche von Valþjófsstaður. Das Informationscenter Snæfellsstofa informiert über die Pflanzen- und Tierwelt in diesem Gebiet sowie über den Vatnajökull-Nationalpark (siehe auch: www.vatnajokulsthjodgardur.is/).

Das Gespenst von Geitdal

Im Tal Skriðdalur liegt der Hof Geitdalur. Dort soll es im Jahre 1834 gespukt haben. Außer den Hofbewohnern gab es drei Besucher des Hofes, die bezeugen konnten, dass es im Haus nicht mit rechten Dingen zuging. Die drei Männer waren erst skeptisch, als sie die Berichte über den Spuk hörten, doch gleich bei ihrer Ankunft wurden sie beim Betreten des Hauses mit Erde und Ruß beworfen. Es konnte nicht festgestellt werden, wer oder was mit Erde und feuchtem Torf aus den Hauswänden herumwarf. Erst um Mitternacht wurde es im Haus ruhiger. Am nächsten Morgen ging der Tumult im Stall weiter. Wieder wurde aus allen Richtungen mit Steinen, Torf und altem Heu geworfen. Am Abend tobte das Gespenst weiter und ließ Torf, Knochen, Teller und Bücher durch die Luft fliegen. Da befahl der Bauer den verängstigten Anwesenden, aus dem Psalmengesangbuch zu singen. Aber der Gesang brachte keinen Erfolg. Nach einer kurzen Pause begann der Spuk von neuem und dauerte bis Mitternacht. Am darauffolgenden Tag erschien der Pastor mit vier Männern. Ihm flog zum Empfang gleich ein Erdklumpen ans Ohr. Nun wollten sich die Männer auf das teuflische Wesen stürzen, aber sie griffen ins Leere. Selbst als sie mit Gewehren in die Richtung schossen, aus der Erdklumpen, Bretter und Stallmist kamen, hörte der Spuk nicht auf. Wieder trat um Mitternacht Ruhe ein. Am Morgen ging es dann erneut weiter. Nun verließen die Hofbewohner und die Männer den Hof. Als sie Tage später zurückkamen, war der Spuk vorbei. Es ging das Gerücht um, dass einer der Hofbewohner diesen Spuk veranstaltet habe. Diejenigen, die kamen, um das Gespenst zu vertreiben, konnten das allerdings nicht bestätigen.

Einige Leute wollten das huldufólk für den Spuk verantwortlich machen, denn in der Nähe des Hofes befand sich eine Wohnstätte dieser verborgenen Wesen. Es wurde ebenfalls ein junges Mädchen, das vielleicht ein Medium war und sich zu dieser Zeit auf dem Hof aufhielt, der Tat verdächtigt. Ob es sich nun um einen Geist oder einen von Menschenhand veranstalteten Spuk gehandelt hatte, das Rätsel blieb ungelöst.

Der Geist Flugandi im Fljótsdalur

Im Tal Fljótsdalur am südlichen Ende des Lagarfljót-See versuchte Ende des 17. Jahrhunderts der dort ansässige Bezirksamtmann, das Land eines benachbarten Bauern zu bekommen. Der Bauer wollte aber sein Land nicht verkaufen. Daraufhin bat der Amtmann seinen zauberkundigen Knecht (Dalhúsa-Jón), einen Toten wiederzuerwecken, um ihm zu befehlen, den Bauern Magnús zu töten. Der Geist konnte jedoch erst eingesetzt werden, nachdem er das Sakrament empfangen hatte. Für diesen Zweck ließ der Amtmann angeblich die Kirche von Víðivöllur bauen und seinen Knecht zum Priester weihen. Nun wurde der Geist zum Bauern geschickt, der keine Ruhe vor ihm fand, obwohl zwei Männer nachts an seinem Bett mit Lampen Wache standen. Er versuchte anderweitig Hilfe zu bekommen. Aber seine Bemühungen waren umsonst. Dann hörte er von einem Pastor, der schon vielen Menschen in solchen Situationen geholfen hatte, und besuchte ihn. Der im Süden der Insel beheimatete Pastor war jedoch sehr krank und lag im Sterben. Da bot seine Tochter Snjólaug an, dem Bauern zu helfen. Sie weckte drei Tote auf, die den Geist Flugandi vertreiben sollten. Dafür musste der Bauer folgende Bedingungen erfüllen: Er durfte auf seinem Heimweg keinesfalls hinter sich blicken, auch wenn er schrecklichen Lärm hören würde. Wenn ihm das gelänge, bräuchte er den Geist nicht mehr zu fürchten. Misslänge ihm diese Aufgabe, sollte er auf seinem Heimweg nur in Sichtweite von Höfen reiten. Dann wäre er ebenfalls den Geist los. Würde ihm auch dies misslingen, sollte er drei Jahre lang weder bei Nacht noch am Tag sein Land verlassen. Dann würde der Geist ihn in Ruhe lassen.

Nun begab sich der Bauer auf den Heimweg. Doch als der Lärm hinter ihm immer stärker wurde, schaute er sich um und sah zwei Gespenster, die versuchten, ein drittes

Gespenst in den Sand zu graben. Als die Geister bemerkten, dass der Bauer sie beobachtete, konnte sich das eingegrabene Gespenst befreien. Auch die zweite Bedingung konnte der Bauer nicht einhalten, denn er kam auf seinem Heimritt von seinem Weg ab und verirrte sich. Jetzt musste er die dritte Bedingung erfüllen. Aber einen Monat vor der abgelaufenen Zeit hörte er nachts, wie ein Pferd das Gras vom Dach des Hauses fraß. Er ging hinaus und vertrieb das fremde Pferd. Jedoch nach kurzer Zeit kam es wieder. Gegen den Rat seiner Frau ging der Bauer wieder nach draußen, um das Pferd zu verscheuchen. Dieses Mal kehrte er nicht wieder heim. Am folgenden Morgen verließ die Bäuerin das Haus, um ihren Mann zu suchen, und fand seine schrecklich zugerichtete Leiche. Er hatte sich in der Nacht zu weit von seinem Hof entfernt. Es wurde erzählt, dass der Geist Flugandi die Gestalt des rotbraunen Pferdes angenommen hatte, um den Bauern von seinem Hof zu locken und schlussendlich zu töten.

Reyðarfjörður

Die Ortschaft Reyðarfjörður trug früher den Namen Búðareyri. Heute leben um die 1.350 Einwohner in dem kleinen, überschaubaren Ort. Über den Berg Hólmatindur (985 Meter) führt ein 10 Kilometer langer Wanderweg mit beeindruckender Aussicht zum Nachbarfjord Eskifjörður. Am 22. Mai 1941 stürzte ein deutsches Kriegsflugzeug im Gebiet von Reyðarfjörður ab. Es wurde angenommen, dass die Deutschen den Stützpunkt der Briten in Reyðarfjörður auskundschaften wollten.

Das Grab der Seherin

In frühen Zeiten lebte einmal eine Seherin (völva) in Reyðarfjörður. Sie wollte dort begraben werden, wo sie eine gute Aussicht über den gleichnamigen Fjord hatte. Die Wahrsagerin versprach den Einwohnern, dass sie, solange ihre Knochen nicht verrottet seien, keinen Überfall vom Meer her zu fürchten bräuchten. Wie gewünscht erhielt die völva auf der Anhöhe Hólmaháls ihr Grab. An dieser Stelle, beim sogenannten Hvíldarsteinn (Ausruhstein), soll heute noch ein grüner Fleck zu sehen sein. Als im Jahr 1627 algerische Seeräuber mehrere Orte an der Ostküste überfielen, wollten sie auch in den Fjord von Reyðarfjörður segeln. Da kam plötzlich ein schwerer Sturm aus Westen auf, der die Seeräuber zurück auf das Meer trieb. Die Leute von Reyðarfjörður glaubten, dass es die völva gewesen war, die sie vor den Räubern gerettet hatte.

Norðfjörður

Eine der höchstgelegenen Straßen des Landes führt über den Pass Oddskarð zum Norðfjörður, an dessen Ufern das Fischerdorf Neskaupstaður liegt. Früher war der

Pass im Winter oft tagelang wegen Schnee gesperrt. 1974 begann man, einen Tunnel durch den Berg zu bauen. Ein zweiter folgte 2017 mit einer Länge von 7,9 Kilometern. Oben auf dem Berg liegt das Skigebiet der Ostfjorde. Die Aussicht hinunter zum Eskifjörður und auf der anderen Seite zum Norðfjörður ist bei guter Sicht wunderschön. In früheren Zeiten machte sich einmal eine schwangere Frau auf den Weg von Reyðarfjörður nach Norðfjörður. Als sie den Oddskarðpass überquert hatte, setzten bei ihr plötzlich die Wehen ein. Bei einem großen Stein gebar sie das Kind. Sie wickelte es in ihre Kleider ein und starb kurz darauf. Etwas später gingen Reisende den gleichen Weg wie sie. Sie entdeckten die Blutspur und folgten ihr bis zu dem Stein, wo sie die Frau und das Kind fanden. Das Kind war noch am Leben, starb aber wenig später. Seitdem werden dieser Wegabschnitt Blóðbrekka (Bluthang) und der Stein nach dem Namen der Frau Höllusteinn (Stein der Halla) genannt. Im Jahre 1974 fiel eine Schneelawine auf Neskaupstaður und kostete zwölf Menschen das Leben. Ein neu erbauter Lawinenschutzwall soll in Zukunft solche Katastrophen verhindern.

Der Spuk von Viðfjörður und Sandvík

Südlich von Neskaupstaður am Norðfjörður liegen die unbewohnten Fjorde Hellisfjörður, Viðfjörður, Sandvík und Vöðlavík. Die einsame Gegend ist berüchtigt wegen ihrer Gespenster.

Die letzten Bewohner von Viðfjörður verließen kurz nach 1950 ihren Hof. Zwischen 1930 und 1940 sollen dort zahlreiche Gespenster ihr Unwesen getrieben haben. Es wird angenommen, dass dort einmal zwei Männer unterwegs gewesen waren, die in einer Hütte übernachteten. Sie waren betrunken und bei einem Streit wurde einer der beiden ermordet. Kurz vor seinem Tod soll das Opfer gesagt haben, dass es sich für die ihm zugefügte Tat rächen würde, indem sein Geist keine Ruhe finden würde.

Es wird erzählt, dass vor langer Zeit die Leiche eines Ausländers an das Ufer des Fjordes angetrieben wurde. Ein junges Mädchen sah im Jahr 1929 einen blutigen Mann ohne Kopf und Füße, der sich an die Wand des Viehstalls gelehnt hatte. Sie schaute sich verwirrt um und entdeckte nicht weit von dieser Erscheinung entfernt den schmerzverzerrten Kopf des Mannes. Dann lief sie weinend davon.

Im Frühjahr 1932 schliefen zwei Schwestern in einem Haus bei Viðfjörður zusammen in einem Bett. Eine der Schwestern wachte plötzlich auf. Sie hörte, wie jemand ins Haus kam und in die Küche ging. Zuerst dachte sie, es sei ihr Bruder, der regelmäßig mit seinem Boot aus dem Nachbarfjord Norðfjörður kam. Dann aber hörte sie Krach aus der Speisekammer dringen und wie jemand mit dem Feuerhaken am Herd herumhantierte. Das Mädchen schlief wieder ein, schreckte aber kurze Zeit später auf, da jemand das Zimmer betrat, an ihr Bett ging und begann, sie zu würgen. Gleichzeitig hörte sie einen so lauten Pfeifton, dass sie meinte, ihr Kopf würde zerspringen. Nun war sie hellwach, konnte sich aber kaum bewegen. Dennoch gelang es ihr, ihre Schwester zu berühren. In diesem Moment verließ die Erscheinung das Zimmer und schlug die Tür hinter sich zu. Ihre Schwester erwachte und verängstigt hörten beide, wie jemand die Treppe hinunterging, im Haus herumlief und dann die Treppe zu ihrem Zimmer heraufkam. Das Gespenst fauchte und zischte vor der Zimmertür, bevor es die Treppe wieder hinunterlief und aus dem Haus verschwand.

Der Geist der Viðfjarðarskotta gehört zu den bekanntesten Erscheinungen in Island. In der Tageszeitung »DV« vom 10. Dezember 1988 wurde ein Foto von dem Gespenst veröffentlicht und davon berichtet, dass eine Gruppe von Pfadfindern, die dort in einem verlassenen Wohnhaus übernachteten, plötzlich draußen vor dem Fenster eine Hand entdeckten und merkwürdiges Klopfen und Geräusche hörten.

Die Bucht Sandvík war bis zum Ende des Zweiten Weltkrieges bewohnt. Die Geschichten über das Gespenst mit Namen Sandvíkur-Glæsir sind den Bewohnern von Neskaupstaður noch gut bekannt. Südlich von Sandvík liegt der östlichste Punkt Islands: Gerpir. Dort soll einmal im Treibeis bedeckten Meer ein Schiff zerbrochen sein. Ein Bauer aus Sandvík fand einen Mann auf dem Bauch liegend am Küstenrand, der nur noch schwache Lebenszeichen von sich gab. Da er vornehme

Kleidung und einen Goldring trug, konnte es sich nur um den Kapitän des gesunkenen Schiffes gehandelt haben. Bei ihm lag ein Zylinder, eine lange Pfeife und eine kleine Truhe, in der sich Münzen befanden. Der Bauer zog dem Fremden den Ring von dem Finger, nahm die Truhe und warf den Mann wieder ins Meer. Es wird angenommen, dass der Gestrandete ein Holländer oder Franzose war. Bald darauf wurden die Bewohner von Sandvík immer öfter der Erscheinung eines stattlichen Mannes gewahr. Er trug einen Zylinder, ein weißes Hemd, Stiefel, rauchte eine lange Pfeife und hielt einen Stock, an dem ein Ring befestigt war. Diese Gestalt schien ihren Spaß daran zu haben, den Bewohnern in den Ostfjorden Streiche zu spielen. Das Gespenst begrüßte die Leute, die ihm begegneten. Aber wenn es seinen Hut zog, folgte sein Kopf mit. Manchmal blies er mit seiner Pfeife Tabakrauch in Mund und Nase der Menschen, die er traf. Sandvíkur-Glæsir tötete das Vieh von Bauern und es wird behauptet, dass er, wenn die Bewohner aus Sandvík Leute in den Nachbarfjorden besuchten, dies auf seine Weise mit Tumult ankündigte.

Die Hundeseuche

Es wundert nicht, dass das Auftreten von Seuchen früher mit der Hexerei in Verbindung gebracht wurde. Im Jahr 1765 breitete sich die Staupe – die wohl ihren Ursprung am Norðfjörður hatte – unter den Hunden im Osten aus.

Zuerst starb eine Hündin an der Krankheit, die zuvor einen Welpen gebissen hatte. Die Hundemutter leckte das Blut ab und steckte sich ebenfalls an. Sie biss andere Hunde und so verbreitete sich die Seuche blitzschnell im ganzen Bezirk. Die Hunde wurden immer grimmiger und bissen auch Pferde, Kühe und Schafe, die weiter um sich bissen. Es ist nicht bekannt, ob auch Menschen gebissen wurden, aber zumindest ein Mädchen soll an dieser schrecklichen Seuche gestorben sein. Als die Krankheit der Hunde auf dem Rückzug war, befiel sie Füchse und Katzen. Die Füchse töteten die Kühe, die Katzen die Schafe. Die Menschen waren verzweifelt. Weil diese merkwürdige Art von Seuche sich so schnell verbreitete, wurde nach einer Erklärung gesucht. Es wurde erzählt, dass ein Bauer mit dem Kapitän eines englischen Fischkutters ein Geschäft abgeschlossen hätte. Die beiden tranken zusammen, als der Kapitän bemerkte, dass er sein Geld verloren hatte oder es ihm gestohlen worden war. Einen Tag später forderte er vom Bauern als Bezahlung dessen Hündin. Der Bauer lehnte diesen Tausch ab. Missmutig verließ der Engländer den Fjord. Kurze Zeit später erkrankte die Hündin und die Seuche breitete sich aus. Der Kapitän wurde daraufhin verdächtigt, dieses Elend mit Zauberei verursacht zu haben. Einige Männer behaupteten, dass es nicht einmal möglich sei, die erkrankten Hunde zu erschlagen. Sie wurden kurz bewusstlos und liefen dann grimmiger als zuvor wieder davon.

Seyðisfjörður

Der nur über die Hochebene Fjarðarheiði (620 Meter) zu erreichende Fjord mit der gleichnamigen Stadt liegt etwa 27 Kilometer von Egilsstaðir, dem Zentrum Ostislands, entfernt. In der Nähe der Passstraße liegen die Wasserfälle Fardagafoss im Fluss Miðhúsaá und Háifoss im Fluss Fjarðará, dessen Wasser durch ein Loch im Fels den Berg hinunterfließt. Von Seyðisfjörður aus besteht eine regelmäßige Fährverbindung zu den Färöer-Inseln und Dänemark. Im Sommer bietet die Stadt ein buntes Kulturprogramm an.

Der Spuk im Helgahús

Im Helgahús in Austurvegur 11 spukte es um das Jahr 1943, als ein neuer Bewohner in das Haus zog. Der Spuk begann immer um Mitternacht damit, dass auf dem Dachboden in Bücherkisten gewühlt und Sachen verstreut wurden. Danach hörten die Bewohner ein Knarren auf der Treppe und wie die Tür zur Küche geöffnet wurde. Das Gespenst hielt sich auch gerne im Keller auf, wo es besonders gerne Kartoffeln die Treppe hinaufwarf und sie herunterkullern ließ. Mehrere Versuche, das Gespenst zu vertreiben, scheiterten. Erst als die Bewohner auszogen und 1944 jemand anderes in das Haus zog, hörte der Spuk auf.

Bjarna-Dísa

In ganz Island ist die Geschichte von Bjarna-Dísa bekannt, die auf der Fjarðarheiði-Hochebene ihren Tod fand. Der Text ihrer Sterbeurkunde lautete wie folgt:

Þórdís Þorgeirsdóttir, 24 Jahre alt, aus dem Austtal, erfror am 28. November 1797 in den Bergen. Als sie gefunden wurde, lebte sie noch. Sie starb auf dem Weg ins Dorf.
Pastor Þorsteinn Jónsson

Was war mit der jungen Frau passiert? Über 200 Jahre ist es her, dass sich im Hochland von Seyðisfjörður ein Ereignis zutrug, von dem niemand so genau weiß, was dort geschah. Seit dieser Zeit gehört der Geist der jungen Þórdís Þorgeirsdóttir zu den bekanntesten Wiedergängern Islands. Warum wollte ihr Geist sich rächen? Die Vermutung liegt nahe, dass ihr Tod willentlich herbeigeführt wurde.

Der Sage nach trafen sich Þórdís, genannt Dísa, und ihr Bruder Bjarni auf dem Hof Þrándarstaðir in der Gemeinde Eiðaþinghá. Bjarni kam aus Eskifjörður und hatte Schnaps (brennivín) und andere Waren bei sich. Dísa wollte ihn auf dem Weg nach Hause begleiten. Der Weg nach Seyðisfjörður führte über das Heidehochland Vestdalsheiði. Am Tag ihres Aufbruchs schneite und stürmte es. Der Bauer riet von der Wanderung ab. Bjarni wollte es trotzdem versuchen, verbot aber Þórdís, ihn zu begleiten. Þórdís gehorchte nicht und folgte ihrem Bruder. Als sie das Staftal erreichten, schienen sie vom Weg abgekommen zu sein. Þórdís war inzwischen so erschöpft, dass sie nicht mehr weitergehen konnte. Bjarni baute aus Steinen eine Schutzmauer für seine Schwester. Er selbst wollte alleine weitergehen und Hilfe holen. Den Alkohol ließ er bei Þórdís zurück. Auf seinen Weg nach Seyðisfjörður stürzte er. Spät in der Nacht erreichte er kalt und verletzt sein Zuhause. Das Wetter besserte sich in den darauffolgenden zwei Tagen nicht, auch war Bjarnis Zustand so schlecht, dass er nicht in die Berge hätte gehen können, um Þórdís zu holen. Am dritten Tag herrschte frostiges, klares Wetter. Bjarni, der Bauer Þorvaldur und ein paar andere Männer brachen auf, um Þórdís zu suchen. Auf dem Weg ins Staftal hörten sie schreckliche Schreie. Sie erreichten die Stelle, wo Bjarni seine Schwester zurückgelassen hatte. Das Mädchen wälzte sich im Schnee und gab furchterregende Laute von sich. Die Männer meinten, vor sich den Geist der jungen Frau zu sehen, die, wenn sie ein drittes Mal schrie, sich in einen unbesiegbaren Wiedergänger (afurganga) verwandeln würde. Um das zu verhindern, stürzte sich Þorvaldur auf Þórdís und schlug sie mit seinem Stock nieder. Dísa fiel tot in den Schnee. Da Dísa den Schnaps ihres Bruders bei sich hatte, wurden Stimmen laut, dass sie einfach betrunken gewesen sei, als die Männer sie fanden. Doch Þorvaldur war überzeugt davon, dass sie tot gewesen sei und es sich bei der

Erscheinung um ihren Geist gehandelt hätte. In seinem Aberglauben hatte er die junge Frau getötet.

Seit diesem Vorfall folgte ihr Geist den Familien von Bjarni und Þorvaldur und brachte ihnen viel Unglück. Dísa, genannt Bjarna-Dísa, soll an dem Tod von Vieh und Bjarnis Kindern schuld gewesen sein und Menschen angegriffen haben. Sehende wie nicht sehende Menschen haben ihren Geist wahrgenommen. Wer war die 24-jährige Dísa? Das Jahr vor ihrem Tod lebte sie in Eskifjörður, wo wohlhabende Dänen Handel betrieben. In den Geschichten wird sie als hübsches, selbstbewusstes Mädchen beschrieben, das sich gerne nach Art der vornehmen dänischen Frauen kleidete. In den Geschichten über Dísa wird einerseits erzählt, dass sie zu Beginn ihrer Wanderung mit Bjarni nur dünne Leinenkleider und ein rotbraunes Kopftuch trug, andererseits wird berichtet, dass sie dem Wetter entsprechend in dicke Wollsachen gekleidet gewesen sei. Es zeigte sich, dass Þorvaldur mit seiner Tat nicht verhindern konnte, dass Þórdís als Wiedergänger erschien. Bis ins 20. Jahrhundert hinein wurde von ihren Erscheinungen berichtet und ihr manches Unglück zugeschrieben.

Der Maschinist aus Aberdeen

Im Sommer 1894 erhielt der neu eingesetzte Bezirksamtmann von Seyðisfjörður die Aufgabe, das Verschwinden des Maschinisten eines schottischen Fischtrawlers zu untersuchen, der den Ort im Mai angelaufen hatte. Die Matrosen des Trawlers behaupteten, der Mann sei zwischen den Färöer-Inseln und Shetland ins Meer gefallen. Aber die Aussagen stimmten nicht überein. Im September erhielt der Bezirksamtmann die Nachricht, dass eine Leiche an der Leine eines Fischers im Fjord hinge. Es war die Leiche des Maschinisten des Trawlers M.A. Dodds aus Aberdeen. Beide Unterarme fehlten, aber die Knochen der Oberarme waren noch vorhanden. Auf seinem Kopf befanden sich weder Haut noch Haare, nur der nackte Schädel und die muskellosen Halswirbel waren übrig geblieben. Der Rest des Körpers schien unversehrt. Die Kleidung des Toten war durchtränkt mit Öl und Fett und deutete darauf hin, dass es sich um den vermissten Mann handelte. Auf den Knöpfen seiner Hose stand das Wort Aberdeen und in einer seiner Hosentaschen wurde ein Penny gefunden. Zwei Ärzte bescheinigten nach der Autopsie der Leiche, dass der Mann schon tot war, als er ins Meer geworfen wurde. Der Tote wurde von den Dorfbewohnern beerdigt und der Bezirksamtmann nahm Kontakt mit der Polizei in Aberdeen auf. Dort bestätigte sich, dass der Mann ermordet worden war. Ein schweres Eisen soll an seinen Unterarmen befestigt worden sein, um ein Hochtreiben der Leiche vom Meeresgrund zu vermeiden. Die Unterarme waren wohl beim Hochziehen der Leiche abgerissen worden.

Nach der Aufklärung des Falles begab sich der Bezirksamtmann eines Abends früh ins Bett. Zwischen drei und vier Uhr wachte er auf und sah, wie sich seine Zimmertür langsam öffnete. In der Tür stand der tote Maschinist, so wie man ihn gefunden hatte. Diese unheimliche Erscheinung ging langsam und direkt auf das Bett des Amtmanns zu und starrte ihn böse aus seinen hohlen Augenhöhlen an. Der Bezirksamtmann sprang aus seinem Bett. Da stürzte sich das Gespenst mit seinen knochigen Armen auf ihn. Es kam zu einem Kampf, doch es gelang dem Bezirksamtmann, den Toten aus dem Zimmer zu befördern. Danach verriegelte er die Zimmertür. In dieser Nacht fand der Bezirksamtmann nur wenig Schlaf. In den nächsten beiden Nächten randalierte das Gespenst im unteren Stockwerk des Hauses. Danach ließ es sich dort nicht wieder blicken.

Egilsstaðir

Egilsstaðir ist das Versorgungs- und Dienstleistungszentrum Ostislands. Sehenswert ist das Heimatmuseum, das eine Ausstellung über die in Ostisland beheimateten Rentiere zeigt und über die Lebensverhältnisse der Landbevölkerung in früheren Zeiten informiert. Der Wald Selskógur, wo etwa 160 verschiedene Pflanzenarten zu finden sind, darunter auch die seltene Rundblättrige Glockenblume (bláklukka), ist perfekt für eine kurze Wanderung. Verschiedene Pilzarten sowie Krähenbeeren (krækiber), Blaubeeren (bláber), Steinbeeren (hrútaber) und wilde Erdbeeren (jarðarber) locken im Spätsommer die Einheimischen in den Wald. Das Gebiet wird zum Teil durch den Fluss Eyvindará begrenzt, der sich durch eine Kluft zum Lagarfljót-See schlängelt. Ein Bad in den warmen Quellen des Urriðavatn-See, fünf Kilometer nordwestlich von Egilsstaðir, sollte sich niemand entgehen lassen (siehe auch: www.vok-baths.is).

Der graue Jón

Der Zauberer Jón Þórðarson oder Jón grái (der graue Jón) ging einmal vom Hof Dalhús, südlich von Egilsstaðir, nach Mjóafjörður. Ein Viehhirte begleitete ihn. Im Fjord angekommen, zauberte Jón ein Walkalb an Land. Der Junge sollte nun das Kalb mit einem Band hinter sich herziehen. Jón wollte ihm folgen. Der Zauberer trug dem Jungen auf, sich auf keinen Fall umzudrehen, denn das würde ihn teuer zu stehen kommen. Der Junge versprach, den Anweisungen des Zauberers zu folgen. Dann wanderten sie über die Mjóafjarðar-Heide und durch das Eyvindarár-Tal. Während sie unterwegs waren, hörte der Junge hinter sich immer lauter werdende Geräusche, bis er seine Neugier nicht mehr zurückhalten konnte und sich umdrehte. »Gott, hilf mir! Was zum Teufel ist das?«, rief er. Im selben Augenblick fiel das Walkalb auseinander. Jón wurde daraufhin sehr wütend. Der Zauberer vergrub die Knochen des Wals. Die Stelle, wo die Walknochen vergraben wurden, nannte man daraufhin Kálfshóll (Kalbhügel).

Der graue Jón soll ein Schamane gewesen sein, der auch Tiergestalt annehmen konnte. Der Sage nach verwandelte er sich einmal bei einer Fuchsjagd in einen Adler.

Hjaltastaðaþinghá

Die Straße nach Borgarfjörður eystri führt von Egilsstaðir aus durch das Gebiet von Hjaltastaðaþinghá. Immer in Sichtweite ist die majestätische Bergkette der Dyrfjöll auf der rechten Seite des Weges. Auf der linken Seite liegt gleich hinter Eiðar die Hütte und das Bootshaus des Malers Jóhannes S. Kjarval (1889–1972), der in dieser Gegend einige seiner bekanntesten Landschaftsbilder malte. Mit seinem Boot soll er von hier aus den Selfljót-Fluss hinunter zum Meer und von dort nach Borgarfjörður eystri gefahren sein.

Der Poltergeist von Hjaltastaðir

Das wohl erste übernatürliche Ereignis, welches schriftlich protokolliert wurde und von dem es glaubwürdige Zeugen gab, war der Spuk des Poltergeistes vom Hof Hjaltastaðir (Hjaltastaðafjandinn). Es begann damit, dass am 13. Februar 1750 einer der Hofbewohner ein merkwürdiges Geräusch im Kuhstall hörte. Zwei Männer und der ansässige Pastor Jón Oddsson wurden hinzugerufen.

Sie vernahmen ebenfalls die Geräusche. So ging es drei oder vier Abende. Danach hörten die Hofbewohner den Lärm zur Schlafenszeit in ihrem Wohn- und Schlafraum. Sie hörten ein Klopfen sowie eine deutliche Stimme, die zu jedem Hofbewohner sprach: »Nein, du schläfst nicht, du bist wach. Ihr Hofleute sollt auf keinen Fall diese Nacht schlafen können.« Und so geschah es, dass die Hofbewohner wegen des Krawalls des Geistes keinen Schlaf fanden. Das wiederholte sich Nacht für Nacht, egal ob Licht brannte oder nicht. Dann begann der Geist, auch am Tage mit heiserer Stimme zu den Menschen zu sprechen. Immer schien es, als ob die Stimme von einem Schatten im Haus herkam. Am Abend des 22. Februar störte der Geist den Pfarrer in seinem Schlaf und sprach mit ihm. Niemand außer einer Magd konnte die Gestalt des Geistes erkennen. Sie sagte, es sei ein in Lumpen gekleideter Junge. Auf die Frage nach seiner Person antwortete der Geist: »Ich bin wahrhaftig ein isländischer Geist und Teufel.« Die Leute erzählten, das teuflische Wesen besäße eine freche und vulgäre Ausdrucksweise. Am 17. März kamen der Bezirksamtmann Hans Wíum und der Pastor Grímur zu Besuch, um sich von der Existenz des Geistes zu überzeugen. Die Männer unterhielten sich mit dem Gespenst über Gott und den Teufel. Der Geist wollte, dass Pastor Grímur ihn mit der 63-jährigen Hofbewohnerin Opía Loftsdóttir verheiratete, die er seine Frau nannte und beständig bat, bei ihr schlafen zu dürfen.

Die Spukgestalt trieb weiter ihr Unwesen, warf mit Steinen oder Holzscheiten nach den Leuten, zerbrach Fensterscheiben und zog nachts die Bettdecken von den Schlafenden. In einer Nacht warf er ein Tabakmesser an den Kopf der Frau, die er seine Frau nannte, sodass sie sich im Gesicht verletzte. Der 15-jährigen Pastorentochter des Hofes schien er besonders oft zu folgen. Da der Pastor um die Sicherheit seiner Tochter besorgt war, beschloss er, sie eine Zeit lang fortzuschicken. Am 23. März verabschiedete sich auch der Poltergeist. Obwohl er ankündigte, nach Ostern wieder auf den Hof zurückzukehren, blieben die Hofbewohner seit diesem Tag von seinem Spuk verschont.

Borgarfjörður eystri

Um den idyllischen Fjord Borgarfjörður eystri zu besuchen, muss der Pass Vatnsskarð überquert werden, der in das Tal von Njarðvík führt. Von der Bucht Njarðvík aus führt eine kurvenreiche Küstenstraße mit steilen Felswänden nach Borgarfjörður eystri. Der Wegabschnit Njarðvíkurskriður (skriður – Erdrutsche) war früher gefürchtet, da dort der Sage nach das Ungeheuer Naddi lebte, das Reisenden auflauerte. Borgarfjörður eystri wird wegen seiner Naturschönheiten gerühmt. Der Elfenhügel Álfaborg, der Vogelfelsen im Hafen, wo die Papageientaucher (lundi) brüten, die Bergformation Dyrfjöll

(1.136 Meter) und das Wandergebiet in den benachbarten unbewohnten Fjorden ziehen im Sommer einheimische sowie fremde Besucher an.

Zauber-Wilhelm

Um das Jahr 1780 lebte auf dem Hof Þrándarstaðir Zauber-Wilhelm (Galdra-Vilhjálmur). Er wurde beschuldigt, einen Jungen umgebracht zu haben, der ertrunken in einem Fluss aufgefunden wurde. Man konnte ihm aber den Mord nicht nachweisen. Kurz darauf kam auch der Vater des Jungen um. Er wurde übel zugerichtet in der Nähe des Hofes Hofströnd gefunden. Eines Abends bei der gemeinsamen Bibellesestunde bat Vilhjálmur seine Frau, auf keinen Fall das Fenster zu öffnen. Aber die Frau vergaß die Anweisung, öffnete das Fenster und eine schwarze Fliege flog ins Haus und in den Hals von Galdra-Vilhjálmur. Der Zauberer warf mit Büchern um sich und schien verrückt geworden zu sein. Die Frau musste daraufhin mit ihren Kindern aus dem Haus flüchten. Nur die 11-jährige Tochter blieb bei ihrem Vater zurück. Ein Mann kam kurze Zeit später vorbei und entdeckte das weinende Kind. Das Mädchen erzählte, dass ihr Vater im Sterben liege, aber der Tod ihn nicht von seinen Qualen befreien könne. Das Haus war inzwischen voll von schwarzen Fliegen und der Mann ging weiter. Am nächsten Morgen wagte niemand, auf den Hof zu kommen. Schließlich bot sich ein anderer Mann an, dort nach dem

Rechten zu sehen. Er fand die Leiche von Vilhjálmur. Die Tochter lag schlafend im Bett. Sie erzählte später, dass ihr Vater gesagt habe, dass sie keine Angst zu haben brauche. Auch wenn auf ihn Schlechtes warten würde, würde es ihr dagegen gut ergehen.

Der zauberkundige Pastor

Es lebte einmal ein Pastor in Südisland, von dem behauptet wurde, dass er zaubern könne. Einmal segelte er mit einem holländischen Kutter nach Njarðvík an die Ostküste. Als der Kutter aufs offene Meer steuerte, zog ein schlimmes Unwetter auf. Sofort wurde dem isländischen Pastor die Schuld an dem schlechten Wetter zugeschrieben und es wurde beschlossen, sich seiner zu entledigen. Man packte ihn und wollte ihn über Bord werfen, da sahen die Männer, dass es der Schiffshund war. Bei einem zweiten Versuch war es der Koch und beim dritten Male der Bootsmann. Jetzt bekam die Mannschaft Angst und sie gehorchten ihm. Er befahl, ihn unterhalb der Njarðvík-Berge an Land zu bringen. Die zurückgebliebene Mannschaft sah den Pastor allein einen Berg hinaufsteigen. Dort verschwand er in eine Höhle. Kurze Zeit später kehrte er in großer Eile und mit einem Buch unter dem Arm zurück und befahl, ihn so schnell wie möglich wieder zum Schiff zu bringen. Als die Leute das Schiff erreicht hatten, stürzte der Berg ins Meer.

Jökulsárhlíð

Diese Region auf der westlichen Seite des Gletscherflusses Jökulsá á Brú liegt unterhalb der Gebirgsketten Hlíðarfjöll und Smjörfjöll. Bauernhöfe säumen die Straße Richtung Héraðssandur, einem schwarzsandigen einsamen Küstenstreifen, wo die Gletscherflüsse Jökulsá á Brú und Lagarfljót ins Meer fließen.

Eyjasels-Móri

Um das Jahr 1800 wohnten auf dem Hof Ketilsstaðir im Bezirk Jökulsárhlíð das Ehepaar Hálfdán und Guðlaug. Die Schwester von Hálfdán, Ingibjörg, lebte ebenfalls dort. Der Arzt und Witwer Brynjólfur Pétursson betreute zu dieser Zeit die östlichen Gemeinden. Er soll ein erfahrener, anerkannter Arzt gewesen sein. Die Arzneien, die er verwendete und selbst mischte, bestellte er im Ausland. Ingibjörg kam auf seinen Hof Hallgeirstaðir, um Näharbeiten zu verrichten. Sie war bei den Hofbewohnern beliebt und der alte Arzt wollte sie als Wirtschafterin behalten. Es wurde gar behauptet, dass er das junge Mädchen heiraten wolle. Aber Ingibjörg lehnte seinen Antrag ab und kehrte nach Hause zurück. Das verärgerte Brynjólfur sehr.

Sobald Ingibjörg ihr Zuhause erreichte, erkrankte sie. Sofort wurde jemand zu Brynjólfur geschickt, um eine Arznei zu holen. Als Ingibjörg das Medikament einnahm, überfiel sie der Wahnsinn. Kurze Zeit später kam Ólafur, der Sohn von Brynjólfur, aus dem Ausland zurück. Er war nun ebenfalls Arzt und man bat ihn, nach Ingibjörg zu schauen. Nachdem er sich die Medizin seines Vaters für Ingibjörg angesehen hatte, soll er, während er das Glas wegwarf und es zerbrach, kaum hörbar gesagt haben: »Gott, hilf meinem Vater, der den Teufel selbst ins Glas geschickt hat.« Dann ritt er heim. Wahrscheinlich hatten die Verwandten von Ingibjörg diese Worte nicht gehört, denn sie wendeten sich wegen Ingibjörgs Erkrankung weiterhin an Brynjólfur. Der Zustand der jungen Frau verschlechterte sich zusehends. Bald ging das Gerücht um, Brynjólfur habe zehn besondere Inhaltsstoffe bei seinem Apotheker bestellt, der gesagt haben soll: »Ich weiß nicht, was der Mann mit diesen Stoffen machen will, außer einen Geist zu erschaffen. Gelingt ihm das, wird es ein schreckliches, unbesiegbares Gespenst, das großen Schaden anrichten wird, deshalb bekommt er nur neun Zutaten.«

Wieder wurde jemand geschickt, um neue Medizin für Ingibjörg zu holen. Als das Mädchen die farblose Flüssigkeit eingenommen hatte, stieg blaubrauner Dampf bis unter das Dach des Wohnraumes. Der Dampf nahm eine feste Form an und verwandelte sich in eine Menschengestalt. Zur gleichen Zeit erkrankten alle anwesenden Personen. Abermals wurde jemand beauftragt, zum Hof von Brynjólfur zu gehen. Jón, Brynjólfurs zweiter Sohn, fing den Boten ab und bat ihn, ihm die Arznei zu zeigen. Jón nahm das Fläschchen und gab dem Mann ein anderes. Nach Einnahme der

Tropfen wurde Ingibjörg vom Wahnsinn befreit, blieb aber dennoch geisteskrank. Nun machte das von Brynjólfur erschaffene Gespenst auf sich aufmerksam. Es wurde als Junge in rotbrauner Kleidung beschrieben, der einen großen Hut von gleicher Farbe trug. Ebenso konnte der Geist aber auch in anderer Verkleidung auftreten. Dieser Geist, der Móri genannt wurde, quälte und tötete Menschen und Tiere, wovon zahlreiche Geschichten und Augenzeugen berichteten. Insbesondere die Familie von Ingibjörg hatte unter der Geistererscheinung zu leiden, bis die Hofbewohner ihren Wohnort wechselten. Nun siedelte sich Móri bei Hálfdáns Bruder auf dem Hof Eyjasel ein und trieb dort sein Unwesen. Oft machte er auf sich aufmerksam, bevor Hofbewohner von Eyjasel andere Höfe besuchten. Mit den Jahren schien Móris Brutalität abgenommen zu haben, denn jetzt tauchte er häufig in den Träumen der Landbewohner auf. Trotzdem wird ihm auch heute noch so manche unerklärbare Begebenheit angedichtet.

Móri und Bjarna-Dísa aus Seyðisfjörður schienen Freunde gewesen zu sein, denn ein Seher behauptete, sie einmal zusammen gesehen zu haben.

Langanesströnd

Die abgelegene Küstenlinie Langanesströnd im Nordosten der Insel gehört zum Einzugsgebiet von Langanesbyggð. Es leben etwa 500 Einwohner in der Gemeinde. Auf der

Landzunge Langanes stehen die Reste verlassener Höfe. Die Steilküste ist Brutstätte verschiedener Seevogelarten. Am steinigen Strand liegen Mengen von angespültem Treibholz. Hier ist die Heimat des Gespenstes Viðvíkurlalli, dem ältesten Gespenst des Landes, das einem bestimmten Familiengeschlecht aus der Gegend folgte. Der Geist soll ein junger Schafhirte gewesen sein, der den Hungertod starb. Wenn Bewohner des Hofes Viðvík zu Besuch erwartet wurden, kündigte sich das mit merkwürdigen Begebenheiten an, für die Viðvíkurlalli verantwortlich gemacht wurde.

Der Krachmacher vom Hof Tunga

Im Gebiet von Langanesströnd im Tal Kverkártunga liegt der Hof Tunga. Der Bauer Páll Pálsson war mit Anna Sveinsdóttir verheiratet, die nach kurzer Ehe verstarb. Eineinhalb Jahre später heiratete Páll eine andere Frau. Er und seine Frau Helga bekamen eine Tochter. Kurz bevor sie getauft werden sollte, träumte Páll, dass seine verstorbene Frau Anna zu ihm kam. Sie bat ihn, das Mädchen Anna zu nennen. Seine Frau Helga bestand jedoch darauf, die Tochter auf den Namen Guðríður zu taufen. Einen Tag nach der Taufe tauchte ein unerwarteter und unerzogener Gast auf dem Hof auf. Es wurden Stimmen laut, dass dies Annas Rache war, weil das Mädchen nicht ihren Namen erhalten hatte.

Ob im Stall oder im Wohnhaus, plötzlich vernahmen die Hofbewohner lautes Klopfen, dessen Ursprung nicht zu ergründen war. Páll, von dem erzählt wurde, dass er ein Medium gewesen sei, bekam dieses Wesen nie zu Gesicht. Dennoch nahm er ein schwaches Glimmern aus der Richtung des Geräuschs wahr. Näherte er sich dieser Erscheinung, verschwand sie. Mit der Zeit verschlimmerte sich der Spuk und Helga und das Kind zogen kurzzeitig auf den Nachbarhof. Man gab dem Gespenst – oder was immer es war – den Namen Tungu-Brestur. Das Klopfen und die Stöße ähnelten den Geräuschen von brechenden Ästen oder Knochen. Manchmal überfiel Páll die Wut und er lief dem Geräusch nach und versuchte, den Geist zu fangen. Aber er griff immer ins Leere. Einmal übernachtete ein Mann auf dem Hof, der nichts von Gespenstern hielt. Brestur klopfte die ganze Nacht bis zum Mittag des darauffolgenden Tages. Dem Gast war dieses Klopfen unheimlich und er war froh, als er den Hof wieder verlassen konnte. Manchmal gab Brestur ein Geräusch wie das Knacken von brennendem Holz von sich oder es hörte sich an, als ob Hagel gegen die Fensterscheiben schlug. Im Gegensatz zu anderen Poltergeistern warf Brestur nicht mit Gegenständen um sich.

Páll lebte inzwischen allein auf dem Hof. Helga wohnte auf dem Hof Gunnarsstaðir. Es vergingen zwei Jahre und zeitweise schien es, als ob Brestur zur gleichen Zeit die Eheleute mit seinem Klopfen störte. Nach und nach wurden die Geräusche schwächer und Helga kehrte auf ihren Hof zurück. Den Sommer über bis zum Januar blieb es ruhig auf Tunga. Dann verließ Páll für ein paar

Tage den Hof. Helga blieb mit den zwei Kindern zurück. Da begann Brestur von Neuem, mit voller Kraft zu spuken. Helga bekam in dieser Zeit wenig Schlaf. In der Nacht vor Páls Rückkehr schreckte sie aus dem Schlaf auf, weil sie jemanden von draußen rufen hörte. Doch es war niemand da, außer Brestur, der nun zweimal hart auf das Dach klopfte. Im Frühjahr verließ die Familie endgültig den Hof. Die nachfolgenden Hofbewohner hörten ebenfalls gelegentlich die Geräusche von Brestur. Im Jahre 1910 sagte ein Bauer, dass das Klopfen anstehenden Besuch ankündige.

Þistilfjörður

Der Fjord Þistilfjörður liegt nördlich der Landzunge Langanes. In dem flachen Gebiet wird überwiegend Landwirtschaft betrieben. Mehrere Flüsse fließen in den Fjord, die bei Anglern für ihren Reichtum an Lachs und Forellen bekannt sind.

Die Erscheinungen auf dem Hof Hvammur

Auf dem Hof Hvammur lebten drei Bauern mit ihrem Gesinde. Bei dem Bauern Aðalsteinn wohnte damals ein 18-jähriges Mädchen mit Namen Ragnheiður Vigfúsdóttir. Der Bauer hatte das ruhige Mädchen seit ihrem fünften Lebensjahr als seine Pflegetochter aufgezogen.

Im Jahre 1912 fing Ragnheiður mit Schlafwandeln an. Alsbald begannen verschiedene Gegenstände zu verschwinden oder wurden an andere Orte gebracht, wo man sie später wiederfand. So waren zum Beispiel eines Morgens alle Tassen und Untertassen der Bäuerin abhandengekommen. Das Geschirr wurde kurze Zeit später draußen eingewickelt in einer aufgehängten Schürze wiedergefunden. Es passierten viele merkwürdige Dinge auf dem Hof, die sich keiner erklären konnte. Natürlich lag es nahe, den Verdacht auf Ragnheiður zu lenken. Um sie am Schlafwandeln zu hindern, hängte der Bauer ein Schloss an die Tür des Schlafraumes. Es gab zwei Schlüssel für das Schloss. Einen band Aðalsteinn an seine Weste, die er vor dem Schlafengehen zusammengefaltet unter sein Kopfkissen legte. Der andere wurde in einem verschlossenen Behälter aufbewahrt. Nun verschwanden zwar keine Gegenstände mehr, aber stattdessen begannen sich Sachen am helllichten Tag zu bewegen. Dann war eines Morgens der Schlüssel unter Aðalsteinns Kopfkissen verschwunden sowie auch der zweite Schlüssel. Die Hofbewohner waren sehr beunruhigt. Da erzählte Ragnheiður von einem Traum: Ein Mädchen kam zu ihr und sagte, dass die Schlüssel niemals gefunden werden würden, doch eine Sicherheitsnadel, die sie verloren hatte, würde bald wieder auftauchen. So geschah es. Die Schlüssel blieben verschwunden und die Nadel wurde gefunden. Ragnheiður konnte das Aussehen des Mädchens beschreiben: Sie war mittelgroß, hatte goldblondes Haar, das zu zwei langen Zöpfen geflochten war, eine sehr schlanke Figur und sie trug ein grünes Kleid mit blauer Schürze. Das hübsche Mädchen sagte, sie hieße Aðalljós. Ragnheiður glaubte an die Existenz des huldufólkes und meinte, dass das Mädchen ein Wesen aus dem Volk der verborgenen Leute gewesen sei. Die seit Monaten anhaltenden merkwürdigen Ereignisse auf dem Hof nahmen inzwischen zu. Jetzt wurden auch Geschirr und andere Gegenstände zerbrochen.

Am 24. Februar 1913 suchte der Bauer Aðalsteinn den Gemeindevorsteher auf, um sich von ihm Rat zu holen. Er hörte sich an, was der Bauer zu berichten hatte, und beschloss, für drei Tage nach Hvammur zu kommen, obwohl er nicht an übernatürliche Kräfte glaubte. Nach seinem Aufenthalt auf dem Hof schrieb er einen ausführlichen Bericht über seine Erlebnisse. Da der Gemeindevorsteher den mystischen Vorfällen auf dem Hof äußerst kritisch gegenüberstand, bemühte er sich, Erklärungen für die merkwürdigen Geschehen zu finden, denen er in eigener Person gewahr wurde. Ihm fiel auf, dass die Erscheinungen oft in der Anwesenheit von Ragnheiður stattfanden. Für gewöhnlich handelte es sich um lautes Klopfen oder Knallen und das Werfen, Verschieben sowie das Herunterfallen von Gegenständen. Zweimal verließ das Mädchen während der Anwesenheit des Gemeindevorstehers für kurze Zeit den Hof. Während sie fort war, passierten keine ungewöhnlichen Dinge. Alles blieb ruhig. Außer dem Gemeindevorsteher waren mehrere Leute aus der Nachbarschaft Zeugen des Spukes. Den meisten schien es unmöglich, dass Ragnheiður für die Erscheinungen verantwortlich gewesen sein könnte. 18 Menschen bestätigten die in dem Bericht des Vorstehers aufgezählten Vorfälle. Als Ragnheiður später den Hof verließ, hörte der Spuk auf. Sie heiratete und starb jung. Laut ihr bekannten Leuten soll sie hellseherische Fähigkeiten gehabt haben.

NORDISLAND

Der Norden Islands umfasst das Gebiet von der Halbinsel Melrakkaslétta im Osten bis nach Hvammstangi im Westen. Von Flachland bis zu schneebedeckten Bergketten bieten die Naturschönheiten des Nordens zahlreiche sehenswerte Orte. Die gewaltigen Wasserfälle Dettifoss und Góðafoss, die Lavalandschaft von Dimmuborgir beim Mývatns-See, das Naturwunder von Ásbyrgi und die charmante Hauptstadt des Nordens, Akureyri, sind nur einige Beispiele der Vielfalt dieses Landstriches.

Melrakkaslétta

Das Gebiet Núpur liegt im südwestlichen Teil der Halbinsel Melrakkaslétta. Zwischen Melrakkaslétta und der Landzunge Tjörnes im Westen erstreckt sich die Bucht Öxarfjörður. Es gibt zwei Dörfer auf Melrakkaslétta, Kópasker und Raufarhöfn, wo Hansekaufleute im Spätmittelalter Handel betrieben. Das flache Gebiet ist dünn besiedelt und die Natur größtenteils unberührt.

Das Phänomen von Núpur am Öxarfjörður

Der Bauer Þorvaldur Hákonarson und seine Frau Þóra Þorsteinsdóttir lebten mit ihren Kindern sowie ihren Mägden und Knechten 13 Jahre lang auf dem Hof Núpur, als über sie im 14. Jahr das Unglück hereinbrach. In der Nähe des Hofes befand sich ein Felsen, der den Namen Stekkjarhamar trug. Unterhalb des Felsens lag ein tiefer See. Angeblich gab es Forellen im See, die aber nicht gefischt werden durften, weil die Fischfangrechte dem huldufólk gehörten. Der Bauer Þorvaldur soll sich nicht immer an das Verbot gehalten haben, da er nicht an Elfen glaubte. Der Sage nach war es nicht ratsam, länger als 20 Jahre auf dem Hof zu wohnen. Warum das so war, wusste niemand.

Im Sommer 1843 kletterten die Jungen vom Hof auf den Felsen und warfen Steine in den See. Daraufhin erschien der Bäuerin im Traum eine blau gekleidete Frau, die sie bat, den Kindern das Steinewerfen zu verbieten, weil es sie beim Fischfang störte und eine Gefahr für ihre Kinder darstellte. Þóra verbot den Kindern dieses Spiel, aber einige Zeit später träumte sie wieder von der Frau, die sie erneut aufforderte, etwas gegen das Steinewerfen der Kinder zu unternehmen, sonst würde sie sich rächen. Die Bäuerin erzählte ihrem Mann von dem Traum. Þorvaldur nahm die Sache jedoch auf die leichte Schulter und wollte sich nicht einmischen. Wieder verbot Þóra den Jungen das Steinewerfen. Trotz des Verbotes warfen die Jungen heimlich wieder Steine in den See. Zum dritten Mal kam die Frau im Traum zu Þóra. Dieses Mal war sie sehr verärgert, denn die Jungen hatten eines ihrer Kinder mit einem Stein schwer verletzt. Sie sprach die Drohung aus, sich für dieses Unglück fürchterlich zu rächen. Bis zum Winter blieb es ruhig auf dem Hof. Dann sahen die Hofkinder eines Abends eine fremde Frau aus der Richtung des Stekkjarfelsens kommen. Sie warf ihnen einen grimmigen Blick zu und die Kinder liefen davon. Niemand anderes sah diese Frau. An diesem Abend passierten sonderliche Dinge auf dem Hof. Die Hofbewohner saßen im Wohnraum. Jeder ging seiner Arbeit nach. Es wurde gesponnen und Wolle gekämmt, die Kinder spielten auf dem Fußboden. Da wirbelte plötzlich Erde vom Fußboden auf. Þorvaldur verdächtigte zuerst die Kinder, aber die waren über diese Erscheinung genauso erstaunt wie die anderen Hofbewohner. Er war sich sicher, dass jemand unter dem Bett lag und von dort mit Erde warf. Unter dem Bett war jedoch niemand. Dann hörte der Spuk auf. Þorvaldur fand dieses Ereignis sonderbar, dennoch beunruhigte es ihn nicht. Als er weiter seiner Arbeit nachging, klopfte es plötzlich auf dem Dach des Hauses und gleich darauf zerbrach ein Steinwurf das Fenster. Þorvaldur und sein Knecht Árni liefen hinaus, um den Vandalen zu fangen. Doch sie fanden nicht einmal eine Spur im Schnee. In den nächsten Tagen gab es weitere unheimliche Phänomene. Am Tag sowie nachts wurde Geschirr zerbrochen und randaliert. Alle außer Þorvaldur waren sehr besorgt. Er glaubte, dass er bald herausfinden würde, was die Ursache dieser Krawalle war. Die Bäuerin Þóra meinte, dass ihre Träume von der ihr drohenden Frau etwas mit diesen Ereignissen zu tun hätten. Sie bat ihren Mann, Hilfe zu suchen. Þorvaldur ging zum Hof Ærlækjasel, wo der dortige Bauer vorschlug, mit mehreren Männern nach Núpur zu gehen, um diesem Spuk genauer auf den Grund zu gehen. Einer der Männer trug ein Gewehr bei sich, mit dem er den unsichtbaren Randalierer erschießen wollte. Schon kurz nach ihrem Eintreffen fing der Krach wieder an. Die Geräusche kamen aus dem Stall, der unter dem Wohn- und Schlafraum lag. Die Männer begaben sich dorthin, aber plötzlich kam der Lärm aus einer anderen Richtung. Verwirrt und ratlos gingen die Männer wieder nach Hause. Die unheimlichen Tumulte gingen weiter. Manchmal gab es für ein paar Tage Ruhe, manchmal waren es nur harmlose Streiche, die das Gespenst spielte. So saß einmal die Magd auf ihrem Bett und strickte. Als sie die letzten Maschen ihrer Strickarbeit abgekettet hatte, legte sie die Stricknadeln eine nach der anderen auf einen Tisch. Dann vernähte sie die Garnenden. Danach wollte sie wieder nach den Stricknadeln greifen, aber die waren verschwunden. Stattdessen lag dort ein Drahtgeflecht, das offensichtlich aus ihren Stricknadeln hergestellt worden war. Dieser kunstvolle Gegenstand wurde lange Zeit danach den Leuten herumgezeigt. Man war sich sicher, dass er nicht von menschlicher Hand hergestellt worden war. Oft waren es die Mägde, denen das Gespenst Streiche spielte. Þorvaldur war selten davon betroffen. Es flogen weiter Gegenstände durch die Luft und viele Sachen verschwanden, die später an anderen Orten wiedergefunden wurden. Mit der Zeit gewöhnten sich die Hofbewohner an diesen Spuk. Anfang März gebar die Bäuerin einen Jungen. Nach der Geburt nahmen die Tumulte des Gespenstes zu. Nun war auch Þorvaldur verängstigt. Er und sein Knecht Árni schliefen in einem Bett, als eines Nachts das Gespenst wieder auf sich aufmerksam machte. Árni hatte seine Schuhe, die eine dicke Holzsohle hatten, unter sein Bett gestellt. Er bat das Gespenst, seine Schuhe in Ruhe zu lassen, da er sie früh am nächsten Morgen brauchte. Gleich darauf landete ein Schuh in seinem Bett. Da wurde Þorvaldur wütend und warf den Schuh in Richtung der Tür, wo er den Geist vermutete. Doch kaum war der Schuh in der Luft, kam er wieder zurück und landete auf der Stirn des Knechtes. Später soll der unsichtbare Gast den Buchstaben Á in den Schuh geritzt haben.

Eines der merkwürdigsten Vorkommnisse war, als Frauen und Kinder im Wohnraum saßen und der Geist sein Unwesen im Gang zum Stall trieb. Er zerbrach dabei das letzte heile Porzellan auf dem Hof. Die Bäuerin Þóra besaß eine kleine verzierte Flasche aus holländischem, farbigem Glas, die sie in einer verschlossenen Kiste aufbewahrte. Gerade als sie laut sagte: »Zum Glück kann er meine Glasflasche nicht zerbrechen«, kam die Flasche auch schon angeflogen und zerbrach in tausend Stücke. Þóra dachte, dass sie die Kiste, in der sie noch andere wertvolle Sachen aufbewahrte, vielleicht nicht richtig verschlossen hatte. Sie schaute nach, aber die Truhe war verschlossen. Es konnte niemand die Kiste aufgeschlossen haben, denn es gab nur einen Schlüssel und den trug sie immer bei sich. Sie überlegte, ob es sich vielleicht um ein anderes Glas handelte. Sie öffnete ihre Kiste. Obendrauf lag ihr Seidentuch. Als sie es hochnahm, schien sich das Tuch aufzulösen. Es war wie zu einem feinen Netz zerschnitten. Oft kamen neugierige Besucher oder Leute, die ihre Hilfe anboten, auf den Hof und Þóra zeigte ihnen das sorgfältig zerschnittene Seidentuch. Kurz nach diesem Vorfall saß Þorvaldur an einem Sonntag im Wohnraum, um den Hofbewohnern vorzulesen. Er setzte sich unter das Fenster, wo es heller war und er besser sehen konnte. Als Þorvaldur anfing zu lesen, kam ein großer Stein angeflogen, der das Fenster und den Fensterrahmen zerbrach. Die Scherben fielen auf Þorvaldur. Der Stein blieb in der festgefrorenen Torfwand stecken. Er war so groß, dass es große Mühe kostete, ihn zu entfernen. Dieses Ereignis erschreckte die Hofbewohner sehr. Nun sah Þorvaldur sich gezwungen, seine Leute in Sicherheit zu bringen. Er brachte sie zum Hof Akursel, wo sein Schwager wohnte. Er selbst und sein Knecht Árni kehrten wieder nach Núpur zurück, um sich um das Vieh zu kümmern.

Eines Nachts befand sich Þorvaldur allein im Haus. In dieser Nacht fand der Bauer keinen Schlaf, weil das Gespenst tobte und Gegenstände in sein Bett warf. Þorvaldur floh noch in derselben Nacht nach Ærlækjasel.

Nun war auch er davon überzeugt, dass es der Teufel war, der auf seinem Hof sein Unwesen trieb. Er und sein Knecht blieben auf Ærlækjasel und versorgten tagsüber das Vieh von Núpur. Im Jahr 1845 tauschte Þorvaldur sein Land gegen den Hof Klifshagi.

Húsavík/Mývatn

Der Ort Húsavík am Skjálfandi-Fjord ist Hauptstation für Walbeobachtungsfahrten. Buckelwale, Schweinswale, Zwergwale, Blauwale und Delfine können mit den Ausflugsbooten auf dem Fjord gesichtet werden. Das Walmuseum befindet sich in der Nähe des Hafens, der neben der auffallenden Kirche zu den Sehenswürdigkeiten des Ortes gehört. Von Húsavík aus bieten sich Ausflüge zum Mývatn-See an. Die artenreiche Vogelwelt am See, die beeindruckende vulkanische Landschaft mit Lavaspalten und heißen Quellen sowie das Thermalbad inmitten von Lavaformationen hinterlassen einen bleibenden Eindruck (siehe auch: www.myvatnnaturebaths.is).

Lalli und Mývatns-Skotta

Der Geist Húsavíkur-Lalli ging in der Gemeinde von Húsavík Mitte bis Ende des 18. Jahrhunderts um. Sehende sowie Nichtsehende sind ihm begegnet. Er tötete Tiere und spukte – zum Ärger der Einwohner – in der Gegend herum. Man sah ihn auch zusammen mit dem weiblichen Gespenst Mývatns-Skotta. Es wird behauptet, dass sie ein Liebespaar gewesen seien.

Beim Mývatn-See lebten auf einem Hof zwei zauberkundige Bauern, die sich nicht gut verstanden. Einmal im Winter verirrte sich ein Mädchen auf der Heide im Schneetreiben und erfror. Einer der Bauern ging und weckte das verstorbene Mädchen auf, nahm es mit auf den Hof und befahl dem Geist, vor ihm das Haus zu betreten und den anderen Bauern zu töten. Als das Mädchen das Haus betrat, erwachte der andere Bauer und befahl dem Geist, sich auf den Mann hinter ihr zu stürzen. Sie griff den Bauern, der sie erweckt hatte, und schleuderte ihn durch die Wohnstube. Der Bauer, der sie zu dieser Tat angestiftet hatte, saß aufrecht in seinem Bett und lachte. Das Opfer kam mit dem Leben davon. Der Geist des Mädchens soll aber in diesem Gebiet herumgeirrt und verschiedenen Leuten gefolgt sein.

Der Zauberer aus dem Tal Aðaldalur

Arnþór hieß der Bauer, der auf dem Hof Sandur im Aðaldalur lebte. Es wurde erzählt, dass er sein magisches Wissen von den Elfen erhalten hatte. Er war für seine Zauberkräfte im ganzen Land bekannt. Auch in den Westfjorden sprach es sich herum, was für ein mächtiger Zauberer er war. Vielleicht war es Neid oder die Hexer wollten austesten, ob er wirklich ein so großer Zauberer war, wie die Leute erzählten. Deshalb schickten ihm die Zauberer aus dem Westen einen Geist. Der Geist erschien Arnþór und sagte, er sei gekommen, um ihn zu quälen. Aber Arnþór konnte sich von dem Geist befreien. Einige Zeit später schickten die Westmänner ihm eine neue Erscheinung. Nun weckte Arnþór einen toten Fuchs auf, der den ihm gesendeten Geist in sich trug, und schickte ihn in die Westfjorde. Die dortigen Zauberer mussten sich sehr anstrengen, um sich von dem Geist zu befreien. Der Fuchs folgte ihnen zur Kirche und zu Versammlungen, was sie in ihrer Ehre sehr verletzte. Schließlich gelang es ihnen aber doch, sich von dem Geist zu befreien. Nun schickten die Westmänner Arnþór den Geist eines auferweckten Jungen, der als sehr kraftvoll beschrieben wurde. Arnþór traf ihn eines Abends auf dem Hofplatz. Der Geist traute sich nicht, Arnþór anzugreifen. Der Zauberer band ihn an einen Pferdestein, wo der Junge die Nacht über blieb. Bei Tagesanbruch gab Arnþór dem Gespenst eine Wollsocke gefüllt mit Menschenkot und wies den Jungen an, wieder in den Westen zu reisen, wo die dortigen Zauberer den Inhalt zwischen sich aufteilen sollten. Nachdem der Junge diese Sendung von Arnþór überbracht hatte, hörten die Streiche der Zauberer aus dem Westen auf.

Als einem Mann die Heirat der Bauerntochter vom Hof Hólmavað verwehrt wurde, brachte er sich um. Danach begann sein Geist, das Mädchen zu terrorisieren. Einmal kam er in den Stall, wo die junge Frau gerade melkte. Plötzlich fiel die Kuh tot um. Das Mädchen schrie und landete unter der Kuh. Da erschien der Bauer. Er trug eine Pflanze bei sich, die fjandafæla (Teufelsvertreiber) genannt wurde. Daraufhin floh der Geist in die Scheune, wo das Heu aufbewahrt wurde. Der Bauer setzte sich in den Eingang. Nun begann der Geist, den Bauern mit Heu zu bewerfen. Aber der Bauer war klug gewesen. Bevor er den Stall betrat, hatte er seinen Viehhirten zum Zauberer Arnþór geschickt. Der Zauberer kam dem Jungen auf halbem Weg entgegen. Er wusste, warum der Hirte zu ihm unterwegs war. Die Zeit eilte, denn als sie den Stall erreichten, war der Bauer kurz davor, im Heu zu ersticken. Jetzt wollte der Geist flüchten, aber Arnþór ergriff ihn und versenkte ihn im Sumpf. Auf diese Stelle legte er eine Steinplatte mit Zauberrunen. Das Mädchen erholte sich bald, da sie nun den Geist nicht mehr zu fürchten brauchte.

Ein anderes Mal, so wird erzählt, hatte Arnþór so große Schwierigkeiten, einen Geist loszuwerden, dass er ihn in seinen Oberschenkel und die seiner Frau und Tochter treiben musste. Seitdem hinkten sie alle. Soweit bekannt, fügte der Zauberer Arnþór niemals jemandem Schaden mit seiner Zauberei zu. Stattdessen nutzte er sein Wissen, um den Menschen zu helfen.

Grímsey

Die kleine Insel Grímsey liegt 41 Kilometer vom Festland entfernt am Nordpolarkreis. Es gibt eine ganzjährige Fähr- und Flugverbindung zur Insel (Fähre ab Dalvík, Flug von Akureyri). Nachdem die Vogeljagd und das Eiersammeln eingeschränkt wurden, brüten wieder vermehrt Papageientaucher (lundi) an der felsigen Küste. Küstenseeschwalben und zahlreiche andere Seevogelarten locken vermehrt Naturliebhaber auf die friedvolle Insel. Es wohnen nur 61 Einwohner auf Grímsey, die überwiegend vom Fischfang leben.

Die Geschichte von Brikti

Zu jener Zeit, als sich diese Geschichte zutrug, gab es auf der Insel Grímsey 20 Bauernhöfe. Ein alter, zauberkundiger Mann namens Brikti lebte in einer kleinen Hütte am Meeresufer. Gerne suchten die Inselbewohner ihn auf, um ihn bei Problemen um Hilfe zu bitten. An einem guten Tag im Winter fuhren die Männer von Grímsey aufs Meer zum Fischen. Ein englisches Schiff lag nicht weit von der Insel auf Anker. Die Insulaner waren sehr besorgt, konnten doch die Engländer die Gelegenheit nutzen, um die Insel anzugreifen. Dennoch wollte man wegen des guten Wetters nicht auf den Fischfang verzichten. So nahmen die Fischer Waffen mit und trugen einer Frau auf, auf die höchste Erhebung der Insel (Stóribratta) zu laufen und eine Fahne zu hissen, wenn die Engländer an Land kämen.

Sobald die einheimischen Fischer auf dem Meer waren, nahmen die Engländer die Gelegenheit wahr und gingen, bis auf einen, der das Boot bewachte, an Land.

Sie raubten und vergewaltigten die Frauen. Dennoch konnte eine der Frauen den Fischern das vereinbarte Zeichen geben. Diese kehrten sofort zurück. Es kam zu einer Schlacht. Die Insulaner besiegten die Engländer. Der Mann, der das Schiff der Engländer bewachte, sah, was sich auf der Insel zutrug, zerschnitt das Ankerseil und segelte davon. Ein Jahr später schickten die Engländer den Bewohnern von Grímsey ein blaugestreiftes Hemd, das den schwangeren Frauen, wenn sie es trugen, die Geburt erleichtern sollte. Als aber die Frauen das Hemd anzogen, starben sie sofort eines qualvollen Todes. Daraufhin suchten die Einheimischen Brikti auf. Er sagte, dass das Hemd an einer bestimmten Stelle auf der Insel verbrannt werden müsse, sodass der Rauch auf das Meer wehte. So wurde es getan. Seitdem wuchs kein einziger Grashalm mehr an der Stelle. Einige Zeit später kamen drei englische Schiffe nach Grímsey. Man fürchtete, dass die Engländer ihre Landsleute rächen wollten. Wieder wurde Brikti aufgesucht. Der Alte war inzwischen blind und altersschwach. Er war sich nicht sicher, ob er den Insulanern bei dieser Sache helfen konnte, aber versuchen wollte er es dennoch. So ließ er sich an einen Tümpel mit Meerwasser führen. Er legte drei Miesmuscheln auf das Wasser und fing an, auf das Wasser zu blasen. Sofort zog ein Sturm aus Westen auf. Der Mannschaft eines der englischen Schiffe gelang es, das Ankerseil zu kappen und Schutz auf der Südseite der Insel zu suchen. Die anderen zwei Schiffe zerschellten im Sturm.

Niemand der Besatzung überlebte. Inzwischen waren zwei von Briktis Muscheln gesunken. Die dritte versank nicht.

Da Brikti sehr alt war, fürchteten die Insulaner seinen Tod, weil sie sich dann ihren Feinden ausgeliefert fühlten. Doch Brikti sagte, dass die Insel niemals überfallen werden würde, solange weiterhin die Abendmesse gesungen würde, Brikti am Leben sei und sein Backenzahn nicht verfault sei. Bis zum Jahr 1849 soll die Abendmesse gesungen worden sein. Kurze Zeit danach kam es zu Überfällen der Engländer. Als Brikti starb, wurde er nach seinem Wunsch auf einem Platz in der Nähe seiner Hütte begraben, der Briktatoft genannt wurde.

Hörgárdalur

Durch das Tal Hörgárdalur westlich von Akureyri führt die Ringstraße Nr. 1 entlang des Flusses Hörgá und weiter in das Öxnadalur-Tal mit einer eindrucksvollen Bergkette als Kulisse. Der isländische Dichter Jónas Hallgrímsson (1807–1845) wurde im Öxnadalur auf dem Hof Hraun geboren. Oberhalb des Hofes ragt die 1075 Meter hohe Bergspitze Hraundrangi in den Himmel. Am 5. August 1956 bestiegen erstmals zwei Isländer und ein Amerikaner den steilen Felsen. Der Sage nach soll dort oben eine Kiste voller Gold liegen, was aber die Bergsteiger nicht bestätigen konnten.

Der Küster von Myrká

In früheren Zeiten gab es einen Küster auf dem Hof Myrká im Eyjafjord, dessen Name nicht bekannt ist. Er hatte ein Verhältnis mit einer Frau, die Guðrún hieß. Sie war die Magd des Pastors auf dem Hof Bægisá auf der anderen Seite des Flusses Hörgá. Der Küster besaß ein weißes Pferd, welches er Faxi nannte.

Einmal, kurz vor dem Weihnachtsfest, ritt der Küster zum Hof Bægisá, um Guðrún zum Weihnachtsfest nach Myrká einzuladen. Während der Tage vor seinem Ritt nach Bægisá hatte es stark geschneit und gefroren. Aber an dem Tag, an dem er nach Bægisá reiten wollte, herrschte Tauwetter. Im Laufe des Tages hatte sich das Eis auf dem Wasser gelöst und der Fluss wurde unüberquerbar. Als er von Bægisá aufbrach, wusste er noch nicht, dass der Fluss nun sehr viel mehr Wasser führte. Er ritt entlang des Flusses bis zu einer Brücke beim Hof Saurbæ. Als er jedoch die Brücke überqueren wollte, brach sie entzwei und er stürzte in den Fluss. Am nächsten Morgen entdeckte der Bauer vom Hof Þúfnavellir ein gesatteltes Pferd unterhalb der Hauswiese. Es schien ihm das Pferd des Küsters von Myrká zu sein. Da er den Küster am Tag zuvor gesehen hatte, vermutete er Schlimmes. Und tatsächlich war es das Pferd des Küsters, nass und in schlechter Verfassung. Dann ging der Bauer zum Fluss. Bei Þúfnavallanes fand er den an einer Landzunge angetriebenen toten Küster. Daraufhin ging der Bauer nach Myrká, um die Nachricht zu überbringen. Als der Küster gefunden wurde, hatte er eine große Wunde am Hinterkopf. Wahrscheinlich hatte er sich an einer Eisscholle verletzt. Die Leiche wurde nach Myrká gebracht und in der Woche vor Weihnachten begraben.

Von dem Tag an, an dem der Küster von Bægisá aufbrach, war bis zum Heiligen Abend wegen des Wetters keine Nachricht über sein Schicksal nach Bægisá gelangt. Am Heiligen Abend hatte sich das Wetter beruhigt und Guðrún freute sich auf das Weihnachtsfest in Myrká. Gegen Abend fing sie an, sich umzuziehen, denn der Küster hatte versprochen, sie abzuholen. Als sie fast fertig war, hörte sie ein Klopfen an der Tür. Eine Frau, die auf dem Hof wohnte, öffnete. Draußen war es weder hell noch dunkel. Der Mond schien und ab und zu wurde er von Wolken verdeckt. Die Frau sah niemanden draußen stehen. Da sagte Guðrún: »Das wird für mich sein. Ich gehe hinaus.« Sie musste nur noch ihren Mantel anziehen und schlüpfte in den einen Ärmel. Den anderen Ärmel warf sie nach vorne über die Schulter und hielt ihn fest. Als sie hinauskam, sah sie Faxi vor der Tür stehen und neben dem Pferd einen Mann, von dem sie glaubte, es sei der Küster. Er hob Guðrún auf das Pferd und setzte sich selbst vor sie. Schweigend ritten sie los. Nach einer Weile erreichten sie den Hörgá-Fluss. An dem Ufer befanden sich hoch aufgetürmte Eisschollen. Als das Pferd über den Eisrand sprang, hob sich der Hut des Küsters von seinem Hinterkopf. Da sah Guðrún seinen nackten Totenschädel. Im selben Moment trieben die Wolken vor dem Mond weg und der Mann sprach:

»Der Mond gleitet,
der Tod reitet;
siehst du nicht den weißen Fleck
in meinem Nacken,
Garún, Garún[1].«

Das Mädchen erschrak und schwieg. Andere sagen, sie habe seinen Hut von hinten hochgehoben, den hellen Schädel gesehen und gesagt: »Ich sehe, was ist.« Dann kamen sie zum Hof Myrká. Dort stiegen sie an der Kirchenpforte vom Pferd ab. Da sagte der Küster:

»Warte hier Garún, Garún,
während ich Faxi, Faxi,
hinaufbring zur Koppel, Koppel.«

Nun ging der Küster mit dem Pferd davon. Als Guðrún zum Friedhof schaute, entdeckte sie ein offenes Grab und bekam Angst. Geistesgegenwärtig griff sie nach dem Glockenseil. Im selben Moment wurde sie von hinten gepackt. Es war ihre Rettung, dass sie nicht in den zweiten Mantelärmel geschlüpft war, weil der Küster so

1 Der Geist des Küsters nannte Guðrún Garún, weil er das Wort Guð (Gott) in ihrem Namen nicht aussprechen durfte.

heftig an ihrem Mantel zog, dass dieser an der Schulter auseinanderriss. Das Letzte, was sie vom Küster sah, war, wie er mit dem Mantelfetzen in der Hand in das offene Grab stürzte und die Erde auf beiden Seiten auf ihn hinunterfiel.

Guðrún läutete ununterbrochen die Glocken, bis die Leute vom Hof hinauskamen und sie holten. Sie war wie gelähmt vor Angst und wagte nicht, mit dem Läuten aufzuhören, weil sie glaubte, es mit dem Geist des Küsters zu tun gehabt zu haben, obwohl sie noch nicht von seinem Tod wusste. Dann erzählten ihr die Leute von Myrká die Geschichte vom Tod des Küsters und Guðrún von ihrem unheimlichen Ritt. In derselben Nacht, als alle zu Bett gegangen waren und das Licht gelöscht war, kam der Geist des Küsters erneut zu Guðrún. In dieser Nacht konnte keiner auf dem Hof schlafen. Danach musste zwei Wochen lang immer jemand nachts bei ihr wachen. Man sagt, der Pastor habe bei ihr auf der Bettkante sitzen müssen und ihr aus dem Psalter vorgelesen. Später wurde nach einem Zauberer aus dem Skagafjord geschickt. Er ließ oberhalb der Hofwiese einen großen Stein ausgraben und ihn auf den Hof vor den Giebel des Hauses rollen. Als die Dunkelheit einbrach, kam der Geist des Küsters und wollte ins Haus. Aber der Zauberer trieb ihn mit seinen Beschwörungen wieder in die Erde zurück und wälzte den Stein über die Stelle. Dort soll der Küster heute noch liegen. Nun hörte der Spuk in Myrká auf und Guðrún erholte sich. Sie ritt wenig später zum Hof

Bægisá zurück. Doch die Leute sagten, dass sie nicht mehr dieselbe wie früher war.

Arnarneshreppur

Die Landgemeinde Arnarneshreppur liegt auf der westlichen Seite des Eyjafjörður-Fjordes. Im Dorf Hjalteyri am Ufer des Fjordes steht seit 1966 eine leerstehende Heringsfabrik. Die riesigen grauen Gebäude wirken gespenstisch und manche Einheimischen behaupten, es spuke dort. Dennoch besitzt das kleine Dorf einen gewissen Charme. Wie früher stehen am Fjordufer noch Holzgestelle, auf denen Fisch (skreið) getrocknet wird. Die Einwohner fahren von der Anlegestelle mit ihren Booten zum Fischen auf den Fjord und die restaurierten Wohnhäuser und der Ausblick auf die schneebedeckten Berge auf der gegenüberliegenden Seite des Fjordes strahlen entspannte Ruhe aus. Mit etwas Glück können hier auch Wale gesichtet werden.

Der Geist von Gálmaströnd

Oberhalb von Hjalteyri liegen einige unbewirtschaftete Höfe auf dem Landstrich Gálmaströnd. In diesem Gebiet soll der Geist eines Jungen spuken, der sich bei einem Schneesturm verlief und draußen erfror. Man hörte nachts oft ein Jammern und unnatürliche Geräusche. Der Junge soll einen grauen Wollpullover und eine Schirmmütze getragen haben. Seine Socken hatte er über die Hosenbeine gezogen. In der Hand trug er den Körperteil eines Seehundes, mit dem er den Leuten zuwinkte, die er ärgern wollte. Eigentlich schien der Geist harmlos zu sein, nur einmal tötete er beinahe einen Mann. Ein Knecht von einem der Höfe fuhr den Winter über zum Fischen auf den Fjord und ging jeden Abend zu Fuß nach Hause. Die anderen Fischer fragten Jón, ob er nicht schon einmal dem Geist des Jungen in der Dunkelheit begegnet sei. Er verneinte die Frage und behauptete, er glaube nicht an Gespenster. Einmal war er in einer frostigen, klaren Mondnacht unterwegs. Er hatte einen spitzen Wanderstab und einen Sack mit Essen dabei. Auf halbem Weg sah er einen kleinwüchsigen, pummeligen Mann, der ihm entgegenkam. Erst dachte er, es wäre einer der Fischer, doch dem war nicht so. Beim Näherkommen sah er, dass es der Geist des Jungen war. So schnell er konnte, lief er davon. Das Gespenst folgte ihm und es dauerte nicht lange, da überholte der Junge ihn und stellte sich ihm in den Weg. Jón wollte ihn mit seinem Stock schlagen, aber der Wanderstock stieß ins Leere und zerbrach auf der auf dem Boden liegenden Eisschicht. Jón ergriff die Flucht. Das Gespenst folgte ihm, bis sie an das Fjordufer kamen. Der Knecht sah keinen anderen Ausweg, als sich auf den Geist zu stürzen. Er fiel ins Leere. Dann lief er, so schnell er konnte, nach Hause. Erschöpft und verängstigt betrat er die baðstofa (Wohn-, Schlafraum). Er fiel in sein Bett, ohne ein Wort zu sagen. Am nächsten Morgen erzählte er von seiner Begegnung mit dem Geist. Die Leute, die in der baðstofa waren, als Jón das Haus betrat, erzählten, dass sie noch nie einen solch zugerichteten Mann gesehen hätten. Sein Gesicht war rot und geschwollen, seine Augen standen hervor und seine Kleidung war zerfetzt. Er hatte keine Mütze mehr auf dem Kopf und noch einen Teil seines zerbrochenen Stockes in seiner Hand.

Siglunes

Siglunes ist der nördlichste Punkt einer Landzunge, die zwischen Siglufjörður und Héðinsfjörður liegt. Schon zur Zeit der Landnahme soll an diesem Ort eine Siedlung gestanden haben. Später zog eine Fischfangstation Arbeiter aus allen Landesteilen an. Siglunes war speziell für den Haifischfang bekannt. In den Jahren 1943 bis 1945 betrieben die Amerikaner in Siglunes eine Radarstation. Heute sind die wenigen vorhandenen Häuser nur noch im Sommer bewohnt. Der nächste größere Ort ist Siglufjörður, wo das isländische Heringsmuseum beheimatet ist (siehe auch: www.sild.is).

Ein Geist wirft mit Dorschköpfen

Um die Mitte des 19. Jahrhunderts versank ein Boot mit sechs Leuten vor Siglunes. Die gestrandeten Leichen wurden in einem Fischerschuppen untergebracht. Dann wurde ein Mann beauftragt, Särge für die Toten zu tischlern. Für einen der Toten war der Sarg jedoch zu kurz geraten. Kurzerhand hackte der Tischler der Leiche die Füße ab und legte sie mit in den Sarg. Etwas später fing es an, in dem Gebäude zu spuken. In dem Schuppen wurden Fanggeräte, Boote und Nahrungsmittel aufbewahrt. Sogar am helllichten Tag musste jetzt beim Betreten des Schuppens damit gerechnet werden, dass man einen Dorschkopf oder einen anderen Gegenstand an den Kopf geworfen bekam. Mehrere Personen wurden Opfer dieser Angriffe. Eine »sehende Frau« behauptete, den Geist gesehen zu haben und berichtete, dass er auf den Knien kroch, weil er keine Füße hatte.

Skagafjörður

Zum Bezirk Skagafjörður gehört auch Hólar im Hjaltadalur. Der kleine Ort im Inneren des Landes war von 1106 bis 1801 neben Skálholt zweiter Bischofssitz Islands. Heute befindet sich dort die Hochschule für Pferde- und Fischzucht. Neben der Domkirche zieht auch das Informationscenter über Islandpferde Besucher aus aller Welt an.

Die Torfhäuser von Glaumbær nördlich von Varmahlíð beherbergen das Heimatmuseum von Skagafjörður. Eine weitere Sehenswürdigkeit im nordwestlichen Teil

Islands ist das Museum der »Westfahrer« in Hofsós, das über die isländischen Emigranten informiert, die im 19. Jahrhundert in die USA und nach Kanada auswanderten (siehe auch: www.hofsos.is/is/vesturfarasetrid).

Miklabæjar-Solveig

Auf dem Hof Miklabær im Skagafjörður lebte einmal eine junge Frau, die Solveig hieß (?–1778). Sie arbeitete dort als Wirtschafterin und verliebte sich in den ansässigen Pastor. Da der Pastor ihre Liebe nicht erwiderte und eine andere Frau heiratete, versuchte sie immer wieder, sich das Leben zu nehmen. Nachts schlief ein 20-jähriges Mädchen bei ihr und am Tage passten auch die anderen Hofbewohner auf sie auf. Eines Abends verschwand sie. Ein Knecht entdeckte ihr Verschwinden und lief ihr hinterher. Solveig war schneller und schnitt sich mit einem Messer die Kehle durch. Als der Knecht sah, wie das Blut aus ihrem Hals strömte, soll er gesagt haben: »Da nahm der Teufel sie zu sich.« Bevor Solveig starb, hatte sie noch eine letzte Bitte an den Knecht. Er sollte dem Pastor ausrichten, dass sie auf dem Friedhof begraben werden wollte. Dann verblutete sie und starb. Der Knecht teilte dem Pastor Solveigs Wunsch mit. Der Pastor versuchte, von seinen Vorgesetzten die Erlaubnis zu erhalten, Solveig auf den Kirchenfriedhof zu begraben. Dies wurde ihm nicht erlaubt, weil das Mädchen Selbstmord begangen hatte. In der Nacht, als er die Absage erhielt, erschien dem Pastor Solveigs Geist. Sie soll ein wütendes Gesicht gehabt und ihm gedroht haben, dass, wenn er sie nicht in geweihte Erde begraben würde, ihm dies auch verwehrt bliebe.

Nun wurde Solveigs Leiche außerhalb des Friedhofs und ohne Kirchengesang begraben. Kurz darauf begann der Geist des Mädchens, den Pastor zu verfolgen. Da das Gespenst dem Pastor erschien, wenn er allein oder spät unterwegs war, begleiteten ihn oft Mitglieder seiner Gemeinde. Im Winter 1786 war er wieder einmal unterwegs. Auf seinem Heimweg hatte er – wie so oft – eine Begleitung bei sich, die ihn gewöhnlich bis zu seiner Haustür brachte. Als der Pastor aber bei der Hauswiese seines Hofes ankam, sagte er dieses Mal zu dem Mann, der ihn begleitete, dass er nach Hause reiten könne, denn nun würde ihm nichts mehr passieren. Daraufhin ließ der Mann den Pastor allein zurück. Auf dem Hof wartete man jedoch vergebens auf sein Erscheinen. Am Abend hörten die Hofbewohner ein merkwürdiges Klopfen an der Haustür und kurz darauf schien sich eine übernatürliche Erscheinung im Wohnraum des Hauses aufzuhalten. Am nächsten Morgen entdeckten die Leute das Pferd des Pastors auf dem Hofplatz. Seine Reitgerte und die Handschuhe befanden sich unter dem Sitzkissen des Sattels. Daraufhin waren die Hofbewohner sehr besorgt, denn sie sahen, dass der Pastor zwar heimgekommen, aber dennoch verschwunden war. Nun wurde nach ihm gesucht und auf sämtlichen Höfen angefragt, ob der Pastor gesehen worden sei. Die Suche dauerte mehrere Tage. Nachdem man die Hoffnung aufgegeben hatte, meinten die Leute, Solveig habe ihr Versprechen, dass der Pastor kein Grab auf dem Kirchenfriedhof bekommen und sie ihn zu sich in ihr Grab holen würde, eingelöst. Dennoch wurde nicht in ihrem Grab nachgeschaut. Nachdem man die Suche aufgegeben hatte, wollte der Knecht des Pastors noch einen Versuch wagen. Er schlief im Bett gegenüber der Frau, die bei Solveig geschlafen hatte. Sie konnte hellsehen. Eines Abends nahm der Knecht verschiedene Kleidungsstücke und andere Sachen des Pastors und legte sie unter seinen Kopf, um zu sehen, ob er von ihm träumen würde. Er bat die sehende Frau, wach im Bett zu liegen und ihn nicht zu wecken, auch wenn er unruhig im Schlaf wäre. Sie sollte genau beobachten, was geschehen würde. Dann ließ er das Licht brennen und beide legten sich hin.

Als der Knecht endlich in den Schlaf fiel, beobachtete die Frau, wie Solveig plötzlich erschien. Sie hielt etwas in ihrer Hand. Doch konnte sie nicht erkennen, was es war. Als sie die Bettkante erreichte, sah die Frau, wie Solveig sich über den Knecht beugte und ihm scheinbar den Hals aufschneiden wollte. Da begann der Knecht im Schlaf mit ihr zu kämpfen. Die junge Frau beschloss, den Knecht zu wecken. Daraufhin verschwand der Geist. Die Frau entdeckte einen roten Streifen am Hals des Knechtes – genau dort, wo Solveig ihm den Hals aufschneiden wollte. Anschließend fragte sie den Knecht nach seinem Traum.

Er sagte, Solveig sei zu ihm gekommen und habe gesagt, dass er nie erfahren würde, was aus dem Pastor geworden sei. Danach habe sie ihm mit einem großen Messer den Hals aufschneiden wollen. Den Schmerz an der Stelle fühlte er immer noch. Danach hörte der Knecht auf, nach dem Pastor zu forschen. Seitdem machte – so wird erzählt – nur noch der Sohn des Pastors mit Solveigs Geist Bekanntschaft. Als er die erste Nacht bei seiner Frau schlief, wurde er von ihrem Geist verfolgt. Es soll ihn große Mühe gekostet haben, sich vor Solveigs Angriff zu wehren.

Im Jahr 1789 soll die Leiche des Pastors in einem Fluss in der Nähe des Hofes gefunden worden sein. Der Fund wurde geheim gehalten, da vieles darauf hindeutete, dass der Pastor sich das Leben genommen hatte, und er damit keinen Anspruch auf ein Grab auf dem Kirchenfriedhof besaß. Seine Bestattung fand daher heimlich statt und die Geschichte über Solveig, die angeblich am Verschwinden des Pastors Schuld gewesen war und ihn zu sich ins Grab genommen hatte, lebte weiter. Im Jahr 1914 stieß man bei der Vergrößerung des Kirchenfriedhofs auf Solveigs Grab. Der Sarg zerfiel bei der Ausgrabung. In ihm befanden sich nur die Gebeine des Mädchens.

Im Jahre 1937 war die Geschichte von Solveig und dem Pastor plötzlich wieder in aller Munde. Sie erschien in einer spiritistischen Sitzung und bat darum, dass ihre Knochen ausgegraben und auf dem Kirchenfriedhof von Glaumbær begraben werden sollten. Sie behauptete, am Tod des Pastors unschuldig gewesen zu sein. Und beschrieb den Ort, wo sich seine Leiche befand. Erst bei einem zweiten Versuch wurden Solveigs Überreste gefunden und ausgegraben. Dann wurden sie nach Glaumbær gebracht. Einer der Männer, der auf Solveigs Wunsch daran beteiligt war, träumte den genauen Standort des Grabes auf dem Friedhof, wo man schließlich ihre Knochen begrub. Es gab viele verschiedene Meinungen über den Tod des Mädchens und des Pastors. Zahlreichen Menschen erschienen die beiden Personen in ihren Träumen. Ebenso gab es Zeitungsberichte zu dieser Geschichte, die bis heute nicht in Vergessenheit geraten ist.

Das Skelett in der Kirche von Hólar

Eines Abends wollte der Bischof Jón Arason ein Buch aus der Kirche holen lassen, das dort auf dem Altar lag. Die Magd bot an, das Buch zu holen. Sie nahm den Kirchenschlüssel und ging. Der Bischof hatte einen unterirdischen Gang von seinem Haus zur Kirche bauen lassen, damit er bei einem Angriff von Feinden in die Kirche flüchten konnte. Die Magd ging durch den Gang zur Kirche, fand das Buch und nahm es an sich. Sie fürchtete sich jedoch davor, wieder den dunklen Gang zu betreten. Als sie stattdessen in Richtung der Kirchentür ging, entdeckte sie auf einer Bank auf der Frauenseite ein menschliches Skelett mit hellblondem Haar. Neugierig fragte sie das Wesen nach seiner Herkunft. Die Erscheinung antwortete: »Ich bin eine tote Frau. Meine Mutter hat mich mit dem Fluch belegt, nicht zu verrotten. Ich bin hierhergekommen, damit du mir helfen kannst.« Die Magd antwortete, dass sie nicht wüsste, wie und ob sie ihr helfen könnte. Das Skelett antwortete, die Magd solle ihre Mutter bitten, ihr ihre Tat zu vergeben und den Fluch von ihr zu nehmen. »Wo ist deine Mutter?«, fragte die Magd. Das Wesen sagte ihr, wo sie die Mutter finden konnte. Der Geist der Mutter befand sich in einem kleinen Raum in der Kirche. Die Magd ging zu der alten Frau und bat sie, ihrer Tochter zu vergeben und den Fluch von ihr zu nehmen. Da es selten vorkam, dass ein menschliches Wesen sie um einen Gefallen bat, gab die Mutter schließlich nach. Die Magd bedankte sich bei ihr und ging wieder in den Kirchenraum. Dort, wo vorher das Skelett gewesen war, lag nun feiner Staub auf der Kirchenbank. Als sie die Kirche verließ, hörte sie eine Stimme hinter sich sagen: »Schaue in meine Augen, wie rot sie sind.« Die Magd antwortete, ohne sich umzusehen: »Blicke auf mein Hinterteil, wie schwarz es ist.« Da schien ihr, als ob der Friedhof voller Leute wäre, die schrien und Lärm machten. Sie war verängstigt, dennoch erreichte sie das Haus, übergab dem Bischof das Buch und sagte: »Fünf Schreie habe ich auf dem Hólarfriedhof gehört. Die Stimmen der Geister waren so tief, dass es in der Bergschlucht dröhnte.«

Húnavatnssýsla

Zwei Ortschaften befinden sich an der Küste der Húnaflói-Bucht: Blönduós und der ehemalige Handelsplatz Skagaströnd. In Blönduós ist das Isländische Textilmuseum beheimatet, wo außer einer Ausstellung auch Forschungen zum isländischen Textilhandwerk betrieben werden (siehe auch: www.textile.is). Oberhalb des Fischerdorfes Skagaströnd erhebt sich der 639 Meter hohe Berg Spákonufell, der nach der Wahrsagerin (spákona) Þórdís benannt ist. Sie muss eine regelrechte Powerfrau gewesen sein, denn sie wird als dominant, gebildet und vorausschauend beschrieben. Ihr Ziel war es, über den Bezirk zu herrschen. Jeden Tag soll sie den nach ihr benannten Berg hinaufgegangen sein, wo sie über ihren Hof und über die Skagaströnd-Küste bis hinüber zur anderen Seite der Húnaflói-Bucht blicken konnte. Auf einem Felsen sitzend, kämmte sie dort ihr Haar mit einem goldenen Kamm. Den Kirchen gegenüber zeigte sie sich sehr großzügig. Nur dem Pastor der Kirche von Hof war sie schlecht gesinnt. Als sich eines seiner Schafe immer wieder auf ihrem Land aufhielt und sie es schließlich auf grausame Weise tötete, rächte sich der Pastor an ihr, indem er sie mit Zauberei durch einen herabstürzenden Felsen töten ließ. Es wird gesagt, dass Þórdís nach dem Tod des Schafes ahnte, dass sie nur noch kurz Zeit zu leben hatte. Sie soll alle ihre Schätze in eine Kiste eingeschlossen und diese auf einen Felsabsatz mit dem Schlüssel im Schloss gestellt haben. Eine Frau, die weder gläubig erzogen noch getauft war, sollte in den Besitz der Kiste und ihres Inhalts kommen. Für alle anderen sollte der Schatz nur als Felsen erkennbar sein. Soweit bekannt, ist es bisher niemandem gelungen, die Schatzkiste vom Berg zu holen.

Der Zauberer Páll

Der Zauberer Páll lebte in einer Hütte bei Stóruborg im Bezirk Húnavatnssýsla. Er soll seine Frau mit Zauberei getötet haben, indem er teuflische Runen auf ihre Käsescheibe ritzte, Butter darüber strich und ihr diese zu essen gab. Das Verbrechen wurde aufgedeckt und der Hexer zum Tod durch Verbrennen verurteilt. Das Urteil wurde auf dem Landstrich Nesbjörg vollstreckt. Als man seine Asche durchsuchte, fanden die Leute sein nicht verbranntes Herz. Das Herz wurde nun mit Eisenhaken auseinandergerissen. Es sollen schwarze Insekten daraus gekrochen sein. Danach konnte auch das Herz verbrannt werden.

Das Gespenst von Prestbakki

Früher stand der Hof Bakki am Hrútafjörður auf einem Hügel nördlich von dem heutigen Kirchensitz Prestbakki. Weil dort Geister herumspukten, war der Hof

Bakki nicht mehr bewohnbar. Davon erzählt folgende Geschichte:

Ein Bauer aus der Gemeinde wollte die Tochter des Pastors heiraten, was ihm aber verwehrt wurde. Mit diesem Schicksal konnte er sich nicht abfinden. Er erkrankte und starb. Man begrub ihn an einem Sommertag auf dem Friedhof der Kirche. Die Zeit verging und nichts geschah. Im Winter bemerkten die Hofbewohner ein merkwürdiges Verhalten der Pastorentochter. Eines Abends ging ihre in die Jahre gekommene Pflegemutter auf den Friedhof. Sie hatte ihr Strickzeug mit dabei. Das Wetter war gut und der Mond schien ab und zu durch die Wolken. Die Pastorentochter hatte ihr erzählt, dass der Verstorbene jeden Abend zu ihr kam und mit ihr schlief. Das gefiel ihr nicht immer, aber jetzt war sie schwanger von ihm. Er hatte ihr mitgeteilt, dass das Kind, wenn es herangewachsen war, Unheil bringen könnte. Das war der Grund, warum sie ihrer Pflegemutter davon erzählt hatte.

Die alte, lebenskluge Frau besuchte an diesem Abend das Grab des Mannes. Es stand offen. Sie ließ ein Wollknäuel in das Grab fallen, setzte sich auf die Kante und begann zu stricken. Dem Glauben nach ging kein Toter zurück in sein Grab, wenn dort etwas hineingelegt wurde. Die Frau wartete, bis der Geist erschien. Er kam und bat sie, das Wollknäuel aus dem Grab zu nehmen, damit er hinuntersteigen könnte. Die Frau sagte, sie würde seine Bitte nicht erfüllen, solange er ihr nicht mitteile, was er vorhätte. Der Geist antwortete, dass er die Pastorentochter aufsuchen wolle. Jetzt könnte ihr Vater ihm nichts mehr anhaben, weil sie schwanger mit einem Jungen sei. Daraufhin wollte die Alte wissen, was für ein Schicksal den Jungen erwarten würde.

»Er wird hier Pastor werden«, sagte das Gespenst, »und wenn er das erste Mal am Altar die Gemeindemitglieder segnet, wird die Kirche mit all ihren Besuchern versinken. Das wird meine Rache dafür sein, dass ich das Mädchen nicht heiraten durfte.«

»Das ist eine schlechte Vorhersage«, sagte die Frau. »Gibt es eine Möglichkeit, das zu verhindern?«

»Es gibt diese Möglichkeit, falls jemand den Pastor in dem Moment tötet, in dem er den Segen ausspricht. Aber das wird niemand tun.«

»Glaubst du das, oder gibt es noch eine andere Möglichkeit, dieses Unglück abzuwenden?«, fragte die Alte.

Das Gespenst verneinte diese Frage.

»Gehe dann zurück in dein Grab und komm da nie wieder heraus«, sagte die Frau, nahm ihr Wollknäuel an sich, und der Geist betrat sein Grab, das sich im selben Moment verschloss. Bevor sie heimging, hielt sie eine Moralpredigt, die zur Folge hatte, dass es nicht mehr auf dem Hof spukte. Niemand erfuhr von ihr, was sich an dem Abend auf dem Friedhof zugetragen hatte.

Bald gebar die Pastorentochter einen kräftigen und hübschen Jungen. Es ist nicht bekannt, ob sie dem Pastor den Namen des Vaters nannte, aber der Junge wuchs bei ihr und seinem Großvater auf. Schon früh stellte sich heraus, dass der Junge sehr begabt war. Es dauerte nicht lange, da hatte er seine Ausbildung abgeschlossen und unterstützte seinen Vater in seinem Amt. Die alte Frau befürchtete, dass nun das eintreffen würde, was der Geist vorhergesagt hatte. Sie ging zu ihrem Sohn, der mutig und auch skrupellos sein konnte, und erzählte ihm die ganze Geschichte. Dann forderte sie ihn auf, den Pastor zu töten, wenn er die Kirchengäste segnen würde. Sie versprach, dass diese Tat keine Folgen für ihn hätte. Der Sohn zögerte erst, der Forderung seiner Mutter zuzustimmen. Dann gab er aber nach und die Alte ließ sich von ihm beeiden, dass er tat, was sie ihm befohlen hatte. Als der junge Pastor seine erste Messe hielt, erschienen zahlreiche Leute in der Kirche. In dem Moment, als er die Hände hob und die Gemeindemitglieder segnen wollte, gab die alte Frau ihrem Sohn ein Zeichen. Widerwillig stand der Sohn auf und erstach den Pastor. Die Kirchengäste waren fassungslos und wollten sich auf den Täter stürzen. Einige eilten dem Pastor zur Hilfe, aber es war nichts mehr von ihm übrig als der obere Halswirbel, der auf dem Kniekissen vor dem Altar lag. Da sahen die Leute, dass hier etwas nicht stimmte. Dann trat die alte Frau vor die Gemeinde und erzählte alles. Die Menschen waren sehr erschrocken, bedankten sich aber dann bei ihr für ihren Mut. Jetzt entdeckten sie auch, dass das Kirchengebäude schief stand und ein Teil der Kirche sich gesenkt hatte. Das war passiert, weil der Pastor die ersten Worte seines Segens ausgesprochen hatte, bevor er getötet worden war. Nach diesem Ereignis gingen auf dem Hof Bakki Gespenster um, sodass der Kirchensitz auf den heutigen Standort verlegt wurde.

Der Todesritt auf dem Eis

In der Nähe des Svínavatn-Sees stehen die Kirche und der Hof Auðkúla. Seit Beginn des 19. Jahrhunderts wechselten dort auffällig oft die Pastoren. Der Grund für die kurzen Amtszeiten der Gottesdiener mochte sein, dass der Geist eines im Jahr 1817 ertrunkenen Pastors dort umgehen sollte. Er brach im Winter zusammen mit seinem Pferd in das Eis ein und fand dort seinen Tod. Erst im darauffolgenden Frühling entdeckte man seine Leiche. Schon am Tag des Unglücks begegnete einem Knecht des Hofes die Erscheinung des Pastors im Viehstall. Zu diesem Zeitpunkt wusste der Knecht noch nichts vom Schicksal des Pastors. Die anderen Hofbewohner versicherten ihm, dass der Pastor von seinem Ritt nicht zurückgekehrt sei, was der Knecht anfangs nicht glauben wollte. Der Geist des Verstorbenen ließ den nachfolgenden Pastor nicht in Ruhe, da er die Witwe und ihre Kinder nicht auf dem Hof wohnen lassen wollte. Ihn und auch andere, die seinen geliebten Wohnsitz begehrten, versuchte er in das Wasser des Sees zu locken oder ließ sie auf dem Eis in die Irre reiten. Da es auf dem See Löcher gab, die nur eine dünne Eisschicht bedeckte, war das sehr gefährlich für die Reiter. Zweimal folgte das Gespenst einem Mann in der Dunkelheit über das Eis, der die Erscheinung als den toten Pastor mit dem blauen Pullover beschrieb. Diesen Pullover hatte der Pastor am Tag seines Todes getragen. Dem Mann wurde abgeraten, ein drittes Mal spätabends über den vereisten See zu gehen, denn wenn jemand dreimal demselben Geist begegnete, würde dieser die Person umbringen. Es geschahen immer wieder merkwürdige Dinge auf dem Hof, die mit dem Geist des Pastors in Verbindung gebracht wurden. Auch die Geister von zwei anderen in den Jahren 1832 und 1840 verstorbenen Pastoren sollen Reiter, die über den zugefrorenen See ritten, in die Irre geführt haben. Es wird behauptet, dass einer von ihnen vorwegreiten und mit einem weißen Tuch wedeln würde, um damit die Reiter von ihrem Weg abzubringen.

WESTISLAND und die WESTFJORDE

Die Menschen im Westen Islands schienen der Zauberei besonders angetan gewesen zu sein. Die Mehrzahl der Hexenverbrennungen wurden in den Westfjorden durchgeführt. Der Grund für die starke Verbreitung von Hexerei ist wohl auf die isolierte Lage dieses Gebietes zurückzuführen. Heidnische Bräuche blieben hier länger erhalten. Es ist anzunehmen, dass auch ausländische Seeleute Aberglauben aus ihren Heimatländern mit nach Island brachten. Die Verfolgung der Hexer schürte die Angst der Bevölkerung vor den Kräften der Magie. Dazu kam, dass die zu dieser Zeit amtierenden Bezirksamtmänner von der Gefahr der Zauberei überzeugt waren und ohne Zögern die der Zauberei Verdächtigten zu harten Strafen verurteilten.

Wer sich intensiver mit der Zauberei in diesem Gebiet beschäftigen möchte, sollte das Museum für Hexerei und Magie (Galdrasafnið) in Hólmavík besuchen (siehe auch: www.galdrasyning.is). Dem Museum angeschlossen ist des Hexers Landhaus (Kotbýli kuklarans) beim Klúka-Hof im Bjarnafjörður. Das Landhaus des Hexers ist den früheren Zauberern der Gemeinde Kaldrananes gewidmet.

Dazu gehören der Landnehmer Grímur Ingjaldsson und sein Sohn Þóri (Sel-Þóri) sowie Svanur von Svanhóli, der in der Njáls-Saga erwähnt wird, und Snorri von Svanhóli (18. Jahrhundert). In Ísafjörður, dem Zentrum der Westfjorde, befindet sich am Ufer des Fjordes das sehenswerte Heimatmuseum Neðstakaupstað. Zum Museum gehören vier Gebäude, die von dänischen Kaufleuten im 18. Jahrhundert erbaut wurden. Die Ausstellung informiert insbesondere über den Fischfang und die Fischverarbeitung in früheren Zeiten. Der Strand Rauðasandur (roter Sand) und die Vogelfelsen von Látrabjarg auf der Südwestseite der Fjorde gehören zu den Höhepunkten einer Reise in die Westfjorde.

Neben den zahlreichen der Hexerei kundigen Menschen weist dieser Landstrich auch eine hohe Zahl von Orten auf, wo sich Elfen, Trolle oder Geister aufhalten sollen. Auf der Skorar-Heide zwischen den Fjorden Hrafnsfjörður und Furufjörður spuken bei dem See Skorarvatn die Geister der Leute, die dort draußen umgekommen sind. Die im Lónafjörður ansässigen Trolle sollen gerne den See zum Forellenfischen genutzt haben, was zu gewaltsamen Zusammentreffen mit den ansässigen Bauern führte.

Vor der Landzunge Langanes im Arnarfjörður ragen hohe Felsen und Gesteinsblöcke in den Himmel. In einer der kleinen felsigen Buchten gibt es eine Höhle, die durch einen schmalen Eingang weit in den Fels hineinführt. Dort soll sich ein der Zauberei angeklagter Mann versteckt gehalten haben. Er war zum Tod auf dem Scheiterhaufen verurteilt, konnte sich aber aus der Gefangenschaft befreien und suchte Schutz in der Höhle. Seit jeher war die Höhle bekannt dafür, dass es dort spukte. Es wurde behauptet, dass dort ein Ungeheuer seine Wohnstätte hätte oder zumindest Geister lebten.

Im 18. Jahrhundert lebte der magisch begabte Pastor Jón Þórðarson (1679–1755) am Fjord Dýrafjörður. Er war bei seinen Gemeindemitgliedern nicht sehr beliebt. Einmal fiel er beim Austeilen des Abendmahls hin und der Kelch rutschte ihm aus der Hand. Dieses Missgeschick wurde in Verbindung mit bösen Kräften gebracht, sodass der damalige Bischof ihn seines Amtes enthob. Pastor Jón verließ daraufhin enttäuscht seine Gemeinde. Angeblich sagte er, dass niemand jemals den Bezirk wohlhabend verlassen würde. Diese Voraussage soll sich bewahrheitet haben. Er selbst zog zu seinem Sohn, wo es ihm gut erging. Pastor Jón verkündete, dass es am besten sei, wenn sein Nachfolger als Erster die Kirche beträte. Dem neuen Pastor kam dies zu Ohren. Es wurde gesagt, er habe, anstatt die Kirche zuerst zu betreten, einen Hund in die Kirche geworfen, der sofort starb. Der ehemalige Pastor behauptete ebenfalls, dass die Kirche seinen Tod auf irgendeine Weise verkünden würde. Dies geschah auch tatsächlich, denn zur gleichen Zeit, als der Pastor starb, wurde die Kirche bei einem Unwetter zerstört.

Die Bucht Trékyllisvík wird besonders oft im Zusammenhang mit Hexerei erwähnt. In verschiedenen Annalen wird berichtet, dass sich im Herbst 1652 dort merkwürdige Dinge zutrugen. Es wird von der Plage böser Geister erzählt, die in der Kirche während der Predigt des Pastors die Gottesdienstbesucher zu lautem Rülpsen brachten. Es schienen vor allem unberührte Frauen von diesem ungehobelten Verhalten betroffen gewesen zu sein. Zu dieser Zeit war der Bezirksamtmann Þorleifur Kortsson an der Macht. Sein Urgroßvater mit Namen Kurt oder Kort Lýðsson oder Lydersen soll ein Kaufmann aus Hamburg gewesen sein. Þorleifur war von kleinem Wuchs, hatte nur ein Auge und keine juristische Ausbildung, sondern lernte in jungen Jahren in Hamburg das Schneiderhandwerk. Þorleifur glaubte fest an den Teufel, der das Reich Gottes bedrohte. Anfangs war Þorleifur von der Bevölkerung hochgeachtet. Später wendete sich das Blatt. Man nannte ihn einen Brandstifter und machte ihn für die zahlreichen Hexenverbrennungen auf Island verantwortlich, wobei der langjährige Aufenthalt in Deutschland zur Zeit der Hexenverfolgungen sicherlich Einfluss auf seine Gesinnung hatte. Am 20. September 1654 gestanden zwei Männer aus dem Bezirk die Anwendung von Zauberei und wurden von ihm verurteilt und verbrannt. Nur fünf Tage später wurde einem dritten Mann die Hexerei zum Verhängnis. Er gestand, ein Schaf mit Hexerei getötet und den Teufel zu bösen Taten angestiftet zu haben. Darüber hinaus benutzte er Zauberverse und Beschwörungen sowie Runenstäbe und ging mit drei Mägden fremd. Insgesamt sollen in der Amtszeit von Þorleifur Kortsson 19 Menschen wegen Zauberei verbrannt worden sein.

Hornstrandir

Hornstrandir – der nördlichste Teil der Westfjorde – ist ein raues, einsames Gebiet, das im Sommer Wanderer und Abenteurer anlockt, die sich auf die Suche nach unberührter Natur begeben und mit ein bisschen Glück dort den unter Artenschutz gestellten Polarfuchs beobachten können. Bis Anfang des 20. Jahrhunderts gab es hier noch Höfe, deren Bewohner sich von Landwirtschaft und Fischfang ernährten. Das angeschwemmte Treibholz bildete ebenfalls eine willkommene Einnahmequelle. Außer im Sommer leben heute keine Menschen in dieser abgelegenen Gegend.

Eines der bekanntesten Gespenster, die bei Hornstrandir beheimatet waren, war Mópeys. Er war ein junger Bursche, der den Menschen in einem rotbraunen Pullover gekleidet im Schlaf und in wachem Zustand erschien. Der schelmische Geist spielte den Leuten gerne Streiche, wobei so manches in die Brüche ging. Zwei Mägde sahen einmal, wie sich die Erscheinung des Jungen in einen Funkenregen auflöste. Mópeys erschien oft als Vorbote für unerwarteten Besuch.

Der Zauberer Hallur

Als der Pastor Vigfús Benediktsson in die Bucht Aðalvík bei Hornstrandir zog, ließ er Holz zum Hausbau dorthin verschiffen. Auf der Fahrt in die Westfjorde kam ein schweres Unwetter auf. Die Schiffsbesatzung behauptete, dass Zauberei dahinter steckte. Sie bat den Pastor, das Holz zu untersuchen, denn irgendwo könnten darin Zauberrunen eingeritzt sein. Tatsächlich fand der Pastor an einem Balken ein Zeichen, das ihm unbekannt war. Er hackte das Stück Holz ab und sofort beruhigte sich das Wetter. Später stellte sich heraus, dass der Bauer Hallur, der ein gefürchteter Zauberer war, das Holz besitzen und mit der Zauberrune dessen rechtmäßigen Besitzer umbringen wollte, indem er das Schiff im Sturm versenkte. Der vorherige Pastor warnte Vigfús in einem Brief vor dem Hexer und meinte, dass er erst vor ihm Ruhe hätte, wenn er ihm dreimal die Absolution erteilen würde. Mit Mühe gelang das dem Pastor und Hallur besserte sich.

Flateyri

Das Dorf Flateyri liegt an der nördlichen Seite des Fjordes Ömundarfjörður. Oberhalb von Flateyri befindet sich der Berg Eyrarfjall (660 Meter), dessen zwei Schluchten Innra-Bæjargil und Skollahvilft die Dorfbewohner jeden Winter bei Schnee in Alarmbereitschaft versetzen, seit am 26. Oktober 1995 eine gewaltige Schneelawine das Dorf überrollte, die 20 Menschen das Leben kostete. Im Januar 2020 fielen wieder zwei Lawinen. Durch die neuen

Lawinenschutzwälle konnte größerer Schaden verhindert werden. Dennoch wurde in einem Haus ein 15-jähriges Mädchen verschüttet, das aber schon 40 Minuten später gerettet werden konnte. Im Hafen zerstörten die Lawinen sechs von sieben Booten.

Lottes Zimmer

Ende des 19. Jahrhunderts rochen die neu eingezogenen Bewohner und Gäste eines alten Hauses (Torfahús) in Flateyri starken Leichengeruch in der Nähe eines Zimmers, das Lottuherbergi (Lottes Zimmer) genannt wurde. Dann machte alle 14 Tage um zwölf Uhr Nachts der Geist eines jungen Mädchens auf sich aufmerksam. Die Erscheinung war überaus hübsch, trug weiße Kleider, und langes hellblondes Haar fiel ihr über die Schulter bis zur Taille. Das Mädchen erzählte einer der Mägde im Hause, dass sie vor Jahren ihr Kind in dem genannten Zimmer umgebracht habe. Man nahm an, dass sie die Leiche in der Wand versteckt hatte und dies der Grund für den Leichengeruch gewesen war. Ein dänischer Küfer, der einmal in dem Zimmer übernachtete, meinte, Knochengeklapper gehört und einen kleinen Kinderkörper an einer Schnur unter dem Dachbalken hängen gesehen zu haben. Er sprang auf und wollte das Kind abschneiden, aber da war der kleine Körper verschwunden. Einmal übernachteten zwei Schwestern in einem Raum neben dem Spukzimmer. Sie entdeckten eine Männergestalt, die halb in der Wand und halb im Zimmer stand. Als eine der Schwestern sich der Gestalt näherte, verschwand die Erscheinung. Konnte es der Geist des Geliebten des Mädchens gewesen sein, der den Ort aufsuchte, an dem sein Kind gestorben war?

Dýrafjörður

Der Fjord Dýrafjörður liegt zwischen Ömundarfjörður und Arnarfjörður und hat eine Länge von 32 Kilometern. Auf der Südseite unterhalb des Sandafell-Berges (362 Meter) liegt die Ortschaft Þingeyri. Fischfang und Fischverarbeitung waren und sind der Haupterwerbszweig der Bewohner. In dem westlich von Þingeyri gelegenen Tal Haukadalur lebte einst der Wikinger Gísli Súrsson, die Hauptperson in der Saga von Gísli Súrsson.

Das Gespenst aus dem Haukadalur

Folgende Geschichte soll sich kurz nach dem Jahr 1800 zugetragen haben: In einem Sommer kam ein französisches Schiff in den Fjord und legte bei der Landzunge Hafnarnes an. Der Kapitän ließ dort ein totes Besatzungsmitglied begraben. Danach fuhr das fremde Schiff wieder auf das Meer hinaus. Im darauffolgenden Winter kümmerten sich zwei Brüder um das Vieh ihres Vaters, das auf der Landzunge in einem Stall untergebracht war.

Die Brüder beschlossen, die Leiche des französischen Fischers auszugraben. Wie unter Seeleuten üblich, war der Tote in Segeltuch gewickelt, das man mit Fangleinen verschnürt hatte. Als die Leiche ausgegraben war, nahmen die Brüder das Segeltuch und die Fangleinen an sich und warfen den nackten Toten wieder in das Loch, das sie mit Erde füllten. Es verging nur kurze Zeit, bis der Geist des französischen Seefahrers auf sich aufmerksam machte und die Brüder verfolgte, die sich nun davor fürchteten, allein unterwegs zu sein. Dennoch passierte ihnen in diesem Winter nichts. Als im darauffolgenden Winter einer der Brüder die Schafe wegen eines Schlechtwettereinbruchs nach Hause treiben wollte, stellte sich ihm der Geist des Seemanns in den Weg. Die Schafe befanden sich in einer kleinen Höhle am Meer. Es bestand die Gefahr, dass sie bei einbrechendem Hochwasser ertrinken würden. Schon bald stand der Hirte bis zu den Knien im Wasser. Ihm blieb nur die Möglichkeit, ein Schaf nach dem anderen über eine hohe Schneewehe zu heben. Aber immer wieder scheuchte der Geist des Franzosen die Schafe zurück in die Höhle. Der Hirte gab dennoch nicht auf, bis er schließlich alle 60 Schafe über die Schneewehe gehoben hatte, während er schon bis zur Taille im Wasser stand. Als er selbst die Schneewehe hochkletterte, wendete sich der Geist von ihm ab. Der Heimweg war beschwerlich, da ein Schneesturm aufkam und die Kleider des Hirten sowie die Wolle der Schafe gefroren waren. Dennoch schaffte er es zurück ins Haus, in dem das Vieh untergebracht war. Drinnen fand er seinen Bruder bewusstlos und mit Schaum vor dem Mund in der Nähe der Feuerstelle. Währenddessen herrschte draußen ein Unwetter, das das Gebäude erzittern ließ. Der Hirte kümmerte sich um seinen Bruder und brachte ihn ins Bett. Schließlich legte er sich selbst völlig erschöpft hin. Zwei Tage lagen die Brüder hilflos in ihren Betten, bis ein Mann vorbeikam, der die Angehörigen wissen ließ, wie es um die Brüder stand. Man brachte die Brüder auf den Hof ihres Vaters und versorgte sie. Dennoch dauerte es lange, bis sie sich erholt hatten. Der Bruder, der die Schafe rettete, trug einen dauerhaften Schaden davon. Der Geist des Franzosen belästigte weiterhin die Brüder sowie die Bewohner des Haukadalurs. Letztendlich suchten die Talbewohner den Hexer Jóhannes von Kirkjubóli auf, der ihnen bei der Vertreibung des Geistes helfen sollte. Jóhannes sah gleich, dass es sich um eine mächtige Erscheinung handelte, und bat seinen Bruder um Hilfe bei der Geistervertreibung. Bald darauf ließ Jóhannes alle Talbewohner wissen, dass es gefährlich sein könnte, in einer bestimmten Nacht das Vieh draußen zu lassen. Besser sei es, die Tiere in den Stall zu bringen. Dann schickte Jóhannes seinen Gehilfen Tobías los, um ihm den Haukadal-Geist zu bringen. Eines Abends, als sich die Hofbewohner zur Ruhe begeben wollten, hörten sie Krach auf dem Dach, der bis zu den Morgenstunden anhielt und alle wach hielt. Dann war es plötzlich still. Man nahm an, dass

Tobías mit dem Geist kämpfte. Es soll auch einen Zeugen gegeben haben, der einen Tag später noch Tobías mit dem Geist zusammen sah und dass sie versuchten, sich gegenseitig in verschiedene Richtungen zu ziehen. An diesem Abend behielten alle Höfe außer einem ihr Vieh zu Hause. Dieser eine Hof, der dem Rat des Zauberers nicht gefolgt war, verlor in der Nacht 30 Schafe, die wohl der Geist ins Meer getrieben hatte. Auch wurde an allen Höfen an der Haustür geklopft, doch niemand war draußen zu sehen. Danach verkündete Jóhannes, er habe den Geist in einem weit von den Höfen entfernten Erdhügel begraben. Zu seinem Bedauern musste er auch seinen treuen Tobías begraben, da er sonst den Geist hätte ziehen lassen müssen. Seitdem ließ der Geist des Franzosen die Leute im Tal in Ruhe. Sie waren Jóhannes für seine Hilfe sehr dankbar und belohnten ihn mit Geschenken und Geld.

Arnarfjörður

Der Fjord Arnarfjörður (Adlerfjord) ist 30 Kilometer lang und 5 bis 10 Kilometer breit. Grüne, mit Birkensträuchern bewachsene Täler sowie steile Felshänge sind charakteristisch für die Landschaft. Im Inneren des Fjordes, in der Bucht Dynjandisvogur, liegt der Wasserfall Dynjandi. Das Wasser stürzt über mehrere Stufen 200 Meter den Berg hinunter. Ohne Zweifel zählt der

Wasserfall zu den schönsten des Landes. Der einzige Ort am Arnarfjörður ist der ehemalige Handelsplatz Bíldudalur mit 220 Einwohnern. Von Bíldudalur führt ein Weg entlang des Fjordes nach Selárdalur (26 Kilometer), der an hellen Sandstränden, steilen Felswänden und grünen Weiden vorbeiführt. Im Tal Selárdalur (Seehundtal) lebte bis zwei Jahre vor seinem Tod der autodidaktische Künstler Samúel Jónsson (1884–1969), der an diesem abgelegenen Ort seine ungewöhnlichen Betonkunstwerke erschuf. Als Inspiration für seine Skulpturen dienten neben anderen berühmten Bauwerken der Weltgeschichte auch die Alhambra von Granada.

Der lateinische Geist

Im Arnarfjörður bei Bíldudalur fiel einmal ein Steuermann eines holländischen Segelschiffes bei einem Trinkgelage über Bord. Er konnte nicht gerettet werden und ertrank. Einige Monate später fand der Bauer vom Hof Steinanes die Leiche, die daraufhin beerdigt wurde. Nun aber begann es auf Steinanes zu spuken. Des Nachts schien jemand im Haus umherzugehen und die Türen zuzuschlagen. Den Hofbewohnern erschienen Feuerblitze, die die Form eines Kopfes annahmen. Sie meinten darin das Gesicht des holländischen Steuermannes zu erkennen. Da die Leute immer ängstlicher wurden, weil der Tumult des Gespenstes ständig zunahm, begab sich der Bauer zu einem Zauberer. Der

Hexer erschien auf dem Hof, sagte seine Zaubersprüche auf und führte eine Geisterbeschwörung durch. Er nahm nur undeutlich die Gestalt des Gespenstes wahr. Nur die ungewöhnlich lange rechte Hand, an der ein Finger fehlte, war klar zu erkennen. Die Beschwörungen des Zauberers brachten keinen Erfolg. Am nächsten Morgen berichtete er dem Bauern, dass der Geist nicht auf seine Beschwörungen reagierte, weil er kein Isländisch verstand, sondern nur Latein, und dass der Spuk solange anhalten würde, bis man den Finger des Steuermannes finden würde. Diese Nachricht gefiel dem Bauern gar nicht, denn es bestand der Verdacht, dass der Finger des Holländers abgehackt worden war, da die Leiche so aufgeschwemmt war, dass man den Goldring des Toten nicht anders hatte entfernen können. Zur selben Zeit lebte ein angesehener Pastor auf dem Kirchensitz Hrafnseyri, der auch die Zauberei beherrschte. Der Bauer bat ihn, auf seinen Hof zu kommen, obwohl der Pastor der Geschichte von dem Geist keinen Glauben schenken wollte. Schließlich kam er doch noch auf den Hof. Schon in der zweiten Nacht machte er Bekanntschaft mit der Geistererscheinung. Der Geist saß breitbeinig auf dem Dachfirst und hielt seine riesige Hand hoch. Der Pastor sprach den Geist auf Lateinisch an. Da erschrak dieser und rutschte vom Dach, sodass nur der Kopf über den Dachfirst ragte. Sein Körper jedoch stand auf der Erde. Erneut begann der Pastor mit dem Gespenst zu reden. Das hatte zur Folge, dass der Geist zu einem Haufen zusammenschrumpfte, bis er völlig verschwunden war. Der Pastor zog eine kleine Karte hervor und steckte sie in die Erde. Dem Bauer riet er, an dieser Stelle einen Grabhügel aufzuschütten. Seitdem spukte es nie wieder auf dem Hof.

Jóhannes lässt grüßen

Der Hexer Jóhannes Ólafsson vom Hof Kirkjubóli im Arnarfjörður starb 1855. Einmal erkrankte eine Kuh von einem Nachbarhof. Die Hofbewohner gaben einem bösen Geist die Schuld daran. Jóhannes, der sich mit Zauberei auskannte, wurde aufgesucht. Die Bauersleute baten ihn, den bösen Geist aus der Kuh zu vertreiben. Jóhannes gab dem Bauern den Rat, in den Stall zu gehen und laut folgende Worte zu rufen: »Jóhannes vom Hof Kirkjubóli lässt die Kuh grüßen.« Der Bauer tat, wie ihm befohlen, und die Kuh wurde gesund. Ein anderes Mal bat der Bauer den Pastor Jóhannes um Hilfe, weil sein Vieh, das im Krákudalur weidete, an einer Euterentzündung litt. Wieder wurden böse Kräfte dafür verantwortlich gemacht. Jóhannes riet, dass der Viehhirte, wenn er die Tiere in das Tal trieb, laut rufen sollte: »Jóhannes Ólafsson von Kirkjubóli grüßt alle Talbewohner.« Auch dieses Mal konnte er die Tiere heilen. Der Zauberer Jóhannes soll zwei männliche Geisterwesen und einen weiblichen Geist zur Unterstützung gehabt haben. Auch zwei Luftgeister halfen ihm, wovon einer davon seinem

Bruder Magnús gehörte, den er sich bei Bedarf auslieh. Jóhannes wurde in den Büchern als seltsamer und irrer Mensch beschrieben.

Árum-Kári

Der Zauberer und Pastor Árum-Kári lebte im Tal Selárdalur am Arnar-Fjord. Auf der anderen Seite des Fjordes wohnte ein Mann mit dem Namen Kolbeinn. Die beiden Männer waren verfeindet. Eines Tages sammelte Kolbeinn einige Männer und wollte mit seiner Mannschaft hinüber zum Selárdalur rudern, um Árum-Kári zu töten. Das Boot zerbrach während der Überfahrt an einer Schäre, die seitdem Kolbeinsboði genannt wird. Die gesamte Mannschaft kam dabei ums Leben. Es wurde angenommen, dass auch Kolbeinn ertrunken war, doch als Árum-Kári an den Strand ging, begegnete er dort seinem Feind Kolbeinn. Die Männer fingen an zu kämpfen. Árum-Kári gelang es, auf Kolbeinns Rücken zu springen und mit beiden Händen von hinten seinen Bart zu fassen. Auf einer flachen Ebene ritt Árum-Kári auf Kolbeinn seinen Hexenritt. Danach war Kolbeinn tot. Er und die an das Fjordufer angetriebenen Leichen bekamen einen Platz auf dem Friedhof der Selárdal-Kirche, der seitdem Kolbeinsreittur genannt wird. In den Geschichten von Árum-Kári wird oft von seinen außergewöhnlichen Kräften erzählt. Der Sage nach soll er bei einem Kampf sogar eine Trollfrau besiegt und getötet haben.

Reykhólahreppur

Die Gemeinde Reykhólahreppur im Süden der Westfjorde umfasst gerade mal 260 Einwohner, die sich auf die Ortschaften Króksfjarðarnes und Reykhólar und das umliegende Land verteilen. Reykhólar ist eines der wenigen Gebiete auf Island, wo mit etwas Glück Seeadler beobachtet werden können. Das Museum in Reykhólar informiert über den Fischfang und die Natur dieses Landstriches, wobei insbesondere die Nutzung der Eiderente im Vordergrund steht. Eine umfangreiche Bootsausstellung ist ebenfalls dem Museum angeschlossen.

Der Leichenfund

Als der Bauer vom Hof Galtará im Fjord Kollafjörður im Herbst zum Hof Eyri unterwegs war, wurde er eine kurze Strecke vor ihm eines Mannes gewahr. Er rief dem Mann zu, er möge auf ihn warten. Aber der Unbekannte hörte ihn nicht und marschierte weiter. Dann ging der Mann zum Strand hinunter. Der Bauer folgte ihm, aber als sie zu einer Landzunge kamen, war die Person plötzlich verschwunden. Dem Bauer kam das merkwürdig vor. Er suchte weiter nach dem Mann und wäre beinahe über eine angeschwemmte Leiche gestolpert. Er zog die Leiche an Land, schloss die Augen des Toten und bedeckte das Gesicht mit seinem Taschentuch. Danach sorgte der

Bauer dafür, dass der Tote begraben wurde, wie es sich gehörte. Später kam ans Licht, dass es sich bei dem Toten um einen Mann handelte, der zuvor bei den Inseln im Breiðafjörður ertrunken war. Das aufrichtige Handeln des Bauern brachte ihm danach auf See und auf dem Land Glück, was als Dankesbeweis des Toten gedeutet wurde.

Das Gespenst von Garpsdalur

Sæmundur Þorsteinsson, ehemaliger Pastor in Garpsdalur am Gilsfjörður, berichtete, dass sich im Jahre 1807 unheimliche Dinge bei ihm auf dem Hof zutrugen. So wurden die im Wohnhaus Schlafenden im Schlaf gestört und ein Boot und die Türen vom Schafstall am helllichten Tag zerschlagen, ohne dass eine Person gesehen wurde. Am Abend des 20. Novembers trieb der Geist sein Unwesen im Wohnhaus, zerbrach Holzbretter und Fensterscheiben. Am 28. November kam es wieder zu starken Krawallen. Das Gespenst warf einen Hammer nach dem Pastor und verletzte ihn leicht. Einer älteren Frau mit Namen Guðrún flog ein Nachttopf an den Kopf. Das Wesen randalierte im Haus, sodass Türen und Bretter durch die Luft flogen. Daraufhin brachte der Pastor seine Frau und sein Kind auf den Nachbarhof. Am 8. Dezember machte das Gespenst wieder auf sich aufmerksam, indem es die Regale und die Bretterwand in der Speisekammer zerbrach. Mehrere

Leute waren Zeugen dieses Spektakels. Der anwesende Jugendliche Magnús Jónsson behauptete als Einziger, den Geist sehen zu können. Es sollte sich nach seinen Angaben um ein weibliches Wesen handeln. Magnús sagte, dass das Wesen, nachdem der Pastor es angesprochen hatte, in der Wand verschwunden sei und sich auf den Weg zum Stall gemacht habe. Magnús und Guðrún folgten dem Gespenst durch den Gang, der zum Stall führte. Da wurde ihnen zum Empfang nasse Erde und Kuhmist entgegengeworfen. Dann folgte ein so großer Stein, den kein menschliches Wesen hätte werfen können, und es wurde so fest auf Guðrúns Arm eingeschlagen, dass sie drei Wochen im Bett liegen musste. Am 26. Dezember versuchte der Hirtenjunge Einar Jónsson den Geist zu beschwören, sich ihm zu zeigen. Daraufhin überfiel ihn eine starke Verwirrtheit und Tobsucht, sodass man auf ihn aufpassen musste, damit er sich keinen Schaden zufügte. Als er sich wieder erholt hatte, sagte er, dass das Gespenst ihn stetig verfolge. Danach verließ er Garpsdalur. Dem Gespenst wurden noch viele andere unerklärliche Begebenheiten nachgesagt, die der ansässige Pastor, Magnús, Guðrún und die anderen Garpsdal-Bewohner unter Eid zu bezeugen bereit waren. Später ging das Gerücht um, dass der junge Magnús etwas mit dem Spuk im Garpsdal zu tun gehabt hätte. Er erhielt daraufhin den Beinamen Garpsdalsdraug (Garpsdal-Gespenst), der bis ins Alter an ihm haften blieb.

Snæfellsnes

Der 1.446 Meter hohe eisbedeckte Vulkan Snæfellsjökull auf der Halbinsel Snæfellsnes strahlt eine geheimnisvolle Energie aus, die sogar außerirdische Besucher angelockt haben soll. Immerhin diente der Berg vielen bekannten Schriftstellern als Inspiration.

Der französische Schriftsteller Jules Vernes erzählte in seinem Buch »Die Reise zum Mittelpunkt der Erde« die Geschichte des Hamburger Professors Lidenbrock und seines Neffen, die im Snæfellsjökull beginnt und im italienischen Vulkan Stromboli endet.

Halldór Laxness schrieb das Buch »Am Gletscher«, in dem er von dem am Fuße des Gletschers lebenden Pastor Jón Primus berichtet, dem der Bischof einen jungen Theologen schickt, da das Verhalten des Pastors Anlass zur Sorge gibt.

Bezeichnend für diese Region Islands sind die kleinen Fischerdörfer, die im Spätmittelalter von Hansekaufleuten angelaufen wurden, die gespenstischen Lavafelder und idyllischen Buchten sowie eindrucksvolle Bergketten.

Zu den Sehenswürdigkeiten gehört das Dorf Arnarstapi, die Bucht Dritvík und der Strand bei Búðir auf der Südseite sowie Stykkishólmur und Grundarfjörður mit dem Berg Kirkjufell (463 Meter) auf der Nordseite der Halbinsel.

Die Knochen

Im Herbst 1930 fuhren zwei Männer mit einem Lastwagen von Ólafsvík auf der nördlichen Seite der Halbinsel Snæfellsnes nach Fróðá. Während der Fahrt spürte plötzlich der Beifahrer, dass der Fahrer die Kontrolle über das Auto verlor und sie sich immer dichter der steil abfallenden Wegkante näherten. Gleichzeitig drängte sich etwas zwischen die beiden Insassen und drückte den Beifahrer bis an die Beifahrertür. »Wir sind hier nicht allein«, sagte der Fahrer. »Ein anderer will hier bestimmen.« Daraufhin übernahm der Beifahrer das Steuer. Nach einer Weile spürten die Männer, dass diese unsichtbaren Kräfte verschwanden. Während der Rückfahrt passierte auf dem gleichen Teil der Strecke dasselbe wie auf der Hinfahrt. Daraufhin hielt der Fahrer den Lastwagen an. Er besaß die Gabe des Hellsehens und hatte schon einmal Ähnliches in Zusammenhang mit einem Leichenfund erlebt. Die Männer diskutierten den Vorfall, fuhren aber dann weiter. Als sie beim Haus des Fahrers ankamen, untersuchten sie den Wagen genauer. Sie nahmen die Sitze heraus und entdeckten ein Stück Stoff. Beim Anheben des Stoffes fielen Knochen heraus. Es waren Menschenknochen. Der Lastwagen wurde auch oft von einem anderen Mann gefahren. Die Männer fragten ihn, ob er vielleicht etwas im Wagen vergessen hätte. Nach einer Weile fiel es dem Mann wieder ein. Im Sommer war er gebeten worden, einen Sack mit Menschenknochen nach Ólafsvík zu bringen. Die Knochen hatten Einheimische aus einem Bergbach gefischt. Fetzen von Kleidungsstücken hielten die Knochen zusammen. Es wurde vermutet, dass die Knochen von einer geistesgestörten Frau stammten, die sich in den Bergen verirrt hatte und nicht gefunden worden war. Ein paar Knochen mussten wohl nach der ersten Fahrt zurückgeblieben sein, die dann der damalige Fahrer des Lastwagens bei einer späteren Fahrt unter den Sitz legte und vergaß. Diese Knochen wurden nun dem Sargtischler übergeben. Er wollte sie mit in den Sarg einer jungen Frau legen. Da überkam den Hellseher ein merkwürdiges Gefühl und er bat den Tischler, die Knochen doch in das Grab der Frau zu legen, zu der die Knochen gehörten. In gleichen Moment verschwand das eigenartige Gefühl.

Nesvogur

Südlich von Stykkishólmur liegt die Bucht Nesvogur. Im Winter liefen die Leute gerne über das Eis der Bucht, um den Weg in die Landgemeinde Helgafell abzukürzen. Das war nicht ungefährlich, da es Stellen gab, an denen aufgrund von leichter Erdwärme das Eis sehr dünn war. Jemand soll vorausgesagt haben, dass in Nesvogur 20 Menschen im Eis ihren Tod finden würden. Geister von Menschen und Pferden, die hier ihren Tod fanden, sollen sich in der Dunkelheit oder bei Mondlicht beim Felsen

Draugastapi treffen und herumschwärmen. Einmal ging ein Knecht diesen Weg nach Stykkishólmur. Da das Wetter gut und der Himmel sternenklar war, zögerte er nicht, über das Eis zu gehen. Als er etwa die Mitte der Bucht erreicht hatte, überfiel ihn das Gefühl, sich verlaufen zu haben. Gleichzeitig meinte er, nicht weit von ihm entfernt eine Person zu sehen. Es schien eine kleinwüchsige alte Frau zu sein, die unter ihrem Arm ein Bündel trug. Dann kamen ihm die Gespenstergeschichten aus dieser Gegend in Erinnerung. Er umfasste mit beiden Händen seinen Gehstock und schlug auf die Erscheinung ein. Das Wesen verwandelte sich in einen Funkenregen und verschwand. Der Knecht fand schließlich wieder seinen Weg und erreichte wohlbehalten die andere Seite der Bucht.

Etwa um die Mitte des 19. Jahrhunderts brach ein Trunkenbold mit Namen Elís in das Eis ein. Kurze Zeit später begann sein Geist, dort sein Unwesen zu treiben. Er soll sogar Menschen überfallen haben, die Mühe hatten, sich von ihm zu befreien. Sie beschrieben Elís als verwahrloste Gestalt. Seine Kleidung war zerfetzt und er selbst voller blauer Flecke. Einmal verfolgte Elís einen Reiter. Um sich des Geistes zu entledigen, nahm der Reiter eine Schnapsflasche, die er bei sich trug, und schüttete den brennivín in die Spuren seines Pferdes. Dann ritt er, so schnell er konnte, davon. Als er sich umdrehte, sah er Elís auf dem Boden liegen und den Schnaps aus der Pferdespur trinken.

Der Krüppel von Arnarstapi

Der Dichter Guðmundur Bergþórsson (1657–1705) ist bekannt für seine epischen Gedichte (rímur). Er lebte in Arnarstapi, einem kleinen Dorf auf der Südseite von Snæfellsnes. Im vierten Lebensjahr erkrankte er an einer Lähmung der Beine und der rechten Hand. Er lernte lesen und schreiben und verfasste kraftvolle Gedichte (Energiepoet), mit denen er Menschen, die von einem Geist verfolgt wurden, helfen konnte.

Eine der Geschichten über Guðmundur erzählt davon, dass er meinte, es gäbe nur noch drei Gnome auf Island. Einer davon sollte im Berg Stapafell leben. Der Dichter war sich sicher, dass dieser Zwerg ihn heilen konnte. Eines Tages bat er einige Männer, ihn zum Berg zu tragen und ihn am nächsten Tag wieder abzuholen. Als man am darauffolgenden Tag zu ihm kam, war der Gnom noch nicht ganz aus dem Berg gekommen. Das zu frühe Erscheinen der Männer verscheuchte den Bergbewohner und der Versuch der Heilung misslang. Der Dichter hatte, wie er bekannte, nicht damit gerechnet, dass der Versuch, den Zwerg aus dem Berg zu holen, so viel Kraft und Zeit kosten würde. Verschwitzt und erschöpft ließ er sich wieder nach Hause tragen. Einen weiteren Versuch lehnte er ab, da er der Meinung war, dass sein Schicksal der Wille Gottes gewesen sei.

Die Lebensumstände eines gelähmten Menschen waren zu jener Zeit sicher alles andere als einfach. Wie so oft hatte sich Guðmundur einmal bei gutem Wetter nach draußen tragen lassen, um zu schreiben. Da kam ein Mann in vollem Galopp angeritten. Als das Pferd den Dichter gewahr wurde, scheute es. Der Reiter wurde wütend und schimpfte darüber, was für ein verdammtes Ungeheuer hier sitzen würde. Es solle sofort verschwinden, sonst würde er es töten. Guðmundur schwieg und ließ sich ins Haus tragen. Als der Mann fortreiten wollte, ließ sich sein Pferd nicht von dem Platz fortbewegen, wo es zuvor den Dichter gesehen hatte. Nun wurde Guðmundur wieder herausgetragen. Er beschimpfte den Reiter und sagte, er solle nie einen Gelähmten verspotten. Danach konnte der Mann fortreiten.

Hvanneyri

Das Dorf Hvanneyri ist etwa 14 Kilometer von Borgarnes am Borgarfjörður entfernt. Seit 1889 ist in Hvanneyri eine staatliche Landwirtschaftsschule beheimatet. Hier kann die größte Traktorsammlung des Landes besichtigt werden.

Das Gespenst in der Schule von Hvanneyri

In der Landwirtschaftsschule von Hvanneyri soll der Geist der Skóla-Jóka umgehen. Im Jahr 1940 forderte ein junger

Mann auf einem Tanzfest ein Mädchen zum Tanz auf und fiel dabei in Ohnmacht. Als er wieder zu sich kam, erzählte er, dass sich das Mädchen plötzlich vor ihm aufgelöst hatte.

Skóla-Jóka lebte auf einem gepachteten Hof in der Nähe von Hvanneyri. Das Mädchen sollte den Hof verlassen. Aber anstatt zu gehen, nahm sie sich das Leben mit der Ankündigung, niemals von dort wegzugehen. Nicht nur dem jungen Mann auf dem Tanzfest ist Skóla-Jóka begegnet. Im Sommer 1956 schlief ein deutscher Junge im Schulgebäude. Eines Nachts konnte er nicht schlafen, weil der Geist des Mädchens auf dem Gang Lärm machte. Er beschwerte sich bei dem Lehrer. Aber in der darauffolgenden Nacht wurde er wieder von Lärm geweckt. Nun wollte er wissen, was es mit dieser Ruhestörung auf sich hatte. Er lief auf den Flur und sah das Mädchen. Der Versuch, mit ihr zu sprechen, scheiterte, denn sie ging ihm voran, bis sie am Ende des Ganges in der Wand verschwand.

Húsafell

Húsafell liegt 62 Kilometer von Borgarnes entfernt in Richtung Hochland. Bevor der Reisende das dicht mit Birken bewachsene Gebiet erreicht, führt die Straße an den sehenswerten Wasserfällen Hraunfoss und Barnafoss vorbei. Die zahlreichen kleinen Wasserfälle, die unter der Lava ihren Weg zum Fluss Hvítá suchen, fließen von hier in einem kraftvollen Strom zum Meer. Die beeindruckende Vielfalt der Landschaft, die von Birkenwald, mit Flechten bewachsenen Lavafeldern, klaren Bergflüssen und den umliegenden Bergen und Gletschern geprägt ist, macht das Gebiet zu einem beliebten Wanderziel. Zu den Sehenswürdigkeiten in der Umgebung zählen die Höhlen Surtshellir und Viðgelmir (siehe auch: www.thecave.is). Viðgelmir kann besichtigt werden. Einmal wurden einem Mann im Norden aus Rache vier Wiedererweckte geschickt. Dieser Mann mit Namen Halldór wandte sich an einen Zauberer aus dem Borgarfjörður. Der Zauberer soll die Geister der Toten in die Höhle Viðgelmir verbannt haben.

Soweit die Witterung es zulässt, werden von Húsafell aus auch Fahrten in den Gletscher Langjökull angeboten (siehe auch: www.intotheglacier.is).

Nördlich der Kirche von Húsafell befindet sich ein Pferch (draugarétt), wo der Pastor Snorri Björnsson 18 Geister in die Erde verbannt haben soll, die ihm die Zauberer von Hornstrandir in den Westfjorden geschickt hatten. Der Künstler Páll Guðmundsson symbolisiert diese Sage mit 18 Steinköpfen und einer Skulptur des Hexers. Die Geisterschlucht (draugagil oder bæjargil) auf der nordöstlichen Seite des Berges Strútur (934 Meter) erhielt diesen Namen, weil Snorri dort Geister in die Schlucht gestürzt haben soll.

Pastor Snorri und der Jurist

Ein Jurist kam einmal nach Húsafell, um Pastor Snorri zu besuchen. Er war sehr neugierig auf diesen Mann, denn er hatte gehört, dass Snorri ein sonderlicher Kauz sei, der sich an die alten Sitten hielt. Ein weiterer Grund seines Besuches war auch, den Kirchensitz aufzulösen. Der Vater des Juristen, ein Beamter des dänischen Königs, riet seinem Sohn von diesem Besuch ab, weil Snorri ihm überlegen sei. Aber der Jurist ließ sich nicht von seinem Vorhaben abbringen. Als er Húsafell frühmorgens erreichte, bekam er die Nachricht, der Pastor sei nicht zu Hause und dass er auch nicht so bald zurückkehren würde. Daraufhin wollte der Jurist wieder nach Hause reiten. Am nächsten Morgen erschien er wieder auf dem Hof. Obwohl es in dieser Sommernacht hell gewesen war, hatten er und seine Gefolgsmänner den Weg nicht gefunden. Der Pastor war noch immer abwesend und der Jurist ritt wieder fort. Aber es passierte das Gleiche wie bei seinem ersten Besuch. Er und sein Gefolge verirrten sich und erschienen am nächsten Morgen wieder in Húsafell. Dieses Mal war Snorri zu Hause. Er führte den Juristen in die Wohnstube und sie begannen, sich zu unterhalten. Die Männer waren jedoch selten einer Ansicht. Insbesondere wenn von der Existenz des Teufels die Rede war, gingen ihre Meinungen auseinander. Der Jurist meinte, man habe den Teufel erfunden, um dummen Leuten und Kindern das Fürchten zu lehren. Pastor Snorri behauptete dagegen, dass es einen Teufel gegeben habe, er aber wohl jetzt nicht mehr existiere.

»Was ist aus ihm geworden?«, fragte der Jurist.

»Es wird erzählt, er sei in den Fluss Leirá gefallen und dort ertrunken«, antwortete Snorri.

Der Jurist fühlte sich von Snorri angegriffen, weil er im vorigen Winter Schwierigkeiten gehabt hatte, den Fluss zu überqueren, und Snorri andeutete, er habe es nicht alleine geschafft, aus dem Fluss zu kommen. Die beiden Männer unterhielten sich weiter über den Aberglauben. Der Jurist behauptete, es gäbe keine Hölle. Pastor Snorri behauptete energisch das Gegenteil. Da bat der Gast den Pastor, ihm Beweise für die Existenz der Hölle zu bringen, denn wenn Snorri wirklich so gelehrt sei, wie behauptet wurde, könnte er das wohl. Snorri antwortete, dass dies möglich sei, wenn der Jurist ihn zu einem abgelegenen Ort begleite. Der Jurist war einverstanden.

Die beiden Männer entfernten sich vom Hof und gingen in Richtung Draugagil (Geisterschlucht). Am Rande der Schlucht blieben sie stehen. Der Jurist entdeckte eine große Quelle in der Schlucht, die Dampf und Feuer versprühte. Starker Schwefelgeruch lag in der Luft. In den Dampfwolken tanzten Teufel, die jaulende Geräusche von sich gaben, sodass der Jurist Angst bekam. So schnell er konnte, rannte er nach Húsafell zurück und befahl seinen Männern, sofort wegzureiten. Der Jurist berichtete seinem Vater von dem Erlebnis mit Snorri. Danach ließ er Snorri in Ruhe und der Kirchensitz Húsafell blieb erhalten, solange der Pastor am Leben war.

DAS HOCHLAND

Das weite isländische Hochland ist das Jahr über starken Winden ausgesetzt, die die Landabtragung begünstigen. Die raue Landschaft ist geprägt von Vulkanen und Lavafeldern aller Art, Sand- und Steinwüsten und den Gletschern Vatnajökull, Langjökull und Hofsjökull. Es führen nur wenige Pisten durch das unbewohnte Gebiet, die von gut ausgerüsteten Fahrzeugen befahren werden sollten, da nicht selten Flüsse durchquert werden müssen. Die wohl beliebteste Hochlandpiste ist Sprengisandsleið, die zwischen den Gletschern Hofsjökull und Vatnajökull liegt und nur im Sommer nach der Schneeschmelze befahrbar ist. Der Weg über das Hochland wurde schon in früheren Zeiten genutzt, war aber wegen der Gefahr plötzlicher Wetterumschwünge und der Durchquerung reißender Gletscherflüsse gefürchtet. In der menschenleeren Einöde sollen sich Trolle, Geister und Geächtete herumtreiben und so mancher Reisender ums Leben gekommen sein. Zu den meistbesuchten Orten auf dem Hochland zählt die Gegend bei Landmannalaugar, das Geothermalgebiet von Hveravellir, die Vulkane Snæfell, Askja und Herðubreið sowie die Berglandschaft von Kerlingarfjöll.

Hier sind Männer nicht sicher

Östlich des Gletschers Langjökull steht die 1929 vom isländischen Wanderverein erbaute Hütte Hvítárnesskáli. In der Hütte soll bis heute ein weibliches Gespenst vor allem die männlichen Übernachtungsgäste belästigen. Eines der Betten in der Hütte wird Draugkoja (Geisterkoje) genannt. Im Februar 1999 übernachteten in der Hütte vier Männer. Sie wussten von dem Spuk, nahmen aber die Geschichten nicht ernst. So forderten sie sich gegenseitig heraus, in dem Geisterbett zu schlafen. Die anderen schliefen im oberen Stockwerk der Hütte. Schon nach kurzer Zeit erschien der im Erdgeschoss schlafende Kamerad völlig verschreckt wieder im oberen Stockwerk. Nacheinander versuchten nun auch die anderen, in dem Geisterbett zu schlafen. Aber jedes Mal wurde die in dem Bett liegende Person mit einem Tritt in den Rücken aus dem Bett herausbefördert. Schließlich blieben die Männer alle zusammen im oberen Stockwerk. Dort hörten sie aus der Küche kommend die ganze Nacht über Topfgeklapper. Am nächsten Morgen verließen die Freunde die Hütte. Zuvor machten sie noch ein Foto von sich mit der Hütte im Hintergrund. Später entdeckten sie auf dem Foto das grimmige Gesicht einer Frau in einem der Fenster. Das Foto ist leider inzwischen verschwunden.

Diese Besucher waren nicht die einzigen, die Bekanntschaft mit dem Gespenst machten. Die Gästebücher der

Hütte berichten von zahlreichen Geistererscheinungen. Manche Gäste ergriffen die Flucht oder übernachteten lieber im Auto. Bei dem Geist soll es sich um ein in grauen Kleidern gekleidetes Mädchen handeln. Der Grund, warum die Tote keinen Frieden findet, ist unklar. So soll einmal ein junges Paar auf einem Hof in der Nähe der Hütte gelebt haben. Eines Tages war das Mädchen verschwunden. Man sagt, der junge Mann habe das Mädchen umgebracht, weil sie schwanger gewesen sei. Eine andere Version der Geschichte behauptet, der Ehemann habe der jungen Frau den Arm abgehackt und sie dann im Fluss Tjarná ertränkt, weil sie mit einem anderen Mann befreundet gewesen sei.

Der Spuk in der Hütte beim Jökulsá-Fluss

Im Jahre 1881 wurde eine Schutzhütte entlang der Poststraße über die Mývatn-Einöde nahe dem Jökulsá-Fluss gebaut. Der Keller beherbergte die Pferde der Reisenden und das Stockwerk darüber diente als Unterkunft. Seit dieser Zeit ist bekannt, dass es in der Schutzhütte spukt. Die Leute hörten ein Klopfen an der Tür, ohne dass jemand draußen stand, sowie unter dem Fußboden und an der Decke des Raumes. Einer der dort Unterkunft suchenden Reisenden berichtete, dass das laute Klopfen das Haus in allen Fugen erzittern ließ.

Drauma-Jói war bekannt für seine Träume, in denen er verlorenes Vieh oder Gegenstände sah. Im Jahr 1918 übernachtete er zusammen mit einem anderen Mann in der Hütte. Sie hörten Lärm, der aus dem Keller kam. Die Männer gingen hinunter und Jói zündete ein Streichholz an. Da entdeckte er ein ekelerregendes, stark behaartes Tier von der Größe eines einjährigen Kalbes. Als das Streichholz erlosch und Jói ein neues anzündete, war die Erscheinung verschwunden. Auch einem Mann mit Namen Þórhallur, der dort zusammen mit anderen Schafbauern übernachtete, ist in der Dunkelheit ein merkwürdiges Wesen begegnet. Zuerst sah er zwei glänzende Augen, dann ein Tier, das so groß war wie ein Schaf, das auf seinen Hinterbeinen steht. Sein Hund muss ebenfalls die Anwesenheit dieser Erscheinung gespürt haben, denn das Tier war plötzlich stark verängstigt und bellte und jaulte die ganze Nacht. Als sich die Männer schlafen legten, ertönte ein Krachen im Boden und in den Wänden, als ob jemand versuchte, das Dach abzureißen. Später in der Nacht, als Þórhallur endlich eingeschlafen war, erwachte er, weil er meinte, jemand wäre über ihn gestiegen. Die anderen Männer spürten ebenfalls dieses Gefühl, obwohl niemand von ihnen den Schlafraum verlassen hatte.

Im Jahre 1921 übernachtete Fjalla-Bensi in der Adventszeit auf seiner Suche nach vermissten Schafen in der Schutzhütte. Zehn Schafe hatte er gefunden, als er die Hütte erreichte. Er brachte die Tiere in den Keller, wo auch er die Nacht verbringen wollte, weil es bei den Tieren wärmer war als im oberen Raum. Nachdem er sich gerade hingelegt hatte, stieß etwas gegen die Bretter der Futterkrippe. Es hätte ein Schaf mit seinen Hörnern sein können, aber als er mit der Hand das Holz abtastete, fühlte er nichts, bis plötzlich überall dort, wo seine Hand sich befand, wieder gegen das Holz geschlagen wurde. Bensi verspürte keine Angst, dennoch beschloss er nach oben zu gehen, wo er ungestört die Nacht verbrachte.

Der bekannte isländische Schriftsteller Gunnar Gunnarsson hat in seinem Roman »Advent im Hochgebirge« die Geschichte von Fjalla-Bensi erzählt, der im Winter allein mit seinem Hund Léo und dem Leitschaf Eitill durch das geisterhafte Hochland wanderte.

Gespenster auf dem Sprengisand

Im Ostland lebte einmal ein Bösewicht mit Namen Jón. Er soll sein Zauberwissen nur für böse Dinge benutzt haben. Irgendwann einmal kam es zu einem Streit zwischen ihm und einem Mann namens Magnús. Jón hatte dem Bauern Magnús Böses angedroht. Magnús fühlte sich wehrlos Jón gegenüber und machte sich auf den Weg in den Süden, um einen dort lebenden Zauberer aufzusuchen, der ihm helfen sollte. Jón weckte währenddessen einen Toten auf, dem er befahl, Magnús auf seinem Heimweg über die Sprengisand-Einöde zu töten. Der Zauberer meinte, dass der von Jón gesendete Geist sehr kraftvoll sei. Magnús erhielt daraufhin den Rat, während seiner Reise über den Sprengisand niemals hinter sich zu schauen, egal was für einen Tumult er dort hörte. Dann sei er sicher. Aber sollte er dennoch zurückschauen, müsse er darauf achten, dass er sich niemals aus der Sichtweite seines Hofes entfernte, sonst könnte ihm das sein Leben kosten. Magnús versprach, auf sich aufzupassen, und machte sich mit seinen Gefolgsleuten auf den Weg. Als sie die Sprengisandeinöde erreichten, vernahmen sie großen Radau hinter sich, der immer mehr zunahm. Sie hörten Geschrei, Weinen und Jammern. Anfangs schafften sie es noch, sich nicht umzudrehen. Als aber der Lärm bedrohlich näher kam, drehte Magnús sich um und sah, wie 18 Ungeheuer gegen ein anderes Ungeheuer ankämpften, um es daran zu hindern, sich den Reisegefährten zu nähern. Einen Augenblick später war dieses Bild verschwunden. Die Gruppe führte nun ihre Reise fort und Magnús kam wohlbehalten auf seinem Hof an. Er folgte seit diesem Erlebnis dem Rat des Zauberers und entfernte sich nicht weiter von seinem Hof, ohne dass er ihn aus den Augen verlor.

In einer Sommernacht wachte Magnús auf und bemerkte, dass das Vieh sich um den Hof herumtrieb. Er ging hinaus, um es wieder auf die Weide zu treiben. Dabei bemerkte er nicht, dass ein Hügel ihm die Sicht zu seinem Hof nahm. In dem Moment stürzte sich ein Geist auf ihn. Als man den Bauern fand, war er mausetot, blau angelaufen und blutüberströmt.

Nach Magnús' Tod ging es Jón sehr schlecht. Er ertrug es nicht, allein zu sein, und verhielt sich merkwürdig. Die Leute meinten, dass es mit dem Tod von Magnús zusammenhinge. Im darauffolgenden Winter war Jón mit einem anderen Mann unterwegs, als sie von einem Schneesturm überrascht wurden. Sie beschlossen, in einem abgelegenen Viehstall zu warten, bis sich der Sturm gelegt hatte. Am Abend legten sie sich in die Viehkrippen zum Schlafen. Jón bat seinen Gefährten, sich nicht darum zu kümmern, wenn etwas Merkwürdiges passieren sollte. Was genau in der Nacht passieren würde, erfuhr der Kamerad nicht, doch sollte er es am nächsten Morgen herausfinden. Kurz darauf schien Jón zu schlafen, doch sein Gefährte lag wach. Bald schien ihm, als ob etwas nach Jón griff und ihn fortzog. Weil tiefe Dunkelheit herrschte, konnte er nicht erkennen, was genau passierte. Dann begann eine Rauferei. Er hörte Jón seufzen und schreien. Der andere schien Jón überlegen zu sein, denn schließlich hörte man ein schreckliches, aus einem Hals kommendes Rasseln, und dann herrschte auf einmal unheimliche Stille. Der Gefährte fürchtete, dass Jón tot war, und wagte nicht, sich zu bewegen. Nach einer Weile meinte er zu hören, wie Jón auseinandergerissen wurde. Es hörte sich an, als ob Knochen gebrochen und Körperteile in Fetzen gerissen und durch den Raum geworfen wurden. So ging es die ganze Nacht. Sowie es hell wurde, rannte der zu Tode verschreckte Kamerad aus dem Viehstall zum nächsten Hof. Dort erzählte er, was sich zugetragen hatte. Als die Leute zum Viehstall kamen, lagen zerrissene Überreste von Jón verstreut im Raum. Niemand konnte sich die Sache erklären. Es war bekannt, dass Jón viele Feinde besaß, aber es schien wahrscheinlicher, dass dies die Rache für den Tod von Magnús gewesen sein musste.

Geschichten ohne Ortsangabe

Meine Mutter im Pferch

Es lebte einmal eine Magd auf einem Hof. Sie wurde schwanger, gebar das Kind und setzte es aus. Das war in Island kein Einzelfall, weil für das Vergehen, ein uneheliches Kind in die Welt zu setzen, mit der Todesstrafe gerechnet werden musste. Einige Zeit nach dieser Tat sollte ein Viki-Vaki-Tanzfest stattfinden. Auch die Magd wurde zum Tanz eingeladen. Aber weil sie keine Festtagskleidung besaß, die für solch ein Fest angebracht war, blieb sie übelgelaunt zu Hause. Während die Feier stattfand, melkte die Magd mit einer anderen Frau die Mutterschafe und klagte darüber, dass sie keine passende Kleidung für das Viki-Vaki-Fest hatte. Nachdem sie die Worte ausgesprochen hatte, ertönte diese Weise unterhalb der Pferchwand:

»Meine Mutter im Pferch, Pferch,
ängstige dich nicht darüber, darüber;
ich werde dir mein Tuch leihen,
um darin zu tanzen,
um darin zu tanzen.«

Die Magd, die ihr Kind ausgesetzt hatte, schien die Stimme zu kennen, denn sie erschrak so sehr über die Worte, dass sie für den Rest ihres Lebens dem Wahnsinn verfiel.

Das wird Folgen haben

Es lebte einmal ein Zauberer mit Namen Finnur auf Island. Alle Menschen ängstigten sich vor ihm. Als er starb, wollte niemand ihn in sein Leichenhemd kleiden und seine Leiche in das Leichentuch nähen. Schließlich versuchte es eine Frau. Nachdem sie ihr Werk zur Hälfte zu Ende gebracht hatte, verfiel sie dem Wahnsinn. Eine zweite Frau bot sich an, die Arbeit zu übernehmen. Sie gab nicht auf, obwohl die Leiche ihr zu schaffen machte. Nachdem sie beinahe fertig war, sagte Finnur: »Das wird Folgen für dich haben.«

Aber die Frau hörte nicht auf seine Worte, riss die Nadel vom Faden, zerbrach sie und stach die Bruchteile in die Fußsohle der Leiche. Soweit bekannt, hat der Zauberer seitdem niemandem mehr Schaden zugefügt.

Die Menschenhautschuhe

Menschenhaut sollte sich laut der Volkssage gut zum Zuschneiden von Schuhen eignen. Das Menschenleder nutzte sich niemals ab, außer man betrat mit diesen Schuhen einen Friedhof und geweihte Erde.

Es lebte einmal ein Bauer, über den schlecht geredet wurde, weil er seine Knechte übel behandelte. Schließlich wollte kein Mann mehr für ihn arbeiten und er musste die schwere Arbeit allein machen. Eines Tages erschien ein arbeitsloser Mann auf dem Hof des Bauern. Der Bauer empfing ihn freudig und unterhielt sich mit ihm über seinen Mangel an Arbeitskräften. Dann machte er ihm das Angebot, für ihn im nächsten Jahr zu arbeiten. Der Mann zögerte, weil er von dem Gerücht gehört hatte, dass der Bauer seine Arbeiter nicht gut behandelte. Daraufhin bot ihm der Bauer an, wenigstens so lange zu bleiben, bis er ein Paar Schuhe abgelaufen hatte. Der Mann dachte, dass die Schuhe nicht ewig halten würden, und nahm das Angebot an. Am 3. Mai (krossmessa) erschien der Mann wieder auf dem Hof und der Bauer schenkte ihm neue Schuhe. Er sagte, dass, wenn er die Schuhe aufgetragen hätte, seine Zeit auf dem Hof abgelaufen sei, wenn er es so wollte. Aber der Bauer machte zur Bedingung, dass der Knecht, wenn er zur Kirche ging, andere Schuhe bekäme, die er dann tragen müsse. Damit war der Knecht einverstanden. Die Zeit verging. Nach einem Jahr waren noch immer keine Abnutzungserscheinungen an den Schuhen zu sehen. Sie sahen wie neu aus. Der Knecht wurde immer betrübter wegen seines Versprechens. Er wollte es aber nicht brechen und fortgehen, obwohl er sich bei dem Bauern nicht wohlfühlte. So blieb er ein weiteres Jahr und die Schuhe blieben weiterhin heil. Das kam dem Knecht merkwürdig vor, aber er konnte keine Erklärung dafür finden. An einem Sonntag, als sein drittes Jahr auf dem Hof begann, ging er nicht zur Kirche und blieb zu Hause. Er hatte dieses Mal nicht wie gewohnt neue Schuhe zum Kirchgang vom Bauern angenommen. Während der Bauer in der Kirche war, dachte der Knecht über sein Schicksal nach und wann diese Knechtschaft enden würde. Da erschien ein Mann auf dem Hof. Er bemerkte sofort, dass der Knecht Probleme hatte, und fragte ihn, was passiert sei und warum er nicht wie die anderen Leute die Kirche besuche. Der Knecht antwortete, er hätte sich nicht dazu aufraffen können und wolle lieber über sein Leid nachdenken. Der Besucher meinte, dass das keine Entschuldigung sei. Alle Menschen schleppten Probleme mit sich herum und er würde sie nicht lösen, indem er den Kirchenbesuch ausfallen ließe. Er solle sofort zur Kirche gehen, denn der Gottesdienst würde später beginnen, weil vor Beginn der Messe ein Grab ausgehoben werden müsse. Der Knecht sagte, er könne nicht gehen, weil er keine Schuhe hätte. Der Mann forderte ihn jedoch auf, in den Schuhen, die er trug, zur Kirche zu gehen.

»Nein«, sagte der Knecht, »ich habe versprochen, nicht in diesen Schuhen zur Kirche zu gehen, und immer andere Schuhe dafür bekommen. Aber heute Morgen wollte ich keine neuen Schuhe, weil ich nicht zum Gottesdienst gehen wollte.«

»Wie lange bist du schon auf diesem Hof?«, fragte der Mann.

»Viel zu lange. Nun beginnt mein drittes Jahr«, seufzte der Knecht.

»Fühlst du dich hier wohl?«

»Nein, überhaupt nicht.«

»Was hält dich hier?«

»Mein Versprechen«, antwortete der Knecht und erzählte dem Mann seine Geschichte.

Als der Mann die Geschichte gehört hatte, forderte er den Knecht auf, in seinen Schuhen zur Kirche zu gehen und das Grab, das an dem Tag ausgehoben wurde, zu besuchen und die geweihte Erde zu betreten. Dann würde er sehen, was geschähe, denn die Schuhe, die er nun das dritte Jahr trug, seien aus der Haut am Rückgrate einer alten Frau gemacht und würden bis in alle Ewigkeit halten. Der Knecht dankte dem Mann für seinen Rat, verabschiedete sich und lief zur Kirche. Als er den Friedhof und die geweihte Erde betrat, bemerkte er, wie sich die Schuhe auflösten, bis nur noch die Kante und Bänder der Schuhe übrig waren. Der Knecht ging daraufhin zur Kirche und suchte nach dem Gottesdienst den Bauern auf. Er zeigte ihm, wie es um seine Schuhe stand, und kündigte ihm damit seinen Dienst.

Der Bauer äußerte sich nicht weiter dazu und meinte: »Deswegen bist du heute Morgen zu Hause geblieben.«

Die Schuhe (sauðskinnsskór) einfacher Leute wurden wegen ihrer minderwertigen Qualität sehr schnell aufgetragen und mussten ständig erneuert werden. Als Material verwendete man Schafleder, Seehundhaut oder die Haut vom Haifisch, Rochen und Seewolf. Die Schuhe, die die Landbevölkerung über gefilzten dicken Wollsocken trug, wurden in Heimarbeit hergestellt. Nur höhergestellte Leute konnten sich im Ausland hergestellte Schuhe leisten, die besser erhalten blieben als die einfachen, dünnen Schuhe der Allgemeinheit.

Meine Kiefer

Es lebte einmal ein Pastor auf einem Kirchenhof, der die Angewohnheit hatte, alle alten Knochen von Toten, die bei ihm auf dem Kirchenfriedhof gefunden wurden, zu verbrennen. Einmal, als wie üblich ein Toter begraben wurde, fand man wieder alte Knochen. Die Köchin nahm sie laut Auftrag des Pfarrers an sich. Da aber die Knochen beim Ausgraben entweder vom Regen oder Schneefall nass geworden waren, konnte die Köchin sie nicht gleich verbrennen, sondern musste sie ans Feuer und auf die Herdsteine zum Trocknen legen. Während sie in der Dämmerung kochte, hörte sie eine schwache Stimme in der Nähe der Kochstelle sagen: »Meine Kiefer, meine Kiefer.« Diese Worte hörte sie noch ein zweites Mal. Daraufhin untersuchte sie die Menschenknochen, die bei ihr an der Kochstelle lagen, genauer, um zu sehen, woher die Stimme kam. Nun hörte sie ein drittes Mal mit noch kläglicherer Stimme: »Au, meine Kiefer, meine Kiefer.« Da begann sie noch gründlicher zu suchen und fand zwei zusammenhängende Kinderkiefer, die von den Herdsteinen in eine Lücke dazwischen hinabgerutscht und fast verbrannt waren. Ihr wurde bewusst, dass der Geist des Kindes, dem die Kieferknochen gehörten, nicht wollte, dass sie verbrannt würden. Die Köchin nahm die Kiefer und wickelte sie in ein Leinentuch. Als wieder einmal ein Toter auf dem Kirchenfriedhof beerdigt wurde, legte sie die Kiefer in das Grab. Danach wurde niemand mehr eines Spukes gewahr.

Die Geistermütze

Auf einem Kirchensitz lebten neben anderen Leuten auch ein junger Bursche und ein Mädchen. Der Junge jagte dem Mädchen gerne Angst ein, aber sie hatte sich schon so daran gewöhnt, dass man sie nicht mehr erschrecken konnte. Wenn sie etwas sah, dachte sie, dass es der Junge sei, der sie wieder einmal erschrecken wollte. Eines Tages, als die Wäsche gewaschen wurde, befanden sich darunter, so wie es üblich war, viele weiße Schlafmützen. Am Abend wurde das Mädchen gebeten, die Wäsche vom Kirchhof zu holen. Sie lief hinaus und begann, die Wäsche einzusammeln. Als sie beinahe fertig war, sah sie einen weißen Geist auf einem der Friedhofsgräber sitzen. Sie dachte, dass der Junge ihr Angst machen wollte. Da lief sie hin und riss dem Geist die Mütze vom Kopf, denn sie glaubte, der Junge hätte eine der Schlafmützen genommen, und sagte: »Dieses Mal soll es dir nicht gelingen, mir Angst einzujagen.« Dann ging sie mit der Wäsche hinein, aber drinnen war der Junge. Nun wurde die Wäsche verteilt. Eine Mütze blieb übrig. Sie war von innen mit Erde beschmutzt. Da bekam das Mädchen Angst. Am nächsten Morgen saß der Geist auf dem Grab und die Leute wussten nicht, was sie tun sollten, denn niemand wagte, dem Geist die Mütze zu bringen. Man suchte überall in der Gemeinde nach Rat.

Es lebte ein alter Mann in der Gegend, der meinte, dass es schlimme Folgen haben könnte, wenn nicht das Mädchen selbst dem Geist die Mütze überbringen und sie ihm, ohne ein Wort zu sagen, aufsetzen würde. Dabei sollten viele Leute zuschauen. Daraufhin wurde das Mädchen bedrängt, mit der Mütze zum Geist zu gehen und sie ihm aufzusetzen. Halb widerwillig ging sie hin und setzte dem Geist die Mütze auf. Sowie sie damit fertig war, sagte sie: »Bist du nun zufrieden?« Der Geist erschrak, schlug nach ihr und sagte: »Ja. Bist du nun zufrieden?« Dann stürzte er hinab ins Grab. Das Mädchen fiel von dem Schlag zu Boden, sodass die Leute hinliefen und sie aufrichten wollten, aber da war sie schon tot. Der Junge wurde dafür bestraft, ihr immer Angst eingejagt zu haben, weil man meinte, dass er an dem Unglück schuld gewesen sei. Danach hörte er auf, die Leute zu erschrecken.

Mehr Erde, mehr Erde

Es lebte einmal ein Pfarrerssohn, der sich trotz Ermahnungen nichts vorschreiben ließ und als ausschweifender Spaßvogel bekannt war. Irgendwann, als ein Toter auf dem Friedhof begraben werden sollte, wurden dabei ein Haufen Knochen entdeckt. Unter den Knochen befanden sich viele Unterschenkelknochen. Der Junge nahm einen der Knochen und meinte, dass derjenige, dem der Knochen gehörte, stark gewesen sein müsse. Er machte noch andere spöttische Bemerkungen über den Knochenfund. Als die Leute ihm sagten, er solle damit aufhören, lachte er nur. Bald brach die Weihnachtszeit an. Da lud der Pastor zur Weihnachtsfeier am Heiligen Abend ein. Alle Gemeindemitglieder saßen an den Tischen und das Essen wurde aufgetragen. Plötzlich klopfte es an der Tür. Die Gäste erschraken und niemand wollte nachschauen. Endlich ging einer der Anwesenden die Tür öffnen, aber dort war niemand. Dann wurde ein zweites Mal geklopft. Wieder stand niemand vor der Tür. Da sagte der alte Ziehvater des Pfarrerssohns zu ihm: »Gehe du hinaus, wahrscheinlich will ein Gast dich besuchen. Siehst du jemanden, nimm schweigend seine Hand und komm mit ihm herein.«

Der Junge ging nach draußen. Dort stand ein großer Mann mit weißen Haaren. Der Junge nahm dessen Hand, führte ihn ins Haus und setzte sich an den Tisch. Der Gast hatte die Hand des Jungen so fest gedrückt, dass diesem ein kalter Schauer über den Rücken lief. Der Gast saß nun am Tisch, doch obwohl ihm Essen angeboten wurde, aß er nicht. Niemand sprach ihn an und der Junge schwieg ebenfalls. Schließlich sprach der Ziehvater des Pfarrerssohns: »Nimm einen Teller und geh zu dem

Grab, das zuletzt ausgehoben wurde. Schaufle Erde auf den Teller und bringe sie dem Gast.«

Der Junge tat, wie ihm befohlen. Als er mit der Erde zurückkam, begann der Gast zu essen. Nachdem der Teller geleert war, sagte er leise: »Mehr Erde, mehr Erde!«

Der Junge nahm den Teller und holte mehr Erde aus dem Grab. Der Gast aß fast alles auf und legte den Teller beiseite. Nun befahl der Ziehvater dem Pfarrerssohn, dem Gast Messwein anzubieten. Das tat der Junge und der Gast trank zwei Gläser. Dann stand er auf, nahm die Hand des Jungen und führte ihn hinaus.

Zusammen gingen sie zum Friedhof, wo ein kleines Haus stand. Dort gingen sie hinein. Im Haus stand ein gemachtes Bett. Nun forderte der große Mann den Jungen auf, sich in das Bett zu legen. Der Junge gehorchte, denn er wagte nicht zu widersprechen.

Dann sagte der alte Mann: »Schaue nun nach oben.« Der Junge tat das und sah dort ein riesiges blankes und scharfes Schwert an nur einem Haar hängen. Die Spitze zeigte genau auf das Herz des Jungen. Daraufhin überfiel ihn eine lähmende Angst. Er wagte sich nicht zu bewegen und war am ganzen Körper mit kaltem Schweiß bedeckt. Nachdem er einige Zeit in Todesangst dort gelegen hatte, sagte der große Mann: »Du hast mich und meine Knochen verhöhnt, aber siehe nun, wie schwach du bist, wenn du das Todesschwert über dir hängen siehst. Es hängt an einem Haar über euch allen und ihr wisst es nicht, bevor es euer Herz durchbohrt. Dabei verschwindet alle Arroganz der Welt. Behalte das in Erinnerung und verhöhne nie mehr die Toten. Sei vorsichtig und rechne damit, dass das Schwert des Todes dein Herz ganz unverhofft zerteilen könnte.«

Danach nahm der Mann die Hand des Jungen, richtete ihn auf und führte ihn hinaus. Einen Moment später fiel der Junge in Ohnmacht. An dem Abend und dem darauffolgenden Morgen wurde nach dem Jungen gesucht, aber man fand ihn nicht. Während des Gottesdienstes am Weihnachtstag kam der Junge wieder zu Bewusstsein. Nirgendwo konnte er das Haus sehen, dennoch befand er sich auf dem Friedhof. Dann ging er in die Kirche und nahm am Gottesdienst teil. Nach diesem Ereignis war er völlig verändert. Sein Vater zeigte sich zufrieden mit seiner Sprache. Auch entwickelte sich sein Sohn nun zu einem äußerst wohlerzogenen und glücklichen Mann. Niemals sollte er die Nacht, als er unter dem Schwert lag, das über ihm an einem Haar hing, vergessen.

So, wie es gewesen sein könnte

Die Geschichte der Völva von Seyðisfjörður

Die Zeiten änderten sich. Vor ein paar Jahren wurde ihr Erscheinen noch von jedermann auf den Höfen gefeiert. Sie wurde mit Ehrfurcht begrüßt, so wie es einer Frau ihrer Art und ihres Ranges gebührte. Auf einem ihr zugewiesenen Ehrenplatz saß sie auf einem mit Hühnerfedern gefüllten Kissen. Ihr wurde ein Brei aus Ziegenmilch und ein Gericht aus den Herzen sämtlicher Tiere des Gehöftes gereicht. Es wurde alles, so wie sie es wünschte, für die Zauberzeremonie hergerichtet. Man glaubte ihren Weissagungen über das Schicksal der Hofbewohner und den Verlauf des Jahres, denn nur wenig von dem, was sie sagte, traf nicht ein. Durch die Verbreitung des Christentums fingen die Menschen nun allmählich an, ihrem Können zu misstrauen. Insbesondere die Jüngeren drohten ihr und jagten sie auf ihrer Reise durch das Land von den Höfen.

Der alte Ísólfur, der Sohn von Bjólfur – dem ersten Landnehmer im Fjord –, glaubte noch an ihre Prophezeiungen. Er hatte sie wie immer herzlich empfangen und reichlich für ihre Arbeit belohnt. Sein Sohn, der die Nachfolge seines ehrwürdigen Vaters angetreten hatte, ließ sich erst sehen, als sie sich zum Aufbruch bereitmachte. Er beschimpfte sie und erzählte ihr, dass man Frauen wie sie, die noch dem alten Glauben angehörten, in den Westfjorden gesteinigt und ertränkt hätte, und schickte sie ohne Begleitung auf den Weg über die Fjarðar-Hochheide.

Über den Berggipfeln auf beiden Seiten des schmalen Fjordes lag ein dünner Nebelschleier. Es wehte ein kalter Wind aus Osten, der schwere Wolken in den Fjord schob. Ihr gefiel das Wetter nicht, doch hier war sie unerwünscht. Sie trug eine Mütze aus schwarzem Lammfell, die mit weißem Katzenfell gefüttert war, dazu einen schweren blauen Wollumhang, der von einer Broschennadel zusammengehalten wurde, und an ihren Füßen Kalbsfellschuhe. In der Hand hielt sie ihren Gehstock, der am Knauf mit Kupfer und Steinen verziert war. Der Aufstieg war mühsam, aber der Wind in ihrem Rücken trieb sie vorwärts. Je höher sie kam, desto kälter wurde es auf der Hochheide. Vereinzelte Schneeflecken hatten den nasskalten Sommer überlebt. Hinter einem Felsbrocken suchte sie Schutz, um sich etwas auszuruhen und einen Bissen getrockneten Fisch zu essen. Es war nicht ungefährlich für eine Frau wie sie, allein über die Heide zu wandern, denn sie trug eine große Anzahl wertvoller Perlen bei sich. Die Perlen aus Glas, Bernstein, Bergkristall und Karneol waren der Lohn für ihre Arbeit. Sie wusste, dass die Götter Oðin und Freyja sie und ihren Schatz beschützen würden. Um sicherzugehen, griff sie dennoch nach ihrem Lederbeutel mit den Runen und den anderen Zauberutensilien. Es war alles noch da. Mit steif gefrorenen Händen zog sie sich ihre Katzenfellhandschuhe über. Sie musste weitergehen, wenn sie den nächsten Hof noch vor Einbruch der Dunkelheit erreichen wollte. Noch einmal blickte sie zurück über den Seyðis-Fjord. An Schönwettertagen spiegelten sich die Berge im ruhigen Wasser des Fjordes. Jetzt kräuselten kleine Wellen die graue Wasseroberfläche. Ihr Gefühl sagte ihr, dass sie nicht wieder hierher zurückkehren würde.

Oben auf der Heide versperrte aufziehender Nebel ihr die Sicht über das Fljóts-Tal auf der anderen Seite des Hochplateaus. Der Wind kam jetzt von vorn aus nördlicher Richtung. Mit gebeugtem Rücken kämpfte sie Schritt für Schritt gegen die eisigen Windböen an. Die ersten Schneeflocken fielen. Sie musste sich beeilen. Hier oben hatte es in der Nacht zuvor geschneit. Der Wind hatte den Schnee zu knietiefen Wechten zusammengeweht, durch die sie nun mit Mühe hindurchstapfte. Das Schneetreiben wurde stärker. Bald konnte sie nichts mehr von der Landschaft erkennen. Sie suchte vergeblich nach Anhaltspunkten, die ihr sagen konnten, wo sie sich befand. War sie vom Weg abgekommen? Lief sie im Kreis? Der nasse, schwere Schnee klebte an ihrer Kleidung. Erschöpft ließ sie sich in eine Schneewehe fallen. Das immer dichter werdende Schneegestöber umschloss sie wie ein dunkler Vorhang. Sie musste sich einen Platz suchen, wo sie vor dem Unwetter geschützt war. Vielleicht hörte es schon bald auf zu schneien. Der Gedanke, dass sie vielleicht die Nacht allein hier oben verbringen musste, beunruhigte sie. Vor Müdigkeit konnte sie kaum noch klar denken. Auf allen vieren kroch sie auf eine aus dem Schnee herausragende Felswand zu. Unter einem Felsvorsprung mit Flechten bewachsenem Gestein fand sie ein wenig Schutz vor dem Wind, der jetzt heulend über die karge weiße Erde fegte. Ihr Proviant war aufgebraucht. Um ihren Durst zu stillen, stopfte sie sich gierig eine Handvoll Schnee in den Mund. Bald würde das Wetter sich beruhigen, bald würde ein sternenklarer Himmel über ihrem Kopf erscheinen, vielleicht würde das Nordlicht für sie tanzen oder der fast volle Mond ihr den Weg weisen. Immer wieder fielen ihr die Augen zu, aber der Schlaf wäre ihr sicherer Tod. Sie fühlte nur noch Kälte und Hunger. Plötzlich spürte sie die Anwesenheit von etwas Lebendigem. War es ein Fuchs in seinem weißen Winterkleid, der auf der Suche nach etwas Essbarem um sie herumschlich? Ein mannshoher Schatten tauchte im Schneegestöber auf. Kam da die Rettung oder waren es die Geister und Unholde, die hier im Dunkeln auf der Heide ihr Unwesen trieben, ihre kalten Arme lüstern nach ihr ausstreckten? Hörte sie Stimmen, hämisches Gelächter? Sie griff nach ihrem Stock und schlug wie besessen nach diesen Bestien. Ihre Kräfte schwanden. Wo waren Freyja, Oðin und die anderen Götter, denen sie ihre Treue geschworen hatte? Ein Heer von Feinden reihte sich vor ihr auf. Sie schlug und schrie aus Leibeskräften, bis sie in den Schnee fiel und der Wind ihre Stimme für immer verschluckte.

Mehr als tausend Jahre später

Im Sommer 2004 weckte ein Fund zweier Wanderer aus Seyðisfjörður auf dem Fjarðar-Heideplateau die Aufmerksamkeit der Archäologen. Es handelte sich um zwei nach außen gewölbte, reichverzierte Bronzespangen aus der Wikingerzeit. Diese Spangen oder Broschen trugen die Frauen, um die Träger an ihren Trägerröcken zu befestigen, die über bis zum Boden reichenden Wollhemden getragen wurden. Der Fund wurde dem staatlichen Archäologiezentrum übergeben. Archäologen und Ehrenamtliche untersuchten daraufhin den Fundort auf der Fjarðar-Heide. Unter schlechten Wetterbedingungen wurde fünf Tage lang zwischen Felsen und Steinen nach weiteren Gegenständen gesucht. Gefunden wurden insgesamt vier Bronzebroschen, darunter eine seltene Dreiblattbrosche, eine Rundnadel, ein Messer und etwa 500 Perlen sowie Zähne und Knochen aus dem oberen Teil eines weiblichen Körpers. Ein Großteil der Perlen lag auf der Brust der Frau. Wahrscheinlich trug sie die Perlen als Kette um den Hals. Der Fund erweckte Aufsehen, da es sich nicht um Grabbeilagen eines heidnischen Grabes handelte. Es wird angenommen, dass die Frau zu Fuß unterwegs auf der Heide war und Schutz unter einem Felsvorsprung suchte, wo man ihre Überreste und die Schmuckstücke fand. Nun stellten sich die Fragen: Wer war diese Frau? Wohin war sie unterwegs gewesen und woher kam sie? Nach der Form und dem Stil der Schmuckstücke zu urteilen, stammten sie aus dem 10. Jahrhundert. Die Verzierung der runden Broschen könnte auf eine Herkunft aus den Ostseeländern deuten. Die untersuchten Perlen sind verschieden groß, einfarbig, mehrfarbig, aus Glas, Bernstein und anderen Materialien. In der Nähe des Fundortes, etwa 600 bis 700 Meter über dem Meeresspiegel, befinden sich alte Wanderwege die von Seyðisfjörður zum Hérað und nach Loðmundarfjörður führen. Könnte die Frau eine Völva – eine Wahrsagerin oder Zauberin – gewesen sein, die von ihrem Weg abgekommen war und oben auf der Heide erfror?

Quellen: Fréttablaðidð, 14. Juli 2012

Literaturverzeichnis

Árngrímur Fr. Bjarnason: Vestfirzkar Þjóðsögur II. síðari hluti. Ísafoldarprentsmiðja hf., 1956.

Árngrímur Fr. Bjarnason: Vestfirzkar Þjóðsögur III. fyrri hluti. Ísafoldarprentsmiðja hf., 1955.

Árni Óla: Reimleikar. Iðunn. Reykjavík, 1964.

Bjarni Harðarson. Landið, fólkið og þjóðtrúin. Sunnlenska bókaútgáfan. Selfossi 2001.

Björn Bjarnason: Sagnakver. Snæbjörn Jónsson. Reykjavík, 1935.

Guðjón Ingi Eiriksson: Reimleikar – Íslenskar draugasögur. Bókaútgáfan Hólar. Reykjavík, 2009.

Guðni Jónsson: Íslenzkir sagnaþættir og þjóðsögur III. Ísafoldarprentsmiðja h.f. Reykjavík, 1942.

Guðrún Bjarnadóttir, Jóhann Óli Hilmarsson: Grasnytjar á Íslandi. Útgefendur: Guðrún Bjarnadóttir, Jóhann Óli Hilmarsson. Borgarfirði, 2018.

Halldór Pétursson: Bjarna-Dísa og Móri. Ægisútgáfan. Reykjavík, 1977.

Jón Árnason: Húnvetnskar þjóðsögur. Bókaútgáfan Merkjalækur. Reykjavík 2016.

Jón Árnason: Íslenzkar Þjóðsögur og ævintýri. Bókaútgáfan Þjóðsaga. Reykjavík, 1958.

Jón R. Hjálmarsson: Draugasögur við þjóðveginn. Forlagið. Reykjavík, 2015.

Konrad Maurer: Isländische Volkssagen der Gegenwart. Leipzig, 1860.

Magnús Rafnsson: Angurgapi. Strandagaldur. Hólmavík, 2003.

Matthías Viðar Sæmundsson: Galdur á brennuöld. Storð. Reykjavík, 1996.

Ólafur Davíðsson: Galdur og galdramál á Íslandi. 1.2.3.hefti. Sögufélag. Reykjavík, 1940.

Ólafur Davíðsson: Íslenzkar þjóðsögur I. + II. Bókaútgáfan Þjóðsaga. Reykjavík, 1978.

Ólína Þorvarðardóttir: Brennuöldin. Háskólaútgáfan, 2000.

Siglaugur Brynleifsson: Galdrar og Brennudómar. Mál og Menning. Reykjavík, 1976.

Sigurður Nordal: Þjóðsagnabókin I., II. Almenna Bókafélagið. Reykjavík, 1971.

Sigurður Ægisson: Íslensku fuglarnir og þjóðtrúin. Bókaútgáfan Hólar ehf. Reykjavík 2020.

Símon Jón Jóhannsson: Stóra hjátrúar bókin. Vaka-Helgafell. Reykjavík, 1999.

Úr dularheimum. Ársrit Sálarrannsóknarfélags Reykjavíkur. Reykjavík, 2002.

Websites

Ólafur Daviðsson: Isländische Zauberzeichen und Zauberbücher. Zeitschrift des Vereins für Volkskunde. Berlin, 1891, https://archive.org/details/bub_gb_9Y6HNF0KSnoC/page/n159/mode/2up/search/%C3%93lafur.

Eyrarbakki – Saga og atburðir, http://eyrbekkingur.blogspot.com/2005/04/gnhll.html.

Hvaða jurtir voru notaðir til galdraverka og lækninga?, https://www.visindavefur.is/svar.php?id=6444.

https://www.snerpa.is/net/thjod/thjod.htm.

Reimleikar í Reykjavík, https://skemman.is/bitstream/1946/14745/1/Reimleikar%20%C3%AD%20Reykjav%C3%ADk.pdf.

Die Autorin

Brigitte Bjarnason (geb. 1959) wuchs in Hamburg auf. Sie lebt seit 1992 mit ihrer Familie in Island. Nachdem sie mehrere Jahre an der Ost- und Südwestküste gewohnt hatte, zog sie 2017 nach Selfoss an die Südküste der Insel. Im acabus Verlag sind von Bjarnason bisher erschienen: »Dorsche haben traurige Augen« (2011), »Auf den Spuren von Elfen und Trollen in Island« (2013) sowie »Schwefel, Tran und Trockenfisch« (2019).

Brigitte Bjarnason

DORSCHE HABEN TRAURIGE AUGEN

Geschichten aus Island

acabus Verlag

kartoniertes Buch
140 Seiten
Preis 11,90 EUR [D]
ISBN 978-3-86282-043-6
lieferbar

Ebook epub
ISBN 978-3-86282-074-0
Ebook PDF
ISBN 978-3-86282-044-3

Island – das Land der Märchen und Volkssagen. In 16 Kurzgeschichten lässt die Autorin Islands märchenhafte Landschaft aufleben: einsame Dörfer, von verschneiten Bergen umrahmte Fjorde und moosbedeckte Lavafelder. Vor diesem Hintergrund entfalten sich berührende Geschichten aus dem isländischen Alltag – Momentaufnahmen, die uns Einblicke in die Gedanken- und Gefühlswelt der Menschen dort gewähren und zum Nachdenken anregen. Die oft melancholisch anmutenden Geschichten handeln von Liebe, Alltagsflucht, Einsamkeit, Familie und Heimweh, Begegnungen zwischen Deutschen und Isländern oder solchen, die sich als ein bisschen von beidem verstehen.

Brigitte Bjarnason & Kirsten Rühl

SCHWEFEL, TRAN UND TROCKENFISCH

Wie Hamburger Kaufleute Island eroberten

acabus Verlag

kartoniertes Buch
288 Seiten
Preis 15,00 EUR [D]
ISBN 978-3-86282-724-4
lieferbar

Ebook epub
ISBN 978-3-86282-726-8
Ebook PDF
ISBN 978-3-86282-725-1

Dieser historische Reiseführer führt uns zu den Schauplätzen der Hanse auf Island. Dort kämpften im Spätmittelalter Hamburger Kaufleute um den begehrten isländischen Trockenfisch. Der Bogen spannt sich von der Hansezeit bis zum heutigen wirtschaftlichen und kulturellen Leben der Isländer.

Parallel verfolgen wir die abenteuerliche Geschichte des Kaufmannssohnes Henrick Rode, der gegen den Willen seines Vaters im 15. Jahrhundert mit einer Kogge von Hamburg nach Island segelt ...

Brigitte Bjarnason

AUF DEN SPUREN VON ELFEN UND TROLLEN IN ISLAND

Sagen und Überlieferungen. Mit Reisetipps.

kartoniertes Buch
160 Seiten
Preis 13,00 EUR [D]
ISBN 978-3-86282-249-2
lieferbar

Ebook epub
ISBN 978-3-86282-251-5
Ebook PDF
ISBN 978-3-86282-250-8

Island – Das Fenster zur Elfenwelt. Volkssagen von Elfen, Trollen und anderen übernatürlichen Wesen sind charakteristisch für Island. Bis heute ist der Elfenglaube in Island weit verbreitet und spielt sogar im alltäglichen Leben eine große Rolle. So werden Straßen extra um Elfensiedlungen herumgebaut. Eine der größten Siedlungen befindet sich in Hafnarfjördur, einem Vorort von Reykjavík und Wohnort der Autorin. Brigitte Bjarnason begibt sich auf Spurensuche nach dem huldufólk. Sie erzählt die mündlich überlieferten Geschichten von Begegnungen mit Elfen. „Auf den Spuren von Elfen und Trollen in Island" ist für jeden Island-Fan ein reizvoller Weg, die Geheimnisse der isländischen Natur und Kultur zu entdecken.